제3판

청소년의 합리성과 발달

Adolescent Rationality and Development:
Cognition, Morality, and Identity, 3rd Edition

David Moshman 저 / 이인태 · 신호재 공역

박영story

역자 서문

최근 도덕성 및 도덕교육에 대한 국내외의 주요 담론에서 핵심적인 키워드를 꼽아보자면 단연 (조너선 하이트Jonathan Haidt를 위시한 일군의 학자들이 학문적 관심을 불러일으킨) 정서, 직관, 그리고 이것들을 엮는 '선천적'이고 '생득적'인 기반 등일 것이다. 그리고 이러한 경향 속에서 도덕성의 인지적 측면들에 대한 논의, 즉 도덕 판단과 추론을 강조하려는 시도들은 (여전히 매우 중요한 주제임에 대해 여러 학자가 동의하고 있음에도 불구하고) 다소 오래된 주제이자 도덕성에 대한 협소한 논의로 여겨지고 있는 듯하다.

하지만 도덕성을 설명함에 있어 정서, 직관, 그리고 도덕 기반에 대한 강조는 인간의 '도덕 발달', 특히 도덕교육적 측면에서의 '도덕 발달'에 대해 별로 말해주는 것이 없다는 것이 역자들의 기본적인 생각이다. 즉 역자들의 생각에 선천적이고 생득적인 측면에 초점을 맞춘 접근은 우리의 도덕 기능을 설명하는 데보다 포괄적인 관점을 제공하지만, 발달적인 측면에서 아동과 청소년 혹은 아동과 성인 간의 차이를 보여주는 것, 다시 말해서 아동기에서 청소년기 혹은 성인기로 이행되는 과정에서 질적인 변화의 대상이 되는 것에 대해서는 특별히 말해주는 것이 없어 보인다. 만약 우리가 도덕성의 발달에서 무엇이 발달하는지 정확히 말할 수 없다면, 도덕교육을 통해 발달시켜야 하는 것이 무엇인지에 대해서도 말하기 어렵다. 포괄적인 접근이 늘 긍정적인 결과를 가져오는 것은 아니다. 여전히 도덕교육은 초점화되어 다루어질 필요가 있다. 특히 한국 사회와 같이 하나의 교과로서 도덕교육을 체계적으로 다루는 경우에는 더욱 그러하다.

이러한 문제의식을 토대로 역자들은 아동 및 청소년의 발달을 도덕교육 측면에서 보다 타당하게 설명할 수 있는 견해와 관점을 탐색하던 도중, 데이비드 모시먼의 『청소년의 합리성과 발달: 인지, 도덕성, 그리고 정체성』이라는 책을 발견하게 되었다. 이 책의 제목에서 볼 수 있는 것처럼, 모시먼은 인간의 발달을 보다 온전히 설명하기 위해서는 인지 발달과 도덕성의 발달, 그리고 정체성의 형성을 모두 고려해야 한다는 점, 그리고 '합리성'이야말로 이 세 가지 발달적 측면을 관통하는 핵심적인 개념임을 역설하고 있다. 그리고 이러한 자신의 관점을 정당화하기 위해 위대한 발달론자인 장 피아제Jean Piaget와 로렌스 콜버그Lawrence Kohlberg, 그리고 에릭 에릭슨Erik Erikson의 이론을 심도 있게 분석하면서 인지 발달과 도덕성 발달, 그리고 정체성 형성에서 왜 합리성을 발달의 대상으로 상정해야 하는지 체계적으로 논증하고 있다.

모시먼이 서문에서 밝히고 있는 바와 같이, 이 책은 교육심리나 도덕성·인성 발달을 전공하는 대학원생들을 독자로 염두에 두면서 쓰인 책이다. 따라서 도덕·윤리교육을 전공하는 교육대학교 학부생 혹은 사범대학교 학부생들이 읽기에는 다소 어려울 수 있다. 그럼에도 불구하고 이 책은 아동 및 청소년 간의 발달적 차이 혹은 초등학교 저학년에서 초등학교 고학년 및 중학교 학생 이상으로 발달해가는 과정을 심층적으로 보여준다는 점에서 교·사대 학부생 모두에게 일독을 권할 만한 책이다. 그의 관점은 우리나라 도덕교육에 있어 초등과 중등의 일관되고 체계성 있는 합리적 교육 방안 설정에 대한 혜안을 제공해 준다.

이 책의 학술적 가치를 훼손하지 않기 위해 최선을 다했음에도 불구하고, 언어 능력의 부족과 배경지식의 부재에 기인한 오역 가능성을 역자들은 인정하지 않을 수 없다. 불친절한 설명, 오역의 문제는 전적으로 역자들의 책임임을 밝힌다. 이 책의 가독성을 높이기 위해 몇 번씩 읽어가며 오탈자를 점검한 조한빈, 허은선, 장한빈, 안유진 공주대학교 윤리교육과 일반대학원생들과 장윤지 교육대학원생에게 감사의 마음을 전한다. 마지막으로 이 책이 나오기까지 많은 배려를 해주신 박영사의 여러 관계자들과 조정빈 대리님께 역자 서문을 통해 감사의 마음을 전하고자 한다.

공주에서 이인태, 신호재

저자 서문

1999년 이 책의 초판이 나왔을 때부터 이미 압도적으로 많았던 청소년기에 대한 심리학 문헌들은 계속해서 빠르게 늘어나고 있다. 그 누구도 이 많은 책들을 다 읽을 수는 없다. 이는 가장 두꺼운 교재와 핸드북의 저자 및 편집자들도 마찬가지이다. 그러나 우리가 우리의 이해를 점진적으로 확장해 나가고 있는지는 명확하지 않다. 아마 우리는 단지 현재 관심을 끄는 주제, 맥락, 그리고 변인들에 대한 정보를 점점 더 많이 축적하고 있을 뿐인지도 모른다. 이 책의 핵심 논지는 청소년기에 관한 보다 일관된 설명이 합리성과 발달에 대한 새로운 관점으로부터 나올 수 있다는 것이다.

1990년대에 출판된 청소년기에 관한 연구들을 폭넓게 검토한 로렌스 스타인버그Laurence Steinberg와 아만다 모리스Amanda Morris(2001)는 이 기간 동안 세 개의 상위 학술지(아동 발달Child Development, 발달 심리학Developmental Psychology, 청소년 연구Journal of Research on Adolescence)에 수록된 논문들을 분석하였다. 분석 결과, 전체 연구의 약 2/3를 차지한 가장 인기 있는 연구 분야는 가정환경, 문제 행동, 그리고 사춘기였다. 그들은 이 연구에서 "다른 행성에서 온 방문자가 최근에 출판된 문헌들을 숙독한다면, 그들은 십대의 삶이 부모, 문제, 호르몬이라는 세 가지 주제를 중심으로 전개된다고 결론을 내릴 것이다"(pp. 84-85)라고 꼬집었다. 이전에 수행된 연구들과 비교해 볼 때, 1990년대에 수행된 연구들은 "발달에 영향을 미치는 유전적 요인과 환경적 요인 간의 상호 작용에 대해 보다 맥락적이고, 포괄적이며, 인지적cognizant"이다(p. 101). 이러한 경향은 긍정적인 것처럼 보이지만, 나와 유사하게 스타인버그와 모리스는 맥락, 다양성, 그리고 생물학에 초점을 둔 청소년의 심리적 발달에 관한 연구들에 대해 다음과 같은 의문을 제기했다.

연구자들이 행동과 기능에 대한 맥락적 영향과 개인차에 관심을 돌리면서, 한때 청소년기 연구의 중심이었던 정체성, 자율성, 친밀감 등에 대한 심리사회적 발달 연구는 그 영향력이 상당히 약해졌다. 청소년기의 인지 발달에 관한 연구는 현재 빈사 상태이며, 이러한 연구는 청소년의 의사 결정 및 판단에 대한 연구들로 대체되었다. … 프로이트, 에릭슨, 피아제의 영향력이 쇠퇴하면서 생겨나게 된 공백을 메울 수 있는 청소년 발달에 대한 규범적이면서도 포괄적인 이론은 아직 등장하지 않았다. 결과적으로 청소년기 연구 분야는 확실히 이전보다는 훨씬 더 커졌지만, 이전보다 일관되지 못하고, 어떤 의미에서 볼 때 이전보다 발달적이지도 못하다. (pp. 101-102)

약 10년이 지난 후, 2권으로 구성된 1,400쪽 분량의 『청소년 심리학 핸드북 Handbook of Adolescent Psychology 제3판』(Lerner & Steinberg, 2009)이 출판되었다. 그런데 이 책을 살펴보면 사고, 사회적 인지, 도덕적 인지, 정체성과 같은 청소년의 심리적 발달과 관련된 핵심 영역들은 총 39개의 장 중 4개의 장에서만 다루어지고 있다. 나머지 35개의 장에서는 뇌, 사춘기, 젠더, 애착, 동기, 종교, 섹슈얼리티, 부모·또래·연인과 같은 대인관계적 영향, 학교·직장·미디어와 같은 제도적 영향, 이웃·빈곤·이민·세계화와 같은 보다 넓은 맥락에 대해 다루고 있다. 그리고 "긍정적인 청소년 발달"이라는 단일 장 다음에는 위험, 발달 장애, 임상적 개입, 내면화 문제, 행동 장애, 공격성, 비행 및 약물 남용을 다룬 6개의 장이 이어진다.

청소년기에 관한 방대하면서도 제각각인 문헌들은 비단 다른 행성에서 온 방문자에게만 문제되는 것이 아니라, 이 분야를 공부하고 연구하는 학생과 학자들 모두에게도 문제를 야기한다. 즉 일관성 없이 너무 많은 것들을 배워야 하는 학생들은 이 주제에 대한 깊은 이해를 얻기 힘들다. 또한 통합적인 관점의 부재는 학자들로 하여금 특정 주제, 과업, 맥락, 대상에 대해 특정 방식으로 데이터를 수집하고 설명하도록 함으로써 연구 및 이론화를 협소하게 만든다.

앞서 언급했듯이, 이 책의 핵심적인 논지는 합리성과 발달에 대한 새로운 관점이 청소년기에 대한 보다 일관된 설명을 가능하게 한다는 것이다. 이러한 관점은 소위 발달 이론의 황금기로 돌아가는 데 목적이 있는 것이 아니다. 그러나 우리는 발달이 의미하는 바를 주의 깊게 숙고하고, 이를 염두에 두면서 다양한 문헌들을 검토함으로써 청소년기와 관련된 합리성의 주요 발달적 경향을 확인할 수 있다. 이러한 변화에 주목함으로써, 우리는 발달적 관점이 제공하는 일관성을 폐기하지 않고 맥락 및 다양성에 관한 증거를 수용하면서 청소년 발달에 대한 합리적인 구성주의적 개념으로 나아갈 수 있다.

독자

나는 이 책의 제2판을 초판과 마찬가지로 최소한 고급 과정을 수강하는 학부생이나 대학원 학생들이 읽고 공부할 수 있는 수준의 책으로 만들고자 했다. 그러나 이 책은 학자들, 특히 청소년기 및 발달적 변화 과정에 관한 일반적인 주제와 연구 프로그램 간의 연결에 관심이 있는 학자들에게도 유용할 것이다. 내 목표는 청소년기 혹은 청소년의 발달 과정에 대한 기초를 제공할 수 있는 충분히 폭넓은 책을 집필하는 것이었다. 이 책은 인지적·사회적·도덕적 발달 혹은 생애주기에 따른 발달에 대해 간략하게 제시하면서도, 청소년기의 발달적 변화에 대해 이론적으로 보다 깊게 이해할 수 있도록 구성되었다. 이 책이 학생들과 교사들부터 계속 칭찬을 받고, 학술 서적과 학술지에 지속적으로 인용되는 것에 대해 기쁘게 생각한다. 나는 학생과 교사 모두를 염두에 두고 제3판을 세심하게 준비해왔다. 이 책은 심리학에 대한 모종의 사전 지식을 전제하지는 않는다. 그러나 초보적인 수준에서 청소년기에 대한 모든 것을 다루려고 하기보다는 학술 문헌들에서 제기되고 있는 핵심적인 쟁점을 중심으로 개념을 제시하고 구축하고자 하였다. 이는 학생들로 하여금 전문가들이 관심을 가지고 연구하는 질문들과 씨름하도록 하고, 전문가들로 하여금 더 큰 관점에서 자신의 관심사를 바라볼 수 있도록 돕기 위해서이다.

제3판

제목이 약간 수정된 제3판은 전체적으로 내용이 최신화 되었을 뿐만 아니라 풍부해졌고 상당히 많이 재구성되었다. 이 책을 구성하고 있는 4개의 부분은 각각 3개의 장에서 4개의 장으로 확장되었다. 먼저 1부(인지 발달)에서는 사고 및 추론의 범위를 확장하고, 메타인지와 인식론적 인지를 체계적으로 다루는 새로운 장을 제공한다. 2부(도덕 발달)에서는 원리와 관점 채택에 대한 새로운 장을 제공하고, 도덕성의 기반에 관한 논쟁으로 논의의 범위를 확장한다. 3부(정체성의 형성)에서는 개인적 정체성(발달 심리학에서의 연구)과 사회적 정체성(사회과학 및 인문학 전반에서의 연구)의 관계에 대하여 새롭게 구성한 장을 제공한다. 4부(아동기 이후의 발달)에서는 청소년의 합리성, 성숙, 뇌에 관한 현재의 논쟁을 다루는 새로운 장을 끝으로 이 책의 결론을 내린다. 나는 전체적으로 발달 과정에 대한 초판과 제2판의 관점을 유지하고 강화하고자 했다. 또한 주요 연구 및 방법론에 대한 자세한 설명을 제공하고, 주요 용어들을 볼드체로 강조하였으며, 용어집을 추가했다.

나는 청소년기, 합리성, 발달에 대한 개념을 소개하면서 이 책을 시작하고자 하였다. 합리성을 진보시킨다는 의미에서 볼 때, 모든 변화가 발달적이지는 않다. 하지만 보다 심오한 발달적 변화는 청소년 발달에 관한 세 가지 기본적인 문헌들, 즉 인지 발달, 도덕 발달, 정체성 형성과 관련된 문헌들에서 찾아볼 수 있다. 이 세 가지 영역들은 이 책의 1부, 2부, 3부에서 차례대로 다루어진다. 그리고 이 책의 마지막인 4부에서는 청소년기와 그 이후에 나타나는 합리성 및 발달에 대한 일반적인 설명을 제공한다.

당신이 학생이건 아니면 학자이건, 청소년의 합리성과 발달에 관한 문헌들의 개요를 보여주면서 이들을 종합하고 있는 이 책이 당신에게 보다 폭넓고 유용한 관점을 제공하기를 희망한다. 만약 당신이 지구의 청소년들에 대해 알아보기 위해 다른 행성에서 온 방문자라면, 이 작은 조각이 나머지 발달적 관점으로 나아가기 위한 관문 역할을 할 수 있기를 바란다.

감사의 글

나는 이 책을 준비하는 동안 제2판을 자세하고 사려 깊게 검토해준 칼턴 대학의 캐슬린 갈로티Kathleen M. Galotti, 오하이오 주립대학교의 존 깁스John C. Gibbs, 토론토 대학교의 찰스 헬위그Charles C. Helwig, 콜롬비아 대학교 티처스 칼리지의 디에나 쿤Deanna Kuhn에게 감사의 말을 전한다. 나는 초판의 원고를 매우 꼼꼼하게 검토해준 댄 랩슬리Dan Lapsley에게도 감사의 말을 전하며, 어거스트 블라지Augusto Blasi, 구스 카를로Gus Carlo, 릭 롬바도Rick Lombardo, 로라 무스먼Laura Mussman, 빌 오버튼Bill Overton, 피나 타리코네Pina Tarricone, 케이티 웨인Katie Wane 및 그 밖의 익명의 검토자들과 여러 동료들, 학생들에게 감사드린다. 그리고 초판과 제2판의 편집을 도와준 주디 암셀Judi Amsel과 빌 웨버Bill Webber에게도 감사의 말을 전하며, 특히 제3판에 도움을 준 데브라 리거트Debra Riegert에게 감사드린다.

데이비드 모시먼

> 놀랍게도, 오늘날 아동 심리학은 인간 발달에 관한 일반 모형을 구축하는
> 데 별로 관심이 없다. 이 분야는 데이터를 축적하려는 과도한 노력으로
> 가득 차 있지만, 발달 과정에 대한 기본적인 모형 구축의 측면에서
> 데이터를 이해하려는 시도는 상대적으로 드물다.
>
> ― 얀 발시너
> (1998, p. 189)

발시너(1998)의 관찰은 아동 심리학뿐만 아니라 청소년 심리학 분야에도 그대로 적용된다. 나는 서론에서 청소년기의 발달적 개념화를 위한 틀을 제공하려고 한다. 청소년은 여러 영역에서 보다 진보된 형식과 수준의 합리성을 향해 나아가는 합리적인 행위자이다. 나는 이와 같은 개념 규정이 청소년들의 발달을 이해하기 위한 기초라고 제안한다.

청소년기

청소년기란 무엇인가? 누가 청소년으로 간주되는가? 첫 번째 질문에 대한 일반적인 대답은 청소년기란 아동기와 성인기 사이에 위치한 시기라는 것이다. 두 번째 질문에 상응하는 대답은 청소년은 더 이상 어린이도 아니지만, 아직 성인

도 아닌 개인이라는 것이다. 연대순으로 볼 때, 두 번째 질문에 대한 일반적인 대답은 청소년이 대략 13세에서 19세 사이의 십대라는 것이다. 이러한 직관적 정의들은 십대가 더 이상 어린이는 아니지만 성인도 아니라는 추론을 가능하게 한다. 그리고 이 짧은 기간 동안 (a) 13세의 경우 어린이의 수준을 넘어서는 합리성 및 성숙함을 획득하지만, (b) 이보다 더 나이가 많은 십대들의 경우에도 아직 20세 이상의 성인들에게서 나타나는 합리성 및 성숙함에는 도달하지 못한다는 점을 보여준다. 아마도 이러한 정의 방식은 현대 사회를 살아가는 청소년들에 대한 성인들의 표준적인 직관일 것이다.

앞으로 이 책 전반에 걸쳐 다루게 되겠지만 인지, 도덕, 정체성 발달에 관한 연구들은 이와 같은 성인들의 직관이 전자의 경우 참이지만 후자의 경우 거짓임을 보여준다. 나이가 어린 청소년들은 어린이들에게서는 볼 수 없는 추론의 형식과 이해의 수준을 보여주는데, 이는 대략 11세 혹은 12세 정도부터 시작된다. 청소년은 질적으로, 그리고 범주적으로 어린이들과 구별된다. 그러나 대부분의 성인들에게는 공통적으로 나타나지만 청소년들에게는 거의 나타나지 않는 합리성 혹은 성숙함의 상태를 지지하는 경험적 근거들은 없다. 나이가 어린 청소년들도 여러 성인들의 역량을 뛰어넘는 합리성의 형식과 수준을 보여주는 경우가 있으며, 이와는 대조적으로 다양한 연령대의 성인들이 여러 청소년들이 충족하는 합리적 기준에 미치지 못하는 경우도 많다. 청소년들은 다양한 영역에서 다양한 정도로 발달한다. 그러나 성인은 어린이와 청소년이 범주적으로 구별되는 것과 동일한 방식으로 청소년과 구별되지 않는다.

이러한 점을 고려해보면 인류 역사의 대부분의 기간 동안, 대부분의 사회에서 적어도 우리가 이해하고 있는 방식처럼 청소년기를 별도로 상정하지 않았다는 사실을 발견할 수 있는 건 그리 놀라운 일이 아니다(Epstein, 2007; Grotevant, 1998; Hine, 1999). 아동기의 끝은 성인기의 시작을 의미했다. 사람들은 십대 초반에 그들이 받아야 할 공식적 혹은 비공식적 교육을 모두 끝마쳤고, 신체적·인지적·사회적인 측면 대부분에서 성인으로서의 역할을 수행할 것으로 기대되었다. 그들은 비록 어리지만 성인으로 간주되었다. 예를 들어 수세기 동안 유대교에서는 바르 미츠바bar mitzvah의 시기, 즉 소년이 성인으로서의 권리와 책임을 부여 받는 나이를 13세로 상정했다. 현대의 미국 유대인들은 이에 대해 농담조로 이야기하지만, 전통 사회에서는 십대에 대한 기대가 현대보다 진지하게 고려되었다(16장 참고).

게다가 청소년기가 오랜 기간 동안 지속된다고 생각하는 현대 서구 문화에서도 청소년기의 끝보다는 청소년기의 시작이 훨씬 더 명확하게 고려되고 있다. 어린이들은 10세에서 13세 사이에 서로 관련이 있는 다양한 변화를 겪는다. 우선 신체적으로는 사춘기puberty와 관련된 변화들을 경험하게 된다. 그리고 1~3장에서 살펴보겠지만, 인지적으로는 지적 역량의 근본적인 변화가 일어난다. 더 나아가 사회적으로는 점점 더 또래 중심적인 성향으로 전환되는 것과 관련된 다양한 변화가 발생한다. 또한 교육적인 측면에서 볼 때, 청소년기 이전의 어린이들은 초등학교를 졸업하고 중등교육을 받게 된다. 요컨대 발달적 변화는 점진적이고 다양한 연령대에서 발생한다. 하지만 대부분의 어린이들은 10세에서 13세 사이에 극적인 변화를 보여주면서, 새로운 발달 단계인 청소년기에 진입하는 것으로 간주된다.

청소년기의 시작과는 대조적으로, 청소년기의 끝을 결정하는 문제는 생각보다 쉽지 않다. 청소년기의 끝이란 무엇을 의미하는가? 정규 교육과정을 모두 이수했음을 의미하는가? 안정된 직업을 갖게 되었음을 의미하는가? 아니면 결혼을 하고 자녀를 출산하였음을 의미하는가? 이와 같은 사회적 이정표들을 성인을 규정하는 기준으로 삼을 경우, 현대 서구 사회에서 청소년기는 일반적으로 30세 이상까지 지속되며 많은 사람들이 결코 성인이 되지 못한다는 결론에 도달하게 된다. 따라서 이러한 문제를 해결하기 위해 인지적 혹은 정서적 성숙이라는 심리적 기준을 성인을 규정하기 위한 기준으로 사용하는 방안을 고려해볼 수 있다. 그러나 이 책 전반에 걸쳐 살펴보게 되겠지만, 많은 십대들은 그들보다 나이가 많은 성인들도 도달하지 못한 형식 혹은 수준의 합리성, 도덕성, 혹은 정체성을 보여주기도 한다. 즉 청소년과 성인을 구분하는 것은 청소년과 어린이를 구분하는 것보다 훨씬 더 어렵다.

내 생각에, 이것은 단지 용어 사용이나 개념 정의와 관련된 어려움이 아니다. 청소년기의 끝을 보여주는 심리적 기반의 식별과 관련된 어려움은 오히려 청소년과 그들의 발달에 대한 근본적인 무언가를 드러낸다. 이 책 전체에서 살펴보겠지만 청소년이 성인보다는 아동과 더 명확하게 구분된다는 점을 감안할 때, 나는 청소년기를 아동기의 마지막 단계 혹은 아동기와 성인기의 중간에 위치한 기간으로 개념화하는 것보다는 성인기의 첫 번째 국면^{phase}으로 개념화하는 것이 가장 좋다고 생각한다. 이 국면은 전통적으로 그래왔던 것보다 현대 서구 사회에서 더 뚜렷하게 나타날 수 있다. 하지만 이것은 역사와 전통의 산물이지 청소년기에 내재된 생물학적 사실이 아니다. 그렇다면 청소년기는 아직 성인으로 인정받지 못한 아동기 이후의 기간으로 정의될 수 있다.

발달

발달은 변화의 과정이지만, 모든 변화가 **발달적**이지는 않다(Amsel & Ren-ninger, 1997; Overton, 2006; Piaget, 1985; Sen, 1999; Valsiner, 1998; van Haaften, 1998, 2001; Werner, 1957). 발달이라는 개념을 검토하고 보다 정련하기 위해, **발달**과 **학습**을 비교해보자. 사춘기의 과정에서 성적 성숙^{sexual maturity}을 획득하는 것은 발달적 변화의 좋은 예를 보여준다. 그리고 빨간색 신호에서 멈추고 녹색 신호에서는 이동해도 된다는 지식을 획득하는 것은 학습이 무엇인지를 잘 보여준다. 각각은 개인에게 있어 중요한 변화를 수반한다. 발달과 학습의 어떤 차이점이 전자를 발달적 변화로 간주하게 하는가? 양자 간에는 적어도 다음과 같은 네 가지 중요한 차이점이 존재한다. 즉 발달적 변화는 (a) 장기간에 걸쳐 일어나고extended, (b) 자기 규제적이며self-regulated, (c) 질적인 차이를 나타내고qualitative, (d) 점진적으로 진행된다progressive.

첫째, 발달적 변화는 상당한 기간에 걸쳐 일어나는 장기적인 변화이다. 사춘기를 겪는 것과 색상 신호가 의미하는 바를 배우는 것 간의 차이점 중 하나는 기간이다. 사춘기는 몇 달 혹은 몇 년에 걸쳐 달성된다. 반면에 정지 신호와 이동 신호를 배우는 것은 몇 분, 몇 시간, 혹은 며칠 만에 일어날 수 있다. 단기적 변화와 장기적 변화를 구분하는 뚜렷한 기준은 없다. 그러나 일반적으로 **발달**은 상당한 기간에 걸쳐 일어나는 변화의 과정을 의미한다.

둘째, 발달적 변화는 개인 내적으로 안내되거나 규제된다. 사춘기를 겪는 것과 색상 신호가 의미하는 바를 배우는 것 간의 또 다른 차이점은 성적 성숙이 개인 내적으로 규제되는 과정인 반면에 빨간색 신호에서 멈추고 녹색 신호에서는 이동해도 된다는 것을 배우는 것은 환경적 영향의 기능에 보다 가깝다는 것이다. 이 차이점 역시 앞서 언급한 것처럼 뚜렷하지 않을 수 있다. 성적 성숙도 음식물 섭취 등과 같은 환경적 요인에 영향을 받는다. 그리고 색상 신호를 배우는 것은 지각과 인지의 개인 내적 메커니즘을 수반한다. 그럼에도 불구하고 변화의 **과정이 자기 규제적**일수록, 우리는 그것을 발달적이라고 생각하는 경향이 더 크다. 그리고 변화의 과정이 외적인 힘에 의한 것이라고 생각할 경우, 우리는 발달적이라는 표현을 사용하지 않는다.

셋째, 발달적 변화는 단순히 양적인 것이 아니라 **질적인 것**, 즉 단지 양의 증가뿐만 아니라 유형의 변화를 의미한다. 성적 성숙을 획득한다는 것은 다른 유형의 유기체가 된다는 것을 의미한다. 즉 성적 성숙은 사춘기로의 전환과 관련된 질적 변화이다. 반면에 색상 신호는 우리가 배우는 많은 것들 중의 하나이다. 즉 특정 규칙을 학습하는 것은 우리가 알고 있는 규칙의 수가 양적으로 증가한다는 것을 의미하지만, 일반적으로 유기체의 변형을 의미하지는 않는다. 다시 말해서 **발달**이라는 용어는 양적 또는 피상적 변화를 의미하기보다는, 어떤 근원적인 구조의 질적 변형을 의미한다.

마지막으로 발달은 **점진적**이다. 즉 발달은 시간의 흐름에 따라 체계적으로 진행된다. 일반적으로 발달한다는 것은 점진적으로 나아간다는 것^{progress}을 의미한다. 성적 성숙의 획득은 자연스러운 방향성이 있지만, 빨간색 신호에서 멈추고 녹색 신호에서는 이동해도 된다는 것을 배우는 것은 그렇지 않다. 예를 들어 어떤 사회는 녹색 신호에서 멈추고 빨간색 신호에서는 움직여도 된다고 색상 신호를 규정할 수 있다. 이러한 사회에서 자란 어린이들은 녹색 신호에서 멈추고 빨간색 신호에서는 움직여도 된다고 배울 것이다. 성인 역시 자신이 기존에 생활하던 사회와는 다른 방식으로 색상 신호를 규정하고 있는 사회로 이주할 경우, 이 새로운 규칙을 배우게 될 것이다. 하지만 이와는 대조적으로 발달적 변화는 점진적이다(Chandler, 1997; Piaget, 1985; Sen, 1999; Smith, 2009; Smith & Vonèche, 2006; van Haaften, 1998, 2001; Werner, 1957). 점진적으로 변화되어 간다는 것이 무엇을 의미하는지에 대해서는 논란의 여지가 있을 수 있다. 앞으로 살펴보겠지만, 심리적 성숙은 생물학적 성숙보다 더 문제가 되는 개념이다. 따라서 심리적 진전은 식별하기 어렵다. 그러나 어떤 변화가 점진적인 것이라고 보일수록, 그러한 변화는 발달적인 성격의 것으로 분류될 가능성이 더 크다. 반면에 자의적이거나 중립적이며, 문화적으로 상대적이고, 퇴행적이거나 병리학적인 것이라고 생각되는 경우, 우리는 그러한 변화를 발달적이라고 규정하지 않는다.

우리는 변화하는 세계에 살고 있다. 이를 이해하기 위해서 우리는 **발달**이라고 부를 수 있는 변화의 범주를 포함하는, 다양한 종류의 변화를 구분할 수 있어야 한다. 비록 발달적 변화와 비발달적^{nondevelopmental} 변화 간의 구분이 뚜렷하지는 않을지라도, 양자를 구분하려는 노력은 중요하다. 변화는 장기간에 걸쳐 일어나고 자기 규제적이며 질적인 차이를 나타내며 점진적으로 진행될 때 발달적이다.

본성과 양육

앞서 내가 발달적 변화의 예로 제시한 사춘기의 과정이 생물학적이라는 점에 주목할 필요가 있다. 실제로 미성숙한 유기체가 성숙해가는 과정에서 발생하는 해부학적 혹은 생리학적 변화는 발달적 변화의 원형적 사례를 보여준다. 미성숙한 유기체의 성숙은 (a) 장기간에 걸쳐 서서히 발생하고, (b) 유전적 요인 혹은 기타 개인 내적 요인에 의해 안내되며, (c) 근본적인 신체 구조 및 기능의 질적 변화를 수반하고, (d) 성숙을 향한 점진적 변화의 과정을 보여준다. 생물학의 영역에서 발달이 실제적이고 중요한 현상이라는 점을 의심하는 사람은 아무도 없다.

그렇다면 심리적 변화는 어떠한가? 유기체의 해부학적 특징 및 생리학적 특징뿐만 아니라, **행동** 역시 시간이 지남에 따라 변화한다는 것은 분명하다. 지각, 의사소통, 사고, 성격, 사회적 관계, 도덕적 이해 등과 관련하여 인간은 큰 변화를 겪는다. 이러한 변화들은 발달적인가?

이는 시시한 질문도 아니고, 자의적인 용어 사용의 문제도 아니다. 이 질문에 대한 답변은 심리적 변화의 본질에 대한 기본적인 가정을 반영하고 있다(Case, 1998; Overton, 2006; Valsiner, 1998). 만약 우리가 심리적 변화를 질적으로 더 높은 수준의 심리적 성숙을 향해 나아가는 장기적이면서도 자기 규제적인 점진적 과정으로 바라본다면, 우리는 심리적 발달이라는 개념에 공감할 수 있을 것이다. 반면에 환경의 특정 기능에 의해 발생하는 다양하고 독립적인 변화에만 주목한다면, 우리는 이러한 변화를 학습에 따른 것이라고 간주할 것이다. 후자의 관점에서 볼 때, 심리적 발달은 생물학적 은유에 토대를 두고 있어 오해의 소지를 가져오는 모호한 개념이다.

발달과 학습에 대한 전통적인 구분 방식은 발달을 유전자에 의해 개인 내적으로 유도되는 것으로 상정하는 반면에, 학습을 외적 환경에 의해 유발되는 것으로 바라본다. 만약 심리적 변화가 유전자에 의해 야기된다면, 그것은 성숙한 구조를 향해 점진적으로 나아가는 개인 내적 과정의 결과라고 볼 수 있다. 그러나 심리적 변화가 환경에 의해 야기된다면, 우리는 변화가 보다 개별적이고 가변적인 것이라고 예상할 수 있다. 즉 변화란 당신이 무엇인가와 조우할 때마다 당신에게 무엇인가가 일어나는 학습의 문제이다.

이것이 바로 그 악명 높은 **본성과 양육 논쟁**nature-nurture issue이다(Spelke & Newport, 1998). 본성의 측면을 강조하는 심리학자들은 **생득주의자**nativist라고 불린다. 그들은 심리적 변화가 주로 심리적 성숙을 이끄는 유전자에 의해 안내된다고 믿는다. 양육의 측면에 서있는 심리학자들은 **경험주의자**empiricist라고 불린다. 그들은 심리적 변화가 환경에 의해 안내되며, 가정, 학교, 지역사회 및 문화 속에서의 개인적 경험에 따라 다양한 방향으로 진행될 수 있다고 믿는다. 따라서 생득주의자들은 심리적 변화를 발달적으로 해석하는 경향이 있는 반면에, 경험주의자들은 심리적 변화에서 학습의 역할에 더 큰 무게를 둔다.

그러나 발달에 관한 수많은 연구들은 현대의 모든 심리학자들에게 심리적 변화를 설명하기 위해 생득주의 혹은 경험주의 중 하나를 선택하는 것이 부적절할 뿐만 아니라 도움이 되지도 않는다는 점을 확신시켜 주었다. 적어도 현대 심리학자들은 본성과 양육 모두가 심리적 변화에 중요한 역할을 한다는 점을 강조하고 있다. 더 나아가 유전자의 영향은 환경에 의존하고, 환경의 영향 역시 유전자에 의존한다는 실질적인 근거들이 존재한다. 따라서 본성과 양육은 발달의 과정에서 상호작용한다.

합리적 구성주의

상호작용주의interactionism는 발달을 유전자와 환경의 상호작용 결과로 설명한다. 이에 대한 보다 강한 입장으로 알려진 **역동적 상호작용주의**dynamic interactionism

는 발달의 과정 전반에 걸쳐 유기체와 환경의 지속적인 상호작용을 강조한다. 그러나 많은 심리학자들은 이것조차도 충분하지 않다고 생각한다. 역동적 상호작용주의 너머에는 사람들이 자신의 발달에 적극적인 역할을 한다고 주장하는 **구성주의**constructivism가 자리 잡고 있다(Bickhard, 1995; Chiari & Nuzzo, 1996, 2010; Gestsdottir & Lerner, 2008; Müller, Carpendale, & Smith, 2009; Phillips, 1997; Piaget, 1985, 2001; Prawat, 1996).

예를 들어 어린이의 수학적 능력이 향상되어 가는 과정을 생각해 보자. 경험주의자는 어린이들에게서 나타나는 수학적 지식과 관련된 모든 변화가 그들을 둘러싼 가정, 학교, 그 밖의 환경으로부터 수학적 개념 및 기법들을 배운 결과라고 주장할 것이다. 생득주의자는 근본적인 수학적 지식들이 발달의 과정에서 출현하도록 어린이들에게 유전적으로 프로그래밍되어 있다고 주장할 것이다. 상호작용주의자는 유전과 환경의 상호작용에 의해 수학적 지식이 생겨난다는 절충적 설명을 제안할 것이다.

구성주의자는 이보다 한 단계 더 나아가, 어린이들이 사물을 세고, 배열하고, 분류하고, 구분하는 등의 활동에 적극적으로 관여한다는 점에 주목할 것이다. 이와 같은 어린이들의 자발적인 행동은 유전자와 문화의 상호작용에 영향을 받지만, 이것만으로 축소될 수는 없다. 구성주의자는 유전적 영향과 환경적 영향의 지속적인 상호작용을 부인하지 않으면서도, 어린이들이 자신의 수학적 행동 및 상호작용에 대한 성찰과 조정을 통해 그들 자신의 수학적 지식을 능동적으로 구성한다고 주장할 것이다. 이러한 관점에서 어린이들은 유전자, 환경적 역사, 혹은 이 둘의 상호작용으로 환원될 수 없는 역할을 수행하는 능동적인 행위자로 간주된다.

구성주의자들은 지식 및 추론의 구성을 시간이 지남에 따라 점진적으로 변화되어 가는, 질적으로 구별되는 구조를 생성하는, 자기 규제적인 과정이라고 생각한다. 대부분의 구성주의자들(내가 나중에 **합리적 구성주의자**rational constructivist라고 말하는 장 피아제Jean Piaget의 이론적 전통에 있는 사람들)은 기존의 구조를 대체하는 새로운 구조가 기존의 구조와 단순히 다를 뿐만 아니라 기존의 구조보다 더 낮다고 믿는다. 따라서 새로운 구조는 더 높은 수준의 이해와 합리성을 나타낸다. 즉 대부분의 구성주의자들은 심리적 발달과 같은 현상이 있다고 믿는다. 경험주의자들과는 대조적으로, 구성주의자들은 심리적 영역에서 장기적이고, 자기 규제적이며, 질적이고, 점진적인 변화가 있다고 믿는다. 그리고 생득주의자들과는 대조적으로, 그들은 자기 규제를 유전적으로 유도되는 성숙의 과정이 아닌, 개인에 의해 수행되는 행동, 성찰, 조정의 능동적 과정으로 바라본다.

청소년 발달

앞서 우리는 발달을 네 가지 기준을 충족하는 변화, 즉 장기적이고, 자기 규제적이며, 질적이고, 점진적인 변화로 정의하였다. 어린이들이 발달한다는 것은 의심의 여지가 없다. 곧 살펴보겠지만, 청소년기와 그 이후에 나타나는 인지, 도덕성, 그리고 정체성의 발달적 변화는 명백한 증거들에 의해 지지되고 있다. 그리고 청소년의 발달이 어린이의 발달과 매우 다르다는 분명한 증거들도 있다. 또한 어린이의 발달은 아동기 이후 청소년의 발달보다 훨씬 더 필연적이고, 예측 가능하며, 연령의 증가와 관련이 있다. 따라서 어린이의 발달은 우리가 원한다고 해서 멈출 수 있는 성격의 것이 아닌 반면에, 청소년 발달은 적극적인 격려와 지원이 필요할 수 있다. 즉 청소년 발달에 대한 연구는 교육 정책 및 사회 정책에 중요하면서도 예상치 못한 함의를 지닌다.

차 례

① 인지 발달

인지 발달은 지식과 추리의 발달을 말한다. 청소년기와 그 이후의 인지 발달은 사고와 추론, 합리성에서 보다 진보된 형식 및 수준의 발달을 수반한다. 우리는 형식적 조작으로 인지적 성숙을 설명한 피아제의 개념을 살펴보면서 인지 발달에 대한 논의를 시작하고자 한다. 그리고 진보된 인지 및 발달의 다양한 측면과 개념들로 논의를 진전시키고자 한다. 앞으로 살펴보겠지만, 최근의 연구와 이론들은 인지 발달이 합리적 결과를 가져오는 합리적 과정이라고 생각한 피아제의 주장과 양립 가능하다. 그러나 인지 발달을 가장 높은, 즉 최종 단계로 이어지는 일반적 구조의 단일하고 보편적인 위계로 설명한 피아제의 주장은 많은 도전을 받고 있다.

1장

형식적 조작에 대한
피아제의 이론

> 형식적이기 위해서는, 연역이 현실^{reality}에서 분리되어야 하며 오직
> 가능성의 차원에 근거해야 한다.
>
> – 장 피아제
> (1928/1972b, p. 71)

발달 심리학자들은 정서 발달, 사회적 발달, 성격 발달, 인지 발달과 같은 문제들에 대해 쉽게 이야기한다. 어린이가 **성숙**^{maturity}을 향해 발달해 간다는 생각은 대부분의 사람들이 공유하고 있는 개념이기 때문에, 이러한 전문 용어들은 무비판적으로 받아들여질 수 있다. 그러나 서론에서 논의한 바와 같이, 심리적 성숙은 육체적 성숙보다 해결하기 더 어려운 개념이다. 이는 **심리적 발달**^{psychological development}이 의미하는 바가 무엇인지에 대한 의문을 제기한다.

예를 들어 어떤 감정이 다른 감정보다 더 낫다고 주장하기 위해서는 정서 발달이 무엇을 의미하는지에 대한 신중한 고려가 필요하다. 마찬가지로 어떤 사회적 상호작용, 성격 혹은 생각을 다른 것들보다 더 진보한 것 혹은 성숙한 것이라고 간주하는 근거는 무엇인가? 사회적 발달, 성격 발달, 인지 발달을 언급할 때, 우리는 우리 자신에 대해 잘못 생각하고 있는 것은 아닌가?

이러한 질문들은 합리적이고 중요하며, 나는 이 질문들이 제기하는 문제가

만족스럽게 해결될 수 있다고 믿는다. 이번 장에서는 인지 발달에 초점을 두면서, 인지가 실제로 발달적 현상이라고 믿었던 장 피아제의 이론을 살펴보고자 한다(Müller, Carpendale, & Smith, 2009). 피아제는 사람들이 아동기와 초기 청소년기의 과정을 거치면서 질적으로 새로운 지식과 추론의 구조를 능동적으로 구성하며, 나중에 구성된 인지 구조가 이전의 것보다 더 높은 수준의 합리성을 나타낸다는 점에서 이러한 근본적인 변화가 발달적 진전을 보여준다는 점을 입증하려고 노력했다.

피아제의 인지 발달 이론

반려동물 10마리(개 6마리, 고양이 4마리)를 판매하는 작은 가게를 상상해 보자. 이 가게에 개와 고양이 중 어떤 것이 더 많이 있냐는 질문을 받는다면, 당신은 즉시 개가 더 많다고 대답할 것이다. 하지만 한 블록 떨어져 있는, 한 번도 가본 적이 없는 반려동물 가게에 개와 고양이 중 어떤 것이 더 많이 있냐는 질문을 받았다고 가정해 보자. 추가적인 정보가 없기 때문에, 당신은 모른다고 간단히 말할 것이다.

이제 다시 첫 번째 가게에 개와 동물 중 어떤 것이 더 많이 있냐는 질문을 받았다고 가정해 보자. 이 질문은 아마 이상해 보일 것이다. 그러나 당신은 이 질문을 올바르게 이해했는지 확인한 후, 동물이 더 많다고 대답할 것이다. 만약 한 블록 떨어진 가게에 개와 동물 중 어떤 것이 더 많이 있냐는 질문을 받는다면, 당신은 최소한 개의 숫자와 같거나 혹은 개보다 더 많은 동물이 있다고 말할 것이다. 개가 동물임을 안다면, 반려동물 가게에 적어도 개 숫자만큼의 동물이 있어야 한다는 것은 논리적으로 필연적이다.

미취학 아동을 첫 번째 가게로 데려온 후, 이 어린이에게 같은 질문을 던졌다고 가정해 보자. 미취학 아동은 개와 고양이가 무엇인지 잘 모를 수 있고, 따라서 그것들을 구별하는 데 어려움을 느낄 수 있다. 또한 이 어린이의 계산 능력이 개와 고양이의 숫자를 세기에는 부족할 수도 있다. 더 나아가 이 어린이는 개와 고양이가 동물의 범주로 함께 분류되지 않는 문화적 배경에서 자랐을 수도 있다. 이러한 다양한 이유들로 인해, 이 어린이는 위의 질문에 만족스럽게 대답하지 못할 수 있다. 그러나 이러한 이유들이 이 어린이의 합리성에 의문을 제기할 근거를 제공하지는 않는다. 이 경우 우리는 단지 이 어린이의 개인적 혹은 문화적 배경과 관련된 이유들, 즉 이 어린이가 우리 문화의 모든 정상적인 사람들에 의해 결국 배우게 되는 특정한 것을 배우지 못했다는 점에 주목할 것이다.

하지만 어떤 어린이가 실제로 개와 고양이에 대해 잘 알고 있고, 그것들을 구별할 수 있고 셀 수 있으며, 모든 개와 고양이가 동물이라는 것을 이해하고 있다고 가정해 보자. 우리가 개와 고양이 중 어떤 것이 더 많이 있냐고 물어봤을 때, 이 어린이는 개가 더 많다고 정확하게 대답한다. 한 블록 떨어져 위치한 가게에 대해 물었을 때, 이 어린이는 그곳에 가서 직접 보지 않고서는 개와 고양이 중 무엇이 더 많은지 알 수 없다고 정확하게 말한다.

그 다음 우리는 이 어린이에게 첫 번째 가게에 **개**와 **동물** 중 어떤 것이 더 많이 있냐고 물어보고, 이 질문을 이해했는지 확인하고자 재차 물어본다. 이 어린이는 개가 더 많이 있다고 대답한다. 이유를 묻자, 이 어린이는 개는 6마리이고 고양이는 4마리이기 때문이라고 말한다. 한 블록 떨어져 있는 가게에 대해 물었을 때, 이 어린이는 추가적인 정보 없이는 그 가게에 개가 더 많은지 동물이 더 많은지 알 수 없다고 대답한다. 확인 차 개가 동물이냐고 물어봤을 때, 그 아이는 "물론이죠"라고 말한다.

이 사례에서 무슨 일이 일어나고 있는가? 그럴듯한 설명은 이 어린이가 위계적 범주화hierarchical classification의 본질과 논리를 이해하지 못하고 있다는 것이다. 이 어린이는 개가 동물이고 고양이도 동물이라는 것을 알고 있지만, 자신이 고려하고 있는 개가 개라는 범주class에 속함은 물론, 동물이라는 범주에도 동시에 속한다는 점을 완전히 이해하고 있지 못하고 있다([그림 1.1] 참고). 따라서 이 어린이는 어떤 상황에서든 동물이 적어도 개의 숫자만큼 **있어야 한다**는 것을 깨닫지 못한다. 개와 동물을 비교하라는 요청을 받았을 때(즉, 두 가지 다른 수준의 위계적 범주를 비교하라고 요청받았을 때), 이 어린이는 결국 개와 고양이(즉, 동일한 수준의 위계적 범주)를 비교한 후 개가 더 많다는 결론을 내린다. 다시 한번 말하지만, 이 어린이는 개, 고양이, 동물과 관련된 사실에 무지하지 않으며, 특히 숫자를 세는 능력도 부족하지도 않다. 이 어린이에게 명백히 부족한 것은 위계적 범주화의 본질에 대한 추상적인 개념적 지식conceptual knowledge이다.

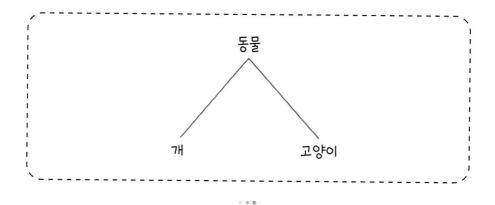

그림 1.1 위계적 범주화

이러한 종류의 논리적 이해는 스위스의 유명한 발달론자인 장 피아제의 주요 관심사였다(1896-1980). 수십 년에 걸친 수많은 연구에서 피아제와 그의 동료들은 일상적으로 미취학 아동이 좀 더 나이가 많은 어린이나 성인의 추론 방식과는 질적으로 다른 추론 방식을 보인다는 사실을 발견했다. 게다가 아동기 이후에 나타나는 추론 및 이해가 명백하게 더 일관적이고 적응적이라는 것도 확인했다. 피아제는 어린이들이 나이가 들어감에 따라 새로운 사실과 기술을 배우고, 따라서 지식이 양적으로 풍부해진다는 사실을 부인하지 않았다. 하지만 그는 추론reasoning의 본질에 있어서 질적 변화가 더 근본적이라고 주장했다. 질적 변화야 말로 더 높은 수준의 합리성을 향한 진전을 나타낸다. 그는 무엇이 그러한 변화를 가져오는지 궁금해 했다.

한 가지 가능성은 정교한 인지 구조가 개인이 처한 환경으로부터 학습된다는 것이다. 그러나 피아제가 연구한 논리적 지식의 여러 유형을 어린 아동에게 가르칠 수 있다거나 혹은 논리적 사실이나 절차에 대한 직접적인 가르침이 그들의 사고thinking에 큰 영향을 미친다는 증거는 없다. 경험주의적empiricist 관점은 기본적인 논리적 개념들이 상대적으로 이른 나이에 발달하고 보편적으로 획득된다는 점을 설명하지 못한다.

또 다른 가능성은 인지의 합리적 기반이 생득적이며 유전적 프로그래밍의 결과로 나타난다는 것이다. 그러나 우리가 논리적 사고를 가능하게 하는 유전자를 물려받았다고 말할 수 있는 증거는 없으며, 논리적 이해를 담고 있는 유전자가 진화의 과정에서 생성될 수 있다고 믿을만한 이유도 거의 없다. 오히려 경험주의적 관점이 생득주의적nativist 관점에 비해 더 그럴듯해 보인다.

구성주의

이와 같은 고찰을 토대로 피아제는 합리적 인지가 환경과의 상호작용 과정에서 구성된다고 주장하였다(Campbell & Bickhard, 1986; Moshman, 1994, 1998; Müller et al., 2009). 이러한 주장은 유전적 영향과 환경적 영향을 배제하지는 않지만, 자신의 지식을 창조하는 데 있어 개인의 적극적인 역할을 보다 더 강조한다.

그러나 개별적 구성individual construction이 왜 합리성을 향상시키는지 궁금할 수 있다. 만약 우리 모두가 자신의 인지 구조를 구성한다면, 왜 우리들 각각은 남들보다 더 타당하지도 않고 덜 타당하지도 않은, 자신만의 유일무이한 형식의 인지를 구성하는 것으로 끝나지 않을까? 개별적 구성이 더 높은 수준의, 그리고 보편적인 형식의 합리성으로 이어지는 이유는 무엇인가?

평형화

피아제는 그가 주로 **논리적 일관성**의 문제로 해석한 합리성이 **심리적 평형**psychological equilibrium에 상응하는 형식으로 존재한다고 주장했다. 사람들은 환경의 다양한 측면을 자신의 인지 구조에 **동화**assimilating시킴으로써 환경과 관계를 맺는다. 만약 현재의 인지 구조가 적절하다면, 사람들은 당면한 문제를 **조절**accommodating할 수 있다. 하지만 만약 그렇지 않다면, **비평형화**disequilibration의 상태를 경험할 수 있다. 문제를 해결하고 평형을 회복하기 위해서는 새로운 인지 구조가 구성되어야 한다. 피아제(1985)는 이 과정을 **평형화**equilibration라고 불렀다.

앞서 살펴본 반려동물 가게에 서있는 어린이를 다시 떠올려보자. 개와 고양이의 숫자를 비교하라는 요청받았을 때, 이 어린이는 이러한 요청을 분류와 계산이라는 인지 스키마cognitive schemes에 동화시킨다. 그리고 이 어린이는 상황의 구체적인 내용을 조절하여 개가 더 많다는 결론을 내린다. 개와 동물의 숫자를 비교하라는 요청을 받았을 때, 이 어린이는 앞에서 설명한 것과 동일한 동화의 과정을 거친다. 개를 분류하면 고양이가 남게 되기 때문에, 이 어린이는 개와 고양이를 비교하여 개가 더 많다는 결론을 내리게 된다. 이 어린이는 의도한 질문에 정확히 대답하지 못했다는 사실을 깨닫지 못한 채 평형을 유지할 수도 있다.

그러나 이제 당신이 이 어린이에게 개와 동물을 나누어보라고 요청한다고 가정해 보자. 아마도 당신은 이 어린이에게 자신이 하고 있는 일을 설명하고 정당화도록 격려하는 몇 가지 질문을 던질 것이다. 상호교환의 과정에서 이 어린이는 개가 두 범주에 모두 적합하다는 것을 깨달을 수 있다. 상호교환의 과정은 비평형의 감각을 가져와 자신의 접근 방식에 문제가 있음을 막연하게 인식하게 만든다. 이 어린이는 자신이 하고 있는 활동의 본질을 성찰함으로써, 상황을 이해하고 평형을 회복할 수 있게 해주는 논리적으로 보다 일관된 위계적 범주화의 스키마를 구성하게 된다.

새롭게 구성된 범주화 스키마가 물리적·사회적 환경과의 상호작용 과정에서 구성되었지만, 환경으로부터 내면화internalized되지는 않았다는 점에 주목하라. 즉 그것은 생득적인 것도 아니고 (통상적인 의미에서) 후천적이지도 않다.

또한 새로운 평형이 어떤 의미에서 볼 때 어린이가 이전에 구성하고 있던 인지 구조를 초월하는, 보다 진보된 인지 구조에서 비롯된다는 점에 주목하라. 다시 말해서 평형화는 단순히 **다른** 구조가 아닌, **보다 더 나은** 구조로 이어진다. 따라서 평형화를 통한 구성이라는 피아제의 개념은 인지적 변화가 자의적이고 특유한 것이라기보다는 더 큰 합리성의 방향으로 움직이는 자연스러운 경향이라는 점을 시사한다. 피아제의 구성주의는 필자가 이후에 **합리적 구성주의**rational constructivism라고 부르는 것의 한 형태이다.

1970년대 이후에 수행된 연구들은 피아제가 제시한 구체적인 해석들과 가정들을 반박하면서 발달에 대한 그의 설명에 중대한 의문을 제기했다(Karmiloff-Smith, 1992; Moshman, 1998). 그러나 그의 가장 일반적인 주장에 대해서는 많은 학자들이 상당 부분 동의하고 있다. 어린이들은 점점 더 합리적인 형식의 인지를 능동적으로 구성하기 때문에, **인지 발달**에 대해 말하는 것은 여전히 의미가 있다.

청소년을 연구하는 심리학에 제기된 질문은 그러한 발달이 청소년기에도 계속 되냐는 것이다. 피아제의 견해에 따르면, 인지 발달의 마지막 단계, 즉 **형식적 조작기**formal operations는 청소년기 초기에 출현한다.

피아제의 형식적 조작 이론

피아제의 이론에 따르면, 9~10세의 어린이는 **구체적 조작기**^{concrete operations}
로 알려진 인지 단계에 도달하고 통합된다(Inhelder & Piaget, 1964). 피아제에 따르면, 구체적 조작기에 도달한 어린이는 상황의 여러 측면을 조정함으로써 오해의 소지가 있는 외관을 초월할 수 있는, 논리적이고 체계적으로 사고하는 사람이다. 그들은 범주, 관계, 숫자의 논리를 이해하고 있고, 일상적으로 일관된 개념적 틀을 토대로 적절한 추리^{inference}를 한다. 1960년대 이후의 연구들은 초기 합리성에 대한 이러한 생각을 실질적으로 확인시켜주었으며, 오히려 피아제가 지적한 것보다 훨씬 더 어린 나이부터 다양한 형식의 정교한 추론 및 이해가 가능하다고 주장한다(Case, 1998; DeLoache, Miller, & Pierroutsakos, 1998; Flavell, Green, & Flavell, 2002; Gelman & Williams, 1998; Karmiloff-Smith, 1992; Wellman & Gelman, 1998).

그러나 피아제는 구체적 조작기를 통합하고 확장하는 인지 구조가 청소년기에 구성된다고 믿었다. 그는 이와 같은 더 진보된 형태의 합리성을 **형식적 조작기**^{formal operations}라고 불렀다. 피아제는 그의 동료인 베르벨 인헬더^{Bärbel Inhelder}의 연구에 근거하여, 형식적 조작기가 대략 11세 혹은 12세부터 발달하기 시작하여 14세나 15세 즈음에 완성되고 통합된다고 주장하였다(Inhelder & Piaget, 1958). 그가 주장한 형식적 조작기의 핵심은 가능성^{possibilities} 그 자체를 고려하는 인지의 역할이다.

가능성의 일부분으로서의 현실

어린이들은 아주 어린 나이부터 가능성을 고려하기 시작한다(Piaget, 1987).

예를 들어 미취학 아동들은 상상 놀이를 통해 다양한 인물, 역할, 사회적 상호작용을 탐색한다. 그러나 피아제의 관점에서 볼 때, 어린이들이 고려하는 가능성은 언제나 상대적으로 현실에 대한 직접적인 확장으로 나타난다. 현실 세계real world는 지적 활동의 중심에 위치해있다. 가능성은 그 현실과 관련하여 생각되고 평가된다.

반면 형식적 조작기에 도달한 사람들의 경우, 가능성은 그것 자체로서의 생명력을 지니게 된다. 가능성은 의도적이며 체계적인 방식으로 인지의 일상적인 부분으로 형식화된다. 현실은 특정한 가능성의 실현으로 이해되고 평가된다.

예를 들어 성역할 기대에 대해 생각해 보자. 모든 문화권의 어린이들은 남성과 여성 각각에게 보다 적절한 역할이 있다고 배운다. 일례로 여성에게는 의사가 아닌 간호사의 역할이 더 적절하다고 배운 어린 아동은 외과 의사가 된 소녀에 대해 생각할 수는 있다. 하지만 이 어린 아동은 이러한 생각을 자신이 속한 문화권에서 기대하는 성역할을 토대로 평가할 것이고, 웃기고 특이하며 부적절하다고 생각할 것이다.

이에 반해 형식적 조작기에 도달한 사람들은 다양한 성 역할 기대를 상상할 수 있다. 그들은 자신의 문화권에서 기대하는 성역할을 많은 가능성 중 하나가 실현된 것으로 간주한다. 또한 그 현실을 재고하고 다른 가능성과 관련하여 평가할 수 있다. 형식적 조작은 관점의 급진적 전환을 수반한다. 현실과 관련하여 가능성을 고려하는 것이 아니라, 가능성과 관련하여 현실을 고려한다. 형식적 조작기에 도달한 사람들은 자발적이고 체계적으로 가능성을 생성하며, 그러한 가능성에 비추어 현실을 재구성한다.

가설―연역적 추론

가설―연역적 추론hypothetico-deductive reasoning은 가능성을 새롭게 활용하는 것과 밀접한 관련이 있다. 이 추론은 순전히 가설적이며, 심지어 거짓인 주장으로부터 시작되기도 한다. 예를 들어 아래의 두 가지 논증을 살펴보자(Moshman & Franks, 1986의 내용을 각색함).

> 코끼리는 쥐보다 크다.
> 개는 쥐보다 크다.
> 그러므로 코끼리는 개보다 크다.

> 쥐는 개보다 크다.
> 개는 코끼리보다 크다.
> 그러므로 쥐는 코끼리보다 크다.

형식적 조작기 이전의 어린이는 모든 진술이 사실이라는 점에서 첫 번째 논증이 더 논리적이라고 생각할 것이다. 대조적으로 두 번째 논증의 경우, 모든 진술이 사실이 아니라는 점에서 비논리적이라고 생각할 것이고, 따라서 이 논증을 기각할 것이다. 반면에 형식적 조작기에 도달한 사람은 비록 첫 번째 논증의 결론이 참일지라도, 주어진 전제에서 도출되지 않았다는 점을 알아차릴 것이다. 대조적으로 두 번째 논증의 결론이 비록 거짓이기는 하지만, 주어진 전제에서 나왔다는 것을 알고 있을 것이다. 다시 말해서, 형식적 조작기에 도달한 사람은 논리와 진리를 구별할 수 있다. 그리고 전제가 참인지 또는 거짓인지와 무관하게 논증을 형식화하고 평가할 수 있다. 따라서 가설―연역적 추론은 전제의 수용 여부와 상관없이, 전제들의 논리적 함의를 고려할 수 있도록 한다. 즉 이 추론은 가능성을 엄밀하게 탐색하는 데 중심적인 역할을 한다.

2차 조작

피아제의 이론에서 구체적 조작은 1차 조작first-order operations을 의미한다. 1차 조작은 논리를 현실에 직접 적용하기 위한 것이다. 형식적 조작은 조작에 **대한** 조작, 즉 **2차 조작**Second-Order Operations으로 정의될 수 있다. 예를 들어 아래의 비율을 살펴보자.

$$\frac{10}{5} = \frac{4}{2}$$

이 비율의 논리를 이해하려면, 10과 5의 관계(첫 번째 숫자는 두 번째 숫자의 두 배임)는 4와 2의 관계(다시, 첫 번째 숫자는 두 번째 숫자의 두 배임)와 **같다**는 것을 이해해야 한다. 핵심은 두 관계 사이의 관계(이 경우, 양쪽이 같다)에 있다. 즉, 비율은 두 관계 사이의 관계, 혹은 2차 관계이다.

피아제는 2차 조작의 논리를 매우 자세하게 연구했다. 그는 추상적인 수학적 구조(항등Identity—부정Negation—상호관계Reciprocity—상관관계Correlative(INRC) 군)와 연언conjunction, 선언disjunction, 함축implication, 이중조건biconditionality, 비호환성incompatibility과 같은 논리적 관계를 포함하는 16개의 2항 연산binary을 활용하여 연구를 수행하였다. 그리고 청소년과 성인들이 2차 조작을 통해 요소들의 조합과 치환을 체계적으로 정교화하고, 상관관계를 식별하며, 변수를 독립적으로 조작하여 개별 효과를 결정할 수 있다고 주장하였다.

따라서 형식적 조작은 구체적 조작 수준에서는 불가능한 통찰과 추론을 가능하게 하는 고차적인 논리적 구조를 수반한다. 즉, 가설적인 가능성을 지향하는 형식적 조작은 현실에서 공상으로의 전환을 의미하는 것이 아니라, 엄밀하고 체계적인 논리적 구조와 관련이 있다. 피아제는 초기 청소년기에 나타나는 고차원적인 논리 구조의 구성이 인지적 성숙으로의 전환이라고 주장했다.

형식적 조작기에 대한 연구

피아제의 형식적 조작 이론에 대한 최초의 경험적 근거는 그의 동료인 베르벨 인헬더에 의해 수행된, 인헬더 과제[Inhelder tasks]라고 알려진 심리학적 연구 결과이다. 이 과제는 어린이와 청소년들에게 양팔 저울, 진자, 그리고 그 밖의 여러 종류의 장치와 관련된 다양한 물리적 현상을 설명하라고 요구한다. 형식적 조작에 대한 고전적 작업인 이 연구가 발표되고 난 후, 여러 연구자들은 인헬더의 발견을 재확인하고 확장하고자 노력했다. 더 나아가 많은 연구자들이 인헬더 과제와 그 결과에 대한 피아제의 핵심적인 설명, 즉 진보된 논리적 추론의 독특한 형식에 보다 직접적으로 초점을 맞추면서 형식적 조작에 대한 연구를 확장했다.

현재 피아제의 형식적 조작 이론을 검증하거나 확장하기 위해 시도된 연구들은 수백 편에 이르며, 수백 개 이상의 연구들이 이론과 직접적으로 관련된 데이터를 제공하고 있다. 그리고 복잡한 연구 결과들과 그것에 대한 해석은 상당한 이론적 논란을 불러일으켰다(검토와 분석을 위해 다음을 참고, Amsel, in press; Blasi & Hoeffel, 1974; Bond, 2001; Byrnes, 1988a, 1988b; Campbell & Bickhard, 1986; Gray, 1990; Halford, 1989; Keating, 1980, 1988, 1990; Kuhn, 2008; Leiser, 1982; Moshman, 1998, 2009a; Müller, 1999; Neimark, 1975; Ricco, 1993, 2010; Smith, 1987). 일반적으로 여러 연구들은 약 11세 이전에는 거의 볼 수 없지만 그 이후에는 점점 더 보편적으로 나타나는, 피아제가 형식적 조작이라고 밝힌 추론의 중요한 형식이 실제로 있음을 보여준다. 그러나 모든 연구들이 파아제의 최초 주장, 즉 형식적 조작 추론이 14세 혹은 15세에 이르러 통합되며 그 이후에 자발적이고 일관되게 사용된다는 주장을 뒷받침하지는 않는다.

예를 들어 모시먼과 프랭크스[Franks](1986), 모리스[Morris](2000)가 수행한 일련의 연구들을 살펴보자. 모시먼과 프랭크스(1986)는 4학년과 7학년, 대학생들에게 '형식', '내용', '전제의 참', '결론의 참' 측면에서 타당하거나 타당하지 않은 다양한 논증을 제시하는 세 가지 실험 연구를 수행하였다. 이 연구는 전제로부터 논리적으로 결론이 도출되는 타당한 논증과 그렇지 않은 논증을 피험자들이 구별할 수 있는지 알아보려는 의도로 수행되었다. 이 실험은 논증의 타당성이 항상 진리와 일치하지 않는다는 점에서 가설—연역적 추론을 요구했다. 가설—연역적 추론과 관련하여 앞서 살펴본 두 가지 논증을 다시 떠올려보자.

코끼리는 쥐보다 크다.
개는 쥐보다 크다.
그러므로 코끼리는 개보다 크다.

쥐는 개보다 크다.
개는 코끼리보다 크다.
그러므로 쥐는 코끼리보다 크다.

두 논증 중, 첫 번째 논증은 전제와 결론이 참임에도 불구하고 결론이 전제로부터 논리적으로 나오지 않았기 때문에 타당하지 않다. 반면에 두 번째 논증은 전제와 결론이 거짓임에도 불구하고 결론이 전제로부터 도출되었기 때문에 타당하다. 두 번째 논증의 타당성을 인식하려면 거짓으로 알려진 전제로부터 무엇이 뒤따르는지를 결정하기 위한 가설—연역적 추론이 필요하다. 이 연구에서는 타당성이 무엇을 의미하는지에 대한 설명을 들었는지 여부, 그리고 응답의 정확성에 대한 주기적인 피드백을 받았는지 여부에 따라 여러 실험 조건들이 체계적으로 설정되었다. 형식적 조작 이론에 근거하여 예상한 바와 같이, 4학년 학생들은 개념에 대한 설명을 들었는지 그리고 응답의 정확성에 대한 피드백을 받았는지 여부와 관계없이 타당한 논증과 타당하지 않은 논증 간의 구분을 거의 또는 전혀 이해하지 못했다. 대학생들의 경우, 일반적으로 실험 조건에 관계없이 타당한 논증에 대한 올바른 이해를 보였지만, 많은 대학생들이 그러한 이해를 일관되게 적용하지는 못했다.

실험 조건에 가장 큰 영향을 받은 집단은 7학년 학생들이었다. 설명이나 피드백이 없는 조건의 경우, 7학년 학생들이 보인 성과는 매우 가변적이었다. 어떤 학생은 4학년 수준의 추론을 보였고, 어떤 학생은 대학생에게서나 나타나는 최고 수준의 추론 성과를 보였다. 하지만 설명이나 피드백이 주어진 조건의 경우에는 대부분의 7학년 학생들이 대학생 수준의 향상된 성과를 보였다.

이러한 결과는 형식적 조작이 청소년기 초기에 출현한다는 피아제의 주장과 일치하지만, 14세나 15세 즈음에 완성된다는 상대적으로 빠른 통합에 대한 그의 견해와는 일치하지 않는다. 4학년(9~10세) 학생들은 가설—연역적 추론을 촉진하기 위해 신중하게 설계된 실험 조건에서도 이 능력을 거의 또는 전혀 사용하지 못했다. 반면에 대부분의 7학년(12~13세) 학생들은 설명과 피드백을 통해 가설—연역적 추론을 자발적으로 적용하는 향상된 효과를 보였다. 그러나 대학생들조차도 형식적 추론을 일관성 있게 사용하지는 못했다. 즉, 형식적 조작 추론은 11세경에 발달하기 시작하지만, 발달의 결과인 형식적 역량은 성인기에 이르러서도 일관되게 적용되지는 않는 것으로 보인다.

앤 모리스(2000)는 3~5학년(8~11세) 학생 220명을 대상으로 위의 연구를 체계적으로 확장하였다. 특히 모리스는 인헬더와 피아제(1958)가 형식적 조작 추론이 일반적으로 시작된다고 주장한 11세 혹은 12세 어린이보다 조금 더 나이가 어린 어린이들의 능력을 자세히 조사했다. 모리스는 일반적으로 사람들이 추리의 타당성 개념을 어떻게 이해하고 적용하는지에 대해 체계적으로 분석한 후, 논리적 과제를 해결하기 위해 고려해야 하는 몇 가지 주요 사항들에 어린이의 관심을 유도하는 독창적인 실험 과제를 고안했다. 이 연구에 참여한 어린이들은 모시먼과 프랭크스(1986)의 연구에서 제시된 타당성 과제에 대한 사전—사후 검사를 받았고, 이후 일부 어린이들은 추가적인 사후 검사를 받았다. 사전 검사 후 한 달 뒤에 실시된 실험 과제는 여러 조건에 따라 체계적으로 다양화되었다.

모시먼과 프랭크스의 연구와 일관되게, 어떤 어린이도 사전 검사에서 형식의 타당성을 논증을 분류하기 위한 근거로 활용하지 않았다. 그러나 실험 과제 참여 후 실시된 사후 검사 결과, 3학년을 포함한 많은 아이들이 타당한 논증과 타당하지 않은 논증을 논리적 형식을 기반으로 구별하고, 그렇게 구별한 이유를 적절하게 설명했다. 게다가 타당한 논증을 구별하고 그 이유를 설명한 어린이들은 한 달 후 추가로 실시된 사후 검사에서도 여전히 타당한 주장과 타당하지 않은 주장을 구별하는 상당한 수준의 능력을 보여주었다. 즉, 11세 미만의 어린이 중 일부는 가설—연역적 추론을 위한 초기 능력을 가지고 있는 것으로 보인다.

그러나 초기 역량을 지닌 어린이들을 일부분 채워진 잔에 비유한다면, 대부분의 어린이들은 아직 절반 이상 비어있는 잔에 해당한다. 가장 효과적인 실험 조건, 즉 정교하게 설정된 가상의 맥락과 구조적 관계에 어린이들의 관심을 반복적으로 유도하는 과제에서, 네 번의 기회 중 적어도 한 번 타당한 논증과 타당하지 않은 논증을 적절히 구분한 3, 4, 5학년 학생들의 비율은 각각 25%, 35%, 35%에 불과했다. 과제 수행을 돕기 위한 매우 정교한 노력에도 불구하고, 10~11세 어린이들의 상당수는 여전히 타당한 논증과 타당하지 않은 주장을 구별하는 데 실패했다(추가적으로 Amsel, Trionfi, & Campbell, 2005 참고).

이러한 결과는 구성주의적 관점과 일치한다. 즉, 지속적인 성찰과 조정의 과정으로서의 형식적 조작의 발달은 개인에 따라 다소 다른 속도로 진행될 수 있다. 몇몇 어린이들은 8세 정도가 되면 적절한 교육적 경험이 제공되었을 때 추리의 타당성에 대한 형식적 개념을 구성하고 적용할 수 있다. 하지만 대부분의 어린이들은 5학년(10~11세)이 될 때까지도 이 개념을 자발적으로 적용하지 않고, 심지어 그것을 구성하지도 못한다. 형식적 조작은 단순히 이미 정해진 나이에 우리의 유전자로부터 발현되는 것이 아니다. 그렇다고 해서 연령과 무관하게 가르쳐지거나 배울 수 있는 것도 아니다.

모리스(2000)는 자신의 연구 결과를 해석하면서, 논리 영역에서 추론 및 발달의 다면적인 복잡성을 다음과 같이 강조한다.

> 이러한 결과는 논리적 논증과 비논리적 논증을 구별하기 위해 다양한 기술의 조정된 적용이 필요함을 시사한다. 즉 논증을 구성하는 문장들을 통합된 전체로 다루기, 진술의 세부적인 특성에 주의를 기울이기, 개별 진술의 내용뿐만 아니라 진술들 간의 연결에 주의를 기울이기, 인접한 진술들을 비교하기, 배경 지식을 잠시 제쳐두고 전제에서 주어진 정보만을 활용하여 추리하기, 텍스트를 처리하는 과정에서 관련 없는 개인적 정보를 무시하거나 적극적으로 억제하기, 추론의 과정 동안 장기기억long-term memory으로부터 정보를 선택적으로 도입하기 등이 필요하다. 이 모든 것들은 메타논리적metalogical 이해의 적용과 함께 조정되어야 한다. 논리적 형식의 필연성과 비논리적 형식의 불확정성에 대한 이해를 구성하고 있지 않거나 또는 특정 맥락에서 이러한 개념들의 적용 가능성을 인지하지 못할 경우, 사람들은 논리적 논증과 비논리적 논증을 구별할 수 없다.   (p. 754)

위의 설명에 따르면, 논리적 추론의 발달은 최소한 어떤 경우에는 어린 시절을 훨씬 넘어서까지 확장되는 지속적인 과정이며, 논리적 추론의 성과는 개인적 특성이나 나이뿐만 아니라 과업이나 맥락에 따라 달라질 것이다. 청소년기의 논리적 추론에 대한 연구들은 이러한 주장을 강력하게 뒷받침하고 있다(Barrouil-let, Markovits, & Quinn, 2001; Daniel & Klaczynski, 2006; De Neys & Everaerts, 2008; Efklides, Demetriou, & Metallidou, 1994; Franks, 1996, 1997; Klaczynski, Schuneman, & Daniel, 2004; Markovits, 2006; Markovits & Barrouillet, 2002; Markovits & Bouffard-Bouchard, 1992; Markovits & Nantel, 1989; Markovits & Vachon, 1989; Simoneau & Markovits, 2003; Venet & Markovits, 2001).

예를 들어, 그동안 많이 연구된 "선택 과제selection task"에 대해 살펴보자(Wason, 1968). 당신은 한쪽에는 문자(모음 또는 자음)가 적혀 있고, 다른 쪽에는 숫자(홀수 또는 짝수)가 적혀있는 네 장의 카드 모음에 대해 생각해보라는 요청을 받는다. 그 카드들은 아래와 같다.

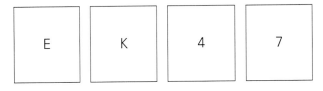

그리고 다음과 같은 가설이 주어진다.

만약 카드 한 면이 모음이면, 다른 면은 짝수이다.

당신에게 주어진 임무는 가설의 진위를 확인할 수 있는 가장 결정적인 카드만을 뒤집어 이 가설을 검증^{test}하는 것이다. 어떤 카드(들)를 뒤집어야 하는가?

대부분의 사람들은 E 카드만을 뒤집거나, E와 4 카드를 선택한다. 즉 모음(E)이 적혀있는 카드를 뒤집어 반대쪽에 짝수가 있는지 확인하거나, 어떤 경우에는 짝수(4)가 적혀있는 카드를 뒤집어 반대쪽에 모음이 있는지 확인한다. 그들의 가정은 짝수와 결합된 모음을 찾는 것이 가설을 뒷받침하고, 따라서 그러한 조합을 조사하는 것이 가설을 검증한다는 것이다. 다양한 연구들은 사람들이 가설을 입증^{verify}할 수 있는 데이터만을 찾아 가설을 검증하려는 경향이 강하다는 점을 보여주고 있다(Evans, 1989; Friedrich, 1993; Klayman & Ha, 1987; Wason & Johnson-Laird, 1972).

그러나 곰곰이 생각해보면, 가설의 진위를 판별하기 위해서는 이와 같은 **입증 전략**^{verification strategy}이 아닌 **반증 전략**^{falsification strategy}이 필요하다. 가설을 반증^{falsify}할 수 있는 유일한 조합은 반대쪽에 짝수가 없는 모음이 적혀있는 카드이다. 따라서 우리는 모음과 홀수가 결합된 카드를 확인해봐야 한다. 그러므로 이 과제에 대한 올바른 응답은 E와 7 카드를 뒤집는 것이다. E 카드는 반대쪽에 홀수가 있으면 가설을 반증하기 때문에 뒤집어야 한다. 7 카드는 반대쪽에 모음이 있으면 가설을 반증하기 때문에 뒤집어야 한다. 4 카드는 뒤집을 필요가 없다.

왜냐하면 반대쪽에 뭐가 있든지 간에 가설을 반증할 수 없기 때문이다.

형식적 조작기에 도달한 사람들은 선택 과제에 직면했을 때, 가설—연역적 추론을 통해 숫자와 문자 사이의 가설적 관계로부터 어떤 예측이 뒤따를지 알아낼 수 있을 것이다. 또한 그들은 네 장의 카드의 보이지 않는 면과 관련된 모든 가능성, 그리고 가설과 관련하여 각각의 가능성들이 가져올 수 있는 결과를 체계적으로 고려할 것이다. 그럼에도 불구하고 여러 연구들은 대부분의 성인들이 이 과제를 해결하기 위해 **반증 전략**을 적용하지 못한다는 점을 오래전부터 보여주었다(Evans, 1989; Stanovich, 1999; Wason & Johnson-Laird, 1972).

대부분의 사람들이 선택 과제를 해결하기 위해 반증 전략을 적용하지 못한다는 점은 과연 성인들이 형식적 조작 추론을 사용하는지에 대한 심각한 의구심을 제기했다. 윌리스 오버튼Willis Overton(1990)과 동료들이 수행한 연구 결과에 따르면, 청소년과 성인의 수행 성과는 과제를 보다 의미 있게 만드는 다양한 조작들을 통해 향상될 수 있지만, 어린이의 성과는 그러한 변화들에 의해 향상되지 않는다. 즉, 청소년과 성인은 형식적 조작 추론에 참여할 수 있는 능력이 있지만, 그들의 (성공적인 혹은 실패한) 성과는 당면한 과제의 특성에 달려있다는 것이 오버튼과 동료들이 내린 결론이다. 반면에 11세 또는 12세 미만의 어린이는 형식적 조작 역량이 부족하며, 따라서 과제의 특성과 관계없이 형식적 조작을 적용하지 못한다.

뮐러Müller, 오버튼, 그리고 르네Reene(2001)는 선택 과제를 활용하여 보다 확장된 발달적 연구를 수행하였다. 그들은 두 집단의 학생(6학년과 8학년)에게 다섯 가지 버전의 선택 과제를 제시하고 그 성과를 평가하였다. 그리고 1년이 지난 후 재평가, 다시 1년이 지난 후 학생들이 각각 8학년과 10학년이 되었을 때 세 번째 평가를 실시하였다. 그들이 예상한 바와 같이, 수행성과는 시간이 지남에 따라 향상되었으며, 두 집단 모두에서 유사한 발달 패턴이 확인되었다. 흥미롭게도 처음에 6학년이었던 학생들은 그들이 8학년이 되던 세 번째 평가에서 처음에 8

학년이었던 학생들의 첫 번째 평가 결과보다 더 나은 추론을 보였다. 이러한 결과는 일련의 선택 과제에 대해 생각해본 경험이 청소년기 초기의 논리적 추론을 촉진하는 데 충분했음을 시사한다. 비록 특별한 피드백이 제공되지 않았고, 3년 동안 1년에 딱 한 번 경험했을지라도 말이다.

요컨대 선택 과제에 대한 연구들은 형식적 조작 역량이 청소년기 초기로 전환되는 시기에 나타난다는 인헬더와 피아제(1958)의 주장을 뒷받침한다. 그러나 나중에 피아제(1972a)도 인정한 것처럼, 이러한 역량을 다양한 과업과 상황에 적용하는 모습은 청소년기에 다소 증가하기는 하지만, 성인이 되어서도 여전히 어려우며 일관되게 나타나지 않는다.

탈형식적 조작기에 대한 탐구

1973년 클라우스 리겔^{Klaus Riegel}은 피아제의 형식적 조작기 이후에 나타나는 단계로 **변증법적 조작기**^{dialectical operations} 단계를 제안했다. 이 제안은 마이클 바세케스^{Michael Basseches}(1980, 1984)에 의해 상당히 정교화되었다. 그는 **변증법적 추론**의 독특한 형식을 24가지 **변증법적 도식**^{dialectical schemata}으로 형식화하였다. 그가 제안한 변증법적 추론은 구조, 관계, 맥락, 관점, 모순, 활동, 변화, 진전에 대한 형식적 조작을 넘어선 이해, 즉 탈형식적^{postformal} 이해를 바탕으로 한다.

예를 들어, 지식은 유전자에 내재되어 있다고 믿는 사람(생득주의)이 지식은 자신의 처한 환경으로부터 학습된다는 견해(경험주의)에 맞닥뜨렸다고 가정해보자. 이 두 견해는 모순되며, 둘 중 하나를 선택해야 하는 것처럼 보일 수 있다. 즉, 둘 다 옳을 수는 없다. 하지만 이 경우 변증법적으로 사고하는 사람은 어느 한 가지 관점보다 더 정당화가 가능한 관점을 생성하기 위해 두 가지 관점을 종합할 수 있는 가능성을 고려할 것이다. 이것은 아마 일종의 상호작용주의적^{interactionist}

관점일 것이다. 보다 일반적으로 말하자면, 초기의 견해(정립^{thesis})와 그 견해에 대한 명백한 모순(반립^{antithesis})이 주어지면, 변증법적으로 사고하는 사람은 단순히 둘 중 하나를 선택하려는 경향에 저항할 것이다. 대신 그들은 두 관점을 초월한 새로운 관점(종합^{synthesis})을 형식화하고자 노력할 것이다.

그러나 변증법적으로 사고하는 사람은 종합이 최종적인 해결책이 아니라 그 자체로 모순될 수 있음을 인식한다. 예를 들어 지식에 대한 상호작용주의적 관점(생득주의와 경험주의의 종합)은 지식이 구성된다는 관점에 도전을 받을 수 있다. 그러나 그들은 상호작용주의와 구성주의 중 어느 하나를 선택하기보다는 이 둘을 종합하려고 시도할 것이다. 보다 일반적으로 말하자면, 종합 그 자체는 새로운 반립에 의해 모순에 빠질 수 있는 정립이 될 수 있으며, 이는 더 높은 수준의 종합으로 이어진다. 이와 같은 **정립—반정립—종합의 순환**에 대한 올바른 이해는 변증법적으로 사고하는 사람으로 하여금 자신들이 이해한 바를 더욱 발전시키기 위해 적극적으로 모순을 탐색하도록 이끌 수 있다.

비록 변증법적 추론이 비논리적이지는 않지만, 단순히 형식적인 논리 규칙에 따르는 추론의 문제도 아니다. 오히려 변증법적 추론은 형식적 조작의 논리적 구조에 동화될 수 없는 복잡한 현상에 대한 합리적인 접근 방식을 제공한다. 예를 들어, 본성과 양육$^{nature-nurture}$ 논쟁에 대한 어떤 특정 해결책이 필연적으로 참이라는 것을 논리적으로 증명할 수는 없지만, 양자를 종합한 견해가 그것이 초월한 단순한 견해보다 더 잘 정당화된다는 것을 입증할 수는 있다.

리겔이 변증법적 조작을 형식적 조작기 이후의 단계로 제안한 지 2년 후, 패트리샤 알린$^{Patricia\ Arlin}$(1975)은 피아제의 형식적 조작기는 **문제해결 단계**$^{problem-solving\ stage}$이며 적어도 몇몇 사람들에게는 그 단계 이후 **문제탐색 단계**$^{problem-finding\ stage}$가 뒤따른다고 주장하면서, 탈형식적 인지에 대한 대안적 개념을 제안했다. 비록 후속 연구들이 형식적 조작기 이후의 발달 단계로서 알린이 제안한 문제탐색이라는 개념을 경험적으로 뒷받침하는 데는 실패했지만(Cropper,

Meck, & Ash, 1977), 이 단계에 대한 탐구는 계속되었다. 불과 몇 년만에 형식 논리 너머에 있을 수 있는 것을 다양한 방식으로 설명하는 탈형식적 인지에 대한 이론이 최소한 12개 정도 등장했다(이 시기에 등장한 이론들은 Commons, Richards, & Armon, 1984를 참고).

탈형식적 인지에 대한 관심은 지금도 지속되고 있다. 몇몇 이론들은 진보된 추론의 변증법적 특성을 강조하기 위해 리겔과 바세케스의 주장을 따르고 있다. 그리고 일부 이론들은 피아제의 2차 조작 개념을 확장하여, 형식적 구조와 탈형식적 구조에 대한 연이은 성찰 및 조정의 결과인 3차 조작 혹은 그 이상의 조작을 정교하게 설명하는 개념들을 제안하고 있다. 마이클 코먼스^{Michael Commons}와 프랜시스 리처즈^{Francis Richards}(2003)는 형식적 조작기 이후 잇따라 나타나는 네 단계를 가정한 모형을 개발했다. 각각의 단계에 대해 살펴보면 다음과 같다 **체계적 조작기**^{Systematic operations}는 형식적 조작의 단계에서 체계를 형성한다. **메타체계적 조작기**^{Metasystematic operations}는 이질적인 체계에서 메타체계를 구성한다. **패러다임 단계**^{paradigmatic stage}는 메타체계를 패러다임으로 종합하고, **교차 패러다임 단계**^{cross-paradigmatic stage}는 패러다임들을 종합한다.

코먼스와 리처즈(2003)가 추정한 바에 따르면, 미국인의 약 20%만이 그들이 가정한 네 단계 중 첫 번째 단계에 도달할 수 있다. 이와 유사하게 형식적 조작기 이후의 단계에 대한 그 밖의 연구들 역시, 만약 이러한 단계가 있다 하더라도 그것은 대부분의 사람들이 도달하기 어려운 추론의 형식일 것이라고 본다. 탈형식적 추론은 성인의 발달을 연구하는 일부 이론가들의 관심을 계속 끌고 있다(Dawson-Tunik, 2004; Sinnott, 2003). 하지만 그들 대부분은 논리 이외의 방법에 의한 추론 및 사고, 즉 형식 논리보다 더 높은 수준에 있다기보다는 나란히 있는, 따라서 위계적으로 발달하는 것이 아니라 함께 발달하는 추론 및 사고에 더 많은 관심을 가지고 있다.

결론

피아제에 따르면 인지 발달은 점점 더 엄밀해지고 포괄적인 형식의 논리를 구성하는 것으로, 청소년들이 보이는 형식적 조작 논리에 이르러 절정에 달한다. 비록 청소년과 성인들이 종종 형식적 조작 추론에 실패한다는 점을 보여주는 여러 연구들이 있기는 하지만, 광범위한 증거들은 청소년과 성인들에게는 일반적이지만 11세 이전에는 거의 볼 수 없는 논리적 추론의 형식에 대한 피아제의 가정을 뒷받침하고 있다. 그러나 청소년과 성인이 피아제가 가정하고 연구한 것과는 다른 형태의 추론과 합리성을 구성하고 사용하는지도 궁금하다. 우리는 이제 이 질문에 대해 살펴보고자 한다.

2장

추리, 사고, 그리고 추론

> 내 방식 알잖아, 왓슨.
>
> – 셜록 홈즈
> (Doyle, 1893/2000, p. 163)

인지의 발달적 변화를 식별하는 한 가지 방법은 합리성의 수준이 보다 높은 수준으로 진전하는지를 확인하는 것이다. 그러나 형식 논리에 뿌리를 둔 형식적 조작을 수행하는 것이 진보된 합리성을 모두 포괄할 수 있는가?

가장 오래되고 광범위하며 깊은 의미에서, 합리성은 자신의 신념과 행동에 합당한 이유를 갖는 것과 관련된 문제이다(Audi, 1997, 1998, 2001; Keefer, 1996; Moshman, 1990b, 1994; Nozick, 1993; Rescher, 1988; Searle, 2001; Sen, 2002; Siegel, 1988, 1997; Stanovich, 2008). 형식 논리는 특정 전제로부터 특정 결론을 추리하기 위한 가장 합당한 이유를 제공한다는 점에서 합리성의 중요한 측면이다. 그러나 우리는 하나의 특정 결론을 논리적으로 요구하지 않거나 혹은 잠재적인 선택 사항들 중 어느 것도 논리적으로 제거할 수 없어 하나를 선택해야 하는 경우처럼, 복잡한 증거를 해석할 때에도 합리적일 수 있다. 심지어 형식적인 증거가 없을지라도, 우리는 종종 다른 것들보다 어떤 하나의 신념이나 행동 방침을 선택해야 할 충분히 합당한 이유를 갖기도 한다. 즉, 합리성은 형식 논리는 물론, 그것 외의 더 많은 것을 포함한다(Bickhard & Campbell, 1996; Blasi & Hoeffel, 1974; Evans, 2002; King & Kitchener, 1994; Koslowski, 1996; Searle, 2001).

어디에나 존재하는 추리

인지는 추리적이며, 경험이나 관찰에 의해 알게 된 자료나 정보, 즉 데이터 data를 항상 뛰어넘어 이루어진다. 우리는 실재를 지식과 추리의 능동적인 구조에 동화시키고, 그러한 구조를 동화된 실재에 맞게 조절한다. 실재 그 자체에 직접 접근할 수는 없지만, 우리는 이러한 방식으로 실재를 알 수 있다. 그러나 우리의 사실적 지식이 아무리 실재에 충실할지라도, 그것은 부분적으로 우리의 인지 구조가 기능한 결과이다. 결국 이해는 사실을 기록하는 것 이상의 의미를 갖는다. 심지어 지각perception조차도 우리의 감각 데이터를 훨씬 넘어서는 것으로 이해된다. 그리고 우리의 기억이 아무리 현실적으로 보인다고 할지라도, 과거를 상기하는 것remembering은 과거에 대한 능동적인 재구성으로 인정되고 있다. 동화와 조절은 피아제가 사용한 용어이지만, 추리가 인지에 내재되어 있고 데이터를 넘어선다는 생각은 1970년대 이후 인지 심리학자와 발달 심리학자들에 의해 널리 받아들여져 왔다.

어린 아동들은 단순히 데이터를 넘어서는 추리만을 하지 않는다는 점이 언급될 필요가 있다. 그들은 유추적analogical, 확률적probabilistic, 연역적deductive 추리를 한다. 추리의 규칙에 따라 행동하는 어린 아동의 능력은 인상적이다. 설사 그것이 부정확할지라도 말이다. 사실 미취학 아동도 일상적으로 논리적이며 규범적으로 정당화될 수 있는 추리를 한다(Braine & O'Brien, 1998; Chen, Sanchez, & Campbell, 1997; Scholnick & Wing, 1995; Singer-Freeman, 2005; Singer-Freeman

& Bauer, 2008). 합리성은 우리의 추리 시스템에 내재되어 있는 것 같다.

추리 시스템은 합리성에 대한 의식 없이도 논리적이고 규범적인 추리를 할 수 있다. 하지만 우리는 우리의 합리성을 의식하고 그것을 진보시킬 수 있다. 합리성의 발달은 대체로 우리의 추리를 의식하고, 그것을 평가하며 통제해가는 과정이다. 그러나 추리를 완전하게 의식하고 통제하는 것은 달성할 수 없을 뿐만 아니라 적응적이지도 않을 것이다. 인간의 제한된 정보처리 능력을 감안할 때, 자동적 추리는 우리로 하여금 복잡한 환경에서 효과적으로 기능하도록 한다 (Moors & De Houwer, 2006). 이제부터 우리가 살펴볼 사고와 추론의 발달은 자동적 추리 시스템을 보완하기는 하지만 대체하지는 않는다. 자동적 추리는 일생동안 인지 기능으로서 어디에나 존재한다.

의도적 추리로서 사고

사고는 자신의 목적을 달성하기 위해 자신의 추리를 신중하게 적용하고 조정하는 것으로 정의할 수 있다(Moshman, 1995a). 이 정의에서 볼 수 있는 것처럼, 사고는 달성하고자 하는 목적에 따라 여러 가지 유형으로 구분할 수 있다. 사고의 발달에 대한 연구(Kuhn, 2009)는 주로 **문제 해결**(DeLoache, Miller, & Pierrout-sakos, 1998), **의사결정**(Baron & Brown, 1991; Byrnes, 1998, 2005; Galotti, 2002; Jacobs & Klaczynski, 2005; Klaczynski, Byrnes, & Jacobs, 2001; Umeh, 2009), **판단** (Jacobs & Klaczynski, 2005; Kahneman, 2003; Millstein & Halpern-Felsher, 2002), **계획**(Galotti, 2005; Scholnick & Friedman, 1993)의 발달을 다룬다.

의사결정은 부분적으로 위험한 행동의 선택과 관련이 있기 때문에, 청소년을 연구하는 학자들의 관심을 끄는 분야였다(Beyth-Marom, Austin, Fischhoff, Palmgren, & Jacobs-Quadrel, 1993; Michels, Kropp, Eyre, & Halpern-Felsher,

2005; Reyna, Adam, Poirier, LeCroy, & Brainerd, 2005; Reyna & Farley, 2006; Van Leijenhorst & Crone, 2010; 16장 참고). 그러나 위험을 감수하는 것 자체가 비합리적인 것은 아니다. 선택 사항을 정교화하고, 찬반양론을 고려하며, 다양한 측면들에 합리적으로 우선순위를 부여하는 능력과 관련하여 최상의 상태에 도달한 청소년들은 어린이들에게서는 거의 볼 수 없는 높은 수준의 의사결정을 신중하게 할 수 있다(Moshman, 1993; Weithorn & Campbell, 1982). 물론 청소년의 합리성은 완벽한 수준의 합리성에는 훨씬 못 미친다. 하지만 이는 의사결정 능력이 청소년과 크게 다르지 않은 어른들도 마찬가지다(Beyth-Marom et al., 1993). 신시아 버그[Cynthia Berg]는 다음과 같은 논평을 통해, 비록 청소년들의 의사결정 능력이 완벽하지는 못할지라도 그들의 결점만을 강조하는 것은 오해의 소지를 가져올 수 있다고 지적했다.

> 청소년의 의사결정에 관한 장을 읽으면서, 나는 청소년의 의사결정이 성인들의 의사결정과 실제로 얼마나 다른지 궁금했다. 잠재적으로 위험한 결과를 초래할 수 있는 행동(예: 변동성이 크고 불안정한 주식에 투자, 혼인 파탄을 초래할 수 있는 외도, 체중 감량을 위한 다이어트 보조제 복용 등)에 관여하는 성인들의 의사결정을 청소년들을 특성화(예: 사려 깊고 충동적인, 신중하고 성급한)하는 것과 동일한 방식으로 특징지을 수는 없는가? 청소년과 성인의 의사결정 모두, 의사결정의 특정 영역 및 정서·인지·동기화 시스템의 활성화에 의존하는 능숙함과 무능함, 합리성과 비합리성에 의해 특징지어질 수 있다. (p. 246)

문제 해결, 판단, 그리고 계획과 관련된 연구들 역시 일반적으로 의사결정 연구에서 나타난 것과 동일한 결과를 보여준다. 나는 여기서 이들 각각을 살펴보기보다는 사고의 본질 및 발달의 측면에서 아래와 같은 네 가지 일반화를 제안하고자 한다.

첫째, 좋은 사고는 논리의 적용뿐만 아니라, 언제 그리고 어떻게 논리가 관여하는지를 잘 판단하는 것 또한 포함한다. 우리는 일상생활에서 논리적으로 올바른 단 하나의 해결책이나 결정이 없는 문제, 다시 말해서 일련의 선택지 중 하나를 제외한 나머지 것들을 논리적으로 제거할 수 없는 문제에 직면한다. 논리는 정당화할 수 있는 판단을 내리고 일관된 계획을 수립하는 데 중요한 역할을 할 수 있다. 하지만 형식적인 규칙에 의해서만 유일하게 규정되는 올바른 판단이나 계획은 거의 없다. 사고는 단지 논리의 문제만이 아니다.

둘째, 사고는 일상생활의 한 부분이며, 정서 및 사회적 관계와 밀접하게 얽혀 있고, 과업에 따른 요구들, 환경, 문화적 맥락에 의해 크게 영향을 받는다. 모든 곳의 모든 사람들이 계획하고, 판단하고, 문제에 직면하여 결정을 내리지만, 이러한 활동을 수행하는 방식은 매우 다양하다.

셋째, 청소년과 성인들은 종종 어린이에게서는 거의 볼 수 없는 사고의 형식 및 수준을 보인다. 진보된 합리성의 한 부분인 형식적 조작은 청소년과 성인들로 하여금 체계적인 방식으로 가설적인 가능성을 생성하고 고려하도록 하는데, 이는 보다 진보된 형태의 문제 해결, 의사결정, 판단, 계획을 가능하게 한다.

마지막으로 아동기 이후 사고의 발달적 변화는 연령의 증가와 관련이 없으며, 성인이 되었다고 해서 성숙한 상태의 절정에 이르지 않는다. 많은 사람들이 문제 해결, 의사결정, 판단, 계획의 측면에서 아동기를 넘어서는 질적 진전을 보이지만(Cauffman & Woolard, 2005; Steinberg & Scott, 2003), 청소년기와 그 이후에 나타나는 사고의 전개와 진행 과정은 특정 관심사, 활동, 상황에 따라 매우 다양하다(Fischer, Stein, & Heikkinen, 2009). 어떤 이론가나 연구자도 청소년들에게서는 거의 볼 수 없는, 즉 일상적으로 성인들에게서만 나타나는 사고의 형식과 수준을 식별해낸 적이 없다. 청소년기의 사고는 보통 발달하지만, 고착된 위계에 따라 발달하지는 않으며 보편적인 성숙의 상태를 향해 발달하지도 않는다.

자기제약적 사고로서의 추론

추론은 인식론적인 측면에서 자기제약적 사고Self-Constrained Thinking, 즉 정당한 결론에 도달하는 것을 목표로 하는 사고로 정의될 수 있다(Moshman, 1995a). 추론을 한다는 것은 논리적 규범과 그 밖의 다른 규범들에 기초하여 추리의 과정을 제약하는 방식으로 사고하는 것을 의미한다. **논리적 추론**은 가장 명확한 규범에 기초하면서 의심의 여지가 없는 정당화를 가능하게 한다는 점에서 추론의 원형적 사례로 간주된다. 잠시 후 살펴보겠지만, **과학적 추론**과 **논쟁**argumentation 역시 자기제약적이다. 하지만 그것들의 합리성은 단순히 논리적 규칙을 따르는 문제는 아니다.

논리적 추론

논리적 추론은 논리적 규범에 따라 추론하는 것을 말한다. 논리적 추론의 원형적 사례는 **연역 추론**이다. 엄격한 연역 규칙과 이에 따른 **논리적 필연성**은 연역 추론에 규범성을 부여한다. 연역 추론 중 **조건부 추론**conditional reasoning은 조건부 관계(만약 … 라면 … 이다)에서 **전건**antecedent(p)과 **후건**conclusion(q)을 연결하는 **만약 p이면 q이다** 형식의 전제를 포함한다.

조건부 추론에 대한 연구는 1960년대 이후 인지 심리학과 발달 심리학의 주된 주제였다. 가장 기본적인 조건부 추론은 **만약 p이면 q이다. p이다. 그러므로 q이다**의 형식(각각은 대전제, 소전제, 그리고 결론임)을 취하는 **전건긍정**modus ponens이다. 또 다른 조건부 추론으로는 **만약 p이면 q이다. q가 아니다. 그러므로 p가 아니다**의 형식을 취하는 **후건부정**modus tollens이 있다. 조건부 추론에는 두 가지 표준적인 오류가 있다. 하나는 **전건부정**denial of the antecedent(DA)으로 이 오류는 **만약**

p이면 q이다. p가 아니다. 그러므로 q가 아니다의 형식(소전제가 대전제의 전건을 부정함)을 취한다. 또 다른 하나는 **후건긍정**affirmation of the consequent(AC)으로 이는 **만약 p이면 q이다. q이다. 그러므로 p이다**의 형식(소전제가 대전제의 후건을 긍정함)을 띤다. 둘 다 결론이 반드시 전제에서 나오는 것이 아니라는 점에서 오류이다.

헨리 머르코비치Henry Markovits, 폴 클라친스키Paul Klaczynski, 그리고 그 밖의 연구자들은 조건부 추론을 발달적 측면에서 연구했다(Daniel & Klaczynski, 2006; De Neys & Everaerts, 2008; Klaczynski, Schuneman, & Daniel, 2004; Markovits, 2006; Markovits & Barrouillet, 2002). 연구의 주요 초점 중 하나는 조건부 추론에 담긴 내용이 추론의 성과에 미치는 영향에 관한 것이었다. 예를 들어 "만약 zig 이면, zark이다. zark이다"라는 전제를 고려해 보자. 이 전제를 보고 "그러므로 zig이다"라고 결론을 내리는 것은 자연스러우며, 따라서 사람들은 후건긍정의 오류에 쉽게 빠진다. 하지만 위의 전제 대신 "만약 내가 운동을 한다면, 나는 살이 빠질 것이다. 나는 살이 빠졌다"라는 전제와 마주했다고 가정해 보자. 이 경우 역시 "그러므로 나는 운동을 했다"라고 결론을 내리는 것은 자연스러워 보인다. 하지만 당신은 운동 말고도 식이요법을 통해 살을 뺄 수 있다는 것을 즉시 기억할 수 있기 때문에, 살이 빠진 것에 운동이 결정적으로 기인했다고 생각하지 않을 것이다. 즉, 우리는 대안적인 전건을 회상할 수 있는 의미 있는 내용을 제공함으로써 정당하지 않은 결론에 빠지지 않도록 사람들을 설득할 수 있다. 하지만 어떤 경우에는 의미 있는 내용이 논쟁의 기초 논리로부터 사람들의 주의를 분산시켜 올바른 추론을 방해할 수 있다. 만약 잠재적인 결론에 동의하지 않을 경우, 특히 그 결론에 대해 매우 못마땅해 할 경우, 우리는 그 결론이 우리가 이미 수용한 전제로부터 필연적으로 도출된다는 것을 알지 못할 가능성이 있다(13장 참고). 따라서 의미 있는 내용을 제공하는 것이 항상 성공적인 조건부 추론을 가져오는 것은 아니다. 오히려 조건부 추론은 내용 지식과 형식 논리의 복잡한 상호작용과 관련되어 있다.

이제 "만약 zig이면, zark이다. zig이다"라는 전제가 어린이에게 주어졌다고 가정해 보자. 아주 어린 아동들도 이 전제를 보고 "그러므로 zark이다"라는 결론을 내릴 수 있다. 이 전건긍정 추리는 조건부 추론인가? 이것은 확실히 적절한 조건부 추론이며, 따라서 우리는 어린 아동들이 비논리적이라고 속단해서는 안 된다. 하지만 어린이들이 보인 추리를 **추론**이라고 부르기 전에, 우리는 전건긍정 추리를 할 수 있는 아이가 논리적 오류인 후건긍정 추리를 할 것이라는 점에 주목해야 한다. zark에서 zig를 자동적으로 끌어내는 것과 그 반대의 경우는 때로는 적절한 추리이지만, 때로는 그렇지 않다. 이는 인식론적으로 볼 때, 자기제약적이지 않으므로 추론이 아니다. 우리는 모두 잘못된 추리를 하지만, 성찰을 통해 후건긍정의 형식이 유효하지 않다는 점을 추상적으로 이해할 수 있다.

미취학 아동도 일상생활에서 적절한 논리적 추리를 할 수 있고, 성인도 종종 잘못된 추리를 한다. 그러나 청소년과 성인은 자신들의 추리가 오류라는 것을 인식할 수 있다. 반면 정당한 추리를 했던 그렇지 않던 간에, 자신의 추리와 정당화에 대해 성찰할 수 있는 어린이의 능력은 제한적이다(1장에서 설명한 형식적 조작에 대한 연구 참고). 아동기에서 청소년기로의 발달적 전환은 올바른 추리를 배우는 문제가 아니라, 자신의 추리에 대해 더 잘 의식하고, 이해하며, 통제하는 것과 관련이 있다(메타논리적 이해meta-logical understanding에 대한 문제는 3장을 참고).

연역 추론의 또 다른 형식에 대한 연구들 역시 조건부 추론 연구와 일관된 결과를 보여주고 있다(Ricco, 2010). 청소년과 성인은 어린이에게서는 볼 수 없는 메타논리적 역량을 보여주지만, 어떤 연령대도 논리에만 의존하지는 않는다. 폴 클라친스키, 에릭 암셀Eric Amsel, 그리고 여러 연구자들(Amsel et al., 2008; Evans, 2002, 2007; Kahneman, 2003; Klaczynski, 2000, 2001, 2004, 2005, 2009 Stanovich, 1999; Stanovich & West, 2000)은 (잠시 후 살펴볼) 이중처리이론들dual processing theories에서 제안한 바와 같이, 논리적 추론이 다양한 비논리적 추리와 공존한다는 점을 보여주고 있다.

과학적 추론

과학적 추론에 대한 발달적 연구는 인헬더와 피아제(Inhelder & Piaget, 1958)의 형식적 조작 추론에 대한 연구 및 이론(1장 참고)에 뿌리를 두고 있지만, 형식논리를 넘어 그 이상으로 발전했다. 따라서 과학적 추론에 대한 연구는 진보된 추론에서 논리의 역할과 한계를 보여주는 좋은 예를 제공한다.

내가 어린이들이 긴 문장보다는 짧은 문장을 더 잘 이해한다고 믿고 있다고 가정해 보자. 나는 이 가설을 검증하기 위해 조용한 방에서 짧은 문장을 읽어야 하는 10세 소녀로 구성된 집단과 시끄러운 방에서 긴 문장을 읽어야 하는 8세 소년으로 구성된 집단을 비교하고자 한다. 연구를 수행한 후, 나는 예상대로 어린이들이 짧은 문장을 더 잘 이해했다고 결론을 내렸다. 하지만 당신은 내 연구에 결함이 있고, 따라서 가설을 뒷받침하지 못한다고 정중하게 말할 것이다.

이 연구의 문제는 정확히 무엇인가? 내가 제시한 증거는 실제로 어린이들이 짧은 문장을 더 잘 이해한다는 나의 가설과 일치하고 있다. 문제는 나의 연구 설계가 내가 제시한 결과와 관련된 다양한 대안적 설명들을 배제하지 못하고 있다는 점이다. 일반적으로 10세 아동은 8세 아동보다 문장을 더 잘 이해하기 때문에 두 그룹은 동일한 그룹이 아닐 수 있다. 그리고 소녀들이 소년들보다 일반적으로 문장을 더 잘 이해할 수도 있다. 또한 어린이들은 일반적으로 시끄러운 환경보다는 조용한 환경에서 더 잘 배울 수 있다. 논리적으로 볼 때, 추가적인 정보 없이는 두 집단 간의 차이가 나이, 성별, 환경, 문장 길이에 의한 것인지, 혹은 이러한 것들의 조합에 기인한 것인지 알 수 없기 때문에, 이 연구에서 제시한 결과는 결정적이지 않다.

그렇다면 내 가설을 진정으로 검증하기 위해서는 어떻게 해야 했는가? 나는 연령과 성별이 같고, 동일한 환경에서 문장을 읽은 두 집단을 비교해야 했다. 이러한 통찰은 읽기와 관련된 심리적 과정 혹은 나이, 성차, 환경적 효과와 관련된 특정 믿음에 대한 실질적인 지식을 기반으로 하지 않는다. 핵심은 가설 검증의 논리에 대한 순수하게 형식적인 통찰력이다. 특정 변인의 효과를 확인하려면 다른 모든 변인들을 일정하게 유지하면서 해당 변인을 조작해야만 한다.

인헬더와 피아제(Inhelder & Piaget, 1958)의 형식적 조작에 대한 고전적인 이론에 따르면, 변인들의 효과를 결정하기 위해 변인들을 분리하는 능력은 형식적 조작의 중요한 측면이다. 그리고 이러한 능력은 청소년기 초기에 발달한다. 디에나 쿤Deanna Kuhn, 에릭 암셀, 레오나 숄블Leona Schauble, 그리고 그 동료들이 수행한 광범위한 연구는 어린이, 청소년, 성인 및 과학자들이 어떻게 이론과 증거를 조정하는지에 대해 자세히 설명한다(Amsel & Brock, 1996; Amsel, Goodman, Savoie, & Clark, 1996; Kuhn, 1989; Kuhn, Amsel, & O'Loughlin, 1988; Kuhn, Garcia-Mila, Zohar, & Andersen, 1995; Schauble, 1996). 형식적 조작 추론에 대한 여러 연구들과 일관되게, 그들의 연구는 적어도 일부 청소년들이 가설 검증의 논리를 이해하는 데 있어 어느 정도의 진전을 보여주지만, 변인을 적절하게 분리하고 데이터를 기반으로 논리적으로 추리하는 능력은 성인들에게서도 일관되게 나타나지 않는다는 점을 보여준다.

어떤 상황에서 일부 변인들을 분리하는 능력은 과학적 추론에서 중요하다. 하지만 여러 이론가들은 논리적으로 도출된 과학적 방법론에 있어 형식적 규칙의 적합성만으로는 과학적 추론을 충분히 설명할 수 없다고 주장한다(Kuhn, Iordanou, Pease, & Wirkala, 2008; Zimmerman, 2000). 연구자들은 연구 결과와 잠재적으로 관련이 있는 변인들을 혼동하는 것도 피해야 할 뿐만 아니라, 조사하고 있는 현상에 대한 영역—특수적인 이론적 이해에 기초하여 변인을 선택하고 그 결과를 해석해야 한다. 이것은 과학적 추론이 좋은 이유에 의해 뒷받침되어야 한다는 점에서 합리적인 판단을 요구하지만, 형식 논리적 혹은 방법론적 규칙에 의해서만 규정되지는 않는다는 점을 의미한다. 이에 대해 레오나 숄블(1996)의 말을 빌리자면 다음과 같다.

합리성은 논리적 타당성 이상의 것을 수반한다. 몇 가지 잠재적인 원인 중 어떤 것이 타당한지 결정하기 위해, 사람들은 연구 영역과 관련된 특수한 지식, 그리고 원인과 효과를 연결하는 메커니즘에 대한 경험에 토대를 둔 일반적인 지식 모두에 집중해야 한다. ··· 과학적 추론의 목표는 근본적으로 귀납적 일반화의 형식화에 있다기보다는 설명 모형 explanatory models의 구성에 있다. ··· 결국 설명 모형은 가설적인 인과 메커니즘이 일관되어야 하고 알려진 데이터를 설명하기에 충분해야 한다는 점에서 제약적이다. 따라서 새로운 관찰이 지식의 변화를 이끄는 것처럼, 사전 지식은 관찰을 안내한다.   (p. 103)

청소년의 과학적 추론에 대해 광범위한 연구를 수행한 바바라 코슬로스키 Barbara Koslowski는 자신의 연구 결과와 과학 철학을 토대로 다음과 같이 숄블과 유사한 결론에 도달했다.

나는 공변량covariation이나 이론만으로는 과학적 추론에서 정답을 보장하는 알고리즘을 구성하지 못한다고 주장했다. 이론과 데이터는 모두 중요하며, 이 둘은 상호의존적이다. 건전한 과학적 추론은 이론과 메커니즘에 대한 고려가 데이터를 제약하고, 데이터가 다시 이론을 제약, 정련, 정교화하는 부트스트래핑bootstrapping을 수반한다.   (p. 86)

그렇다면 과학적 추론은 과학적 추리의 논리보다 더 풍부하고 보다 복잡한, 그럼에도 불구하고 합리적인 어떤 것이라고 말할 수 있다. 즉, 과학적 추론은 가설 검증의 논리는 물론, 최소한 잠재적으로, 영역—특수적 이론에 토대를 둔 합리성이라고 말할 수 있다. 여기서 영역—특수적 이론은 이론화 과정을 안내하며, 어떤 변인을 조사할지, 무엇을 관련된 증거로 고려할지, 어떤 가설을 추구할지 등에 대한 타당한 선택을 촉진한다(Koslowski, Marasia, Chelenza, & Dublin, 2008을 참고).

하지만 어린 아동들도 영역—특수적 이론을 가지고 있고, 그것들을 검증한다 (Karmiloff-Smith, 1992; Kuhn, 2000; Wellman & Gelman, 1998). 이로 인해 많은

이론가들은 아동을 근본적으로 과학자와 같은 존재로 보게 되었다. 그들은 어린이와 과학자 모두 동일한 종류의 합리적 과정에 참여하지만, 과학자가 더 많은 경험과 전문적 지식을 가지고 있다는 점에서 어린이와 다르다고 주장한다. **과학자로서의 아동**이라는 개념은 어린이에 대한 피아제의 구성주의적 이미지에 적합하기는 하지만, 형식적 조작 단계와 관련된 일종의 영역—일반적인 추론 역량을 과소평가하는 경향이 있다.

과학자로서의 어린이라는 은유에 대한 주요 비판에서, 디에나 쿤(1989)은 과학자와 마찬가지로 아동 역시 영역—특수적인 개념적 지식의 풍부한 구조를 가지고 있고, 그것을 지속적으로 검증하고 다듬어 간다는 점을 인정했다. 그러나 과학자들과는 달리 어린이들은 이론과 증거의 차이를 이해하지 못하기 때문에 의식적이고 신중한 방식으로 이들을 조정할 수 없다.

과학적 탐구 활동에서 이론과 증거를 구별하고 조정하는 능력이 부족할 경우, 통제되지 않은 어느 하나가 다른 하나를 지배하게 될 수 있다. 즉 탐구가 이론에 얽매여 있으면, 연구자는 증거를 제대로 "보지" 못할 수 있다. 그리고 데이터에 얽매여 있으면, 연구자는 데이터를 이해하도록 하는 이론을 활용하지 못하여 결과를 제한적으로 해석할 수 있다.
(Kuhn, 1989, p. 687)

쿤의 말을 빌리자면 다음과 같다.

과학적 추론의 진전은 단순히 이론을 가지고 사고하는 것이 아니라 이론에 대해 사고하는 것, 그리고 단순히 증거의 영향을 받는 것이 아니라 증거에 대해 사고하는 것의 진전으로 이루어진다. 따라서 이러한 발달은 전략적일 뿐만 아니라 메타인지적이다. 아주 어린 나이부터 어린이들은 증거에 직면하여 자신의 초기 이론을 수정하지만, 발달을 통해서만 자신의 사고 안에서 이론과 증거의 상호작용을 통제할 수 있다. 발달은 이론과 증거가 서로 반복적으로 맞물리면서 한 번이 아닌 여러 번 발생한다. 그러나 발달은 또한 대부분의 사람들에게서 불완전하게 실현된다.
(Kuhn, 1989, p. 688)

그렇다면 과학적 추론은 아동기에 뿌리를 두고 있지만, 그 이후에도 계속 발달한다(lahr, 2000; Kuhn, 2000; Zimmerman, 2000). 청소년과 성인들은 비록 완벽하지는 않지만, 어린이에게서는 볼 수 없는 형식과 수준의 과학적 추론을 보여준다. 과학적 추론의 발달은 주로 이론, 증거, 그리고 추리 과정에 대한 의식 및 통제력을 높이는 것과 관련되어 있다.

논쟁

논쟁argumentation에는 상호 정당화 과정이 포함된다. 어떤 논증argument은 형식적이고 연역적이라는 점에서 논리적일 수 있지만, 데이나 쿤(2009)이 지적한 것처럼 논증은 "일상적이고 비형식적인 추론의 영역에 놓여있다. 만약 청소년의 삶에 도움이 되는 단 하나의 지적 기술이 있다면 … 그것이 바로 논증일 것"이다(p. 171). 숙련된 논증이 지닌 개인적 가치를 넘어, 논쟁은 합리적인 배심원 심의(Warren, Kuhn, & Weinstock, 2010)나 민주적인 통치 방식(Habermas, 1990; Sen, 2009)과 같은 사회적 이상을 실현하는 데에도 핵심적인 역할을 한다. 따라서 논쟁은 오랫동안 철학자들의 관심 대상이었고(Cohen, 2001), 데이나 쿤과 같은 발달 심리학자들에 의해 광범위하게 연구되었다(De Fuccio, Kuhn, Udell, & Callender, 2009; Felton, 2004; Iordanou, 2010; Kuhn, 1991, 2009; Kuhn, Goh, Iordanou, & Shaenfield, 2008; Kuhn, Shaw, & Felton, 1997; Kuhn & Udell, 2003; Leitao, 2000; Udell, 2007).

논쟁은 주장, 입장 또는 행동에 대한 이유를 제시하는 것으로 시작된다. 하지만 이상적인 논쟁에는 설득력 있는 논증을 생성하기 위해 이유를 조정하고 증거를 정교화 하는 것, 그리고 타인의 논증을 평가하는 것이 포함된다. 가장 사회적인 측면에서 볼 때, 논쟁은 반대 논증으로 상대 논증을 반박하고, 반대 논증을 다시 논박하는 과정이 포함된다. 가장 높은 수준의 논쟁은 때때로 옳고 그른 견해가 없다는 것을 이해하는 것이 포함되지만, 그렇다고 해서 모든 견해와 주장이 동일한 수준에서 좋은 것은 아니다. 오히려 어떤 관점과 주장은 다른 것들보다 더 좋거나 더 나쁠 수 있다(인식론적 인지와 발달에 대한 논의는 3장을 참고). 뿐만 아니라 여러 견해들의 조합, 혹은 아직 고려되지 않은 대안들이 합의에 의해 가장 좋은 것으로 받아들여질 가능성도 있다.

추론에 관한 여타의 연구들과 마찬가지로, 논쟁에 대한 연구는 청소년이 어린이에 비해 더 높은 수준의 논쟁 능력을 지니고 있음을 보여준다. 하지만 논증의 기술은 모든 연령대에 걸쳐 많이 부족한 기술이기도 하다. 청소년부터 60세 이상의 성인들을 대상으로 수행한 연구에 따르면, 논증 기술은 나이가 아닌 교육과 보다 밀접한 관련이 있었다(Kuhn, 1991). 논쟁 기술의 발달은 청소년기 초기 이후에도 가능해 보이지만 필연적이거나 보편적이지는 않다. 데이나 쿤과 동료들이 수행한 광범위한 연구에 따르면, 논쟁을 촉진하고 지원하기 위해 설계된 교육적 개입이 몇 달에 걸쳐 투입될 경우, 발달적 진전을 가져올 수 있다(De Fuccio et al., 2009; Felton, 2004; Iordanou, 2010; Kuhn, Goh, et al., 2008; Kuhn et al., 1997; Kuhn & Udell, 2003; Udell, 2007).

사고와 추론의 다양성

피아제에 따르면, 합리성은 그가 인지적 완숙의 보편적인 상태라고 간주했던 형식적 조작기에 절정에 이른다. 그러나 이번 장 전체에 걸쳐 살펴본 바와 같이, 사고 및 추론은 다양한 형태와 형식이 있다. 따라서 합리성의 본질과 발달을 이해하기 위해서는 합리성의 다양성에 대해 이해해야 한다. 지금부터 살펴보겠지만, 인지적 다양성을 집단의 차이에 기인한 것으로 바라보는 주장들이 있다. 반면에 이중처리이론들dual processing theories에 따르면, 인지적 다양성의 주요 발생 소재는 바로 개인 내부이다.

집단 차이

리처드 니스벳Richard Nisbett과 카이핑 펑Kaiping Peng, 그리고 그 동료들(Nisbett, Peng, Choi, & Norenzayan, 2001; Peng & Nisbett, 1999)은 자신들이 수행한 연구와 함께 여타의 여러 연구들을 종합하면서, 다양성의 주요 발생 소재가 문화와 문화 간의 차이에 있다고 결론지었다.

> 저자들은 동아시아인들이 전체론적holistic이고, 모든 분야에 주의를 기울이면서 인과관계를 부여하고, 범주와 형식 논리를 상대적으로 적게 사용하며, "변증법적 추론"에 의존하는 반면에, 서구인들의 경우 보다 분석적이고, 주로 개체와 개체가 속한 범주에 주의를 기울이며, 형식 논리를 포함한 규칙을 사용하여 개체의 행동을 이해한다는 것을 발견하였다. 두 가지 유형의 인지 과정은 서로 다르고 다소 느슨한 형이상학적 체계와 암묵적인 인식론에 내재되어 있다. (Nisbett et al.,2001, p. 291)

또 다른 학자들은 사고와 추론의 집단 간 차이를 인정하기는 하지만, 그러한 다양성이 성차gender에 원인을 두고 있다고 본다. 대부분의 젠더 이론가들gender theorists은 문화 이론가들이 서구인의 인지 형식으로 간주하는 것을 남성의 인지로, 비서구인의 인지 형식으로 간주하는 것을 여성의 인지로 바라본다. 그러나 여러 연구들은 사고와 추론의 다양한 형식과 측면이 남자와 여자, 다양한 문화적 맥락에서 흔히 나타난다는 점을 일관되게 보여준다(Hyde, 2005). 실제로 어떤 유형의 인지 과정을 사용하는지는 개인에 따라 차이가 있으며, 이러한 차이의 일부는 문화 또는 성과 관련이 있을 수 있다. 하지만 여러 연구들은 사고 및 추론을 문화에 따라 혹은 성에 따라 범주화하여 구분하는 것을 지지하지 않는다. 어떤 성도, 그리고 어떤 문화 집단도 특정 종류의 사고 및 추론에만 의존하지 않으며, 다른 종류의 사고 및 추론을 배제하지 않는다. 오히려 이와는 반대로, 모든 문화권에서 모든 인간의 사고와 추론은 다양한 과정의 조정을 수반한다.

니스벳과 동료들(2001)은 여러 문화들이 서로 다른 유형의 인식론(지식에 대한 이론theory of knowledge; 3장 참고)을 보여주고 있기 때문에, 그 문화권에 속한 사람들 역시 서로 다른 유형의 인지 과정을 사용할 것이라고 주장하였다. 즉, 동아시아인들은 동아시아의 인식론을 반영한 전체론적이고 변증법적인 인지 과정을 사용할 것이고, 서구인들은 서구의 인식론을 반영한 분석적이고 논리적인 인지 과정을 사용할 것이라는 게 그들의 주장이다. 이러한 주장과 유사하게 젠더 이론가들은 논의의 초점을 문화에서 성으로 옮겨 젠더화된 인식론gendered epistemology을 제안한다. 비록 『여성의 앎의 방식women's ways of knowing』(Belenky, Clinchy, Goldberger, & Tarule, 1986)이라는 제목의 고전적인 저서가 있기는 하지만, 여성이 남성과 구별되는 인식론을 가지고 있다는 증거는 이 책과 내가 알고 있는 어떤 저서에도 제시된 바 없다. 1990년대 이후, 젠더 이론가들은 일반적으로 (상호 배타적이라기보다는) "성과 관련된" 인식론들에 대해 저술했지만(Baxter Magolda, 1992, 2002; Clinchy, 2002), 그들의 주장 역시 너무 강하다. 성에 따른 인식론적 인지의 차이에 대한 연구들을 체계적으로 검토한 연구 결과들은 그러한 차이가 존재하지 않거나 무시할 수 있는 수준이라는 점을 보여준다(Brabeck & Shore, 2003; King & Kitchener, 1994, 2002). 인식론적 인지의 문화적 차이에 대한 질문은 보다 복잡하며 아직 충분히 조사되지 않았다. 특정 문화권에서 특정한 인식론적 신념과 지향이 통계적으로 보다 우세할 수는 있다 하더라도, 세계의 다양한 문화들이 자신만의 고유한 인식론을 갖게 된다거나 혹은 개인의 인식론이 단순히 문화가 반영된 결과일 가능성은 거의 없어 보인다. 곧 3장에서 보게 되겠지만, 인식론적 인지의 주요 차이는 성이나 문화에 기인한 것이 아니라, 발달 수준과 추론의 영역에 따른 것이다.

이중 처리 이론들

이중 처리 이론을 연구한 여러 연구자들은 문화 및 젠더 이론가들의 주장과 유사한 인지적 구분을 제안하고 있다. 그러나 그들은 다양성의 발생 소재가 문화나 성이 아닌 청소년과 성인의 개인 내부에 있으며, 사람들이 분석적(형식적)이고 추산적heuristic(맥락적)인 사고를 모두 사용한다는 실질적이고 설득력 있는 증거를 제공했다(Amsel et al., 2008; Evans, 2002, 2007; Kahneman, 2003; Klaczynski, 2000, 2001, 2004, 2005, 2009; Stanovich, 1999; Stanovich & West, 2000). 또 다른 연구자들은 여러 증거들을 제시하면서, 훨씬 더 복잡한 형식의 사고 및 추론에 대한 내적 다양성을 주장했다(Kuhn et al., 1995; Siegler, 1996). 진보된 인지의 영역에서, 우리는 각각 다중적이다.

그러나 논의를 좀 더 단순화하자면, 우리는 적어도 두 가지 수준의 인지 처리 과정에 관여한다. 이중 처리 이론들은 역량 이론competence theory이라고 볼 수 있는 피아제 이론의 형식적 조작이라는 일반적인 개념과 양립가능하다(Overton, 1990; 1장 참고). 논리적 규범을 신중하게 적용하는 것은 이전에 기능해왔던 방식을 대체하는 것이 아니라 보완하는 것이다. 발달에 대한 피아제의 관심을 고려해 볼 때, 그가 중요한 발달적 변화를 보여주는 형식적·분석적 과정에 특별히 초점을 맞추었던 것은 타당하다. 발달을 설명하기 위해 활용된 이중 처리 이론들은 형식적·분석적 인지 처리 과정의 발달적 변화가 우리의 삶 전반에 걸쳐 자동적 추리를 생성하는 추산적·맥락적 인지 처리 과정과 어떻게 상호작용하는지 이해하는 데 도움을 준다.

요약하자면, 진보된 인지에 대한 연구는 다양성의 주요 발생 소재가 개인들 간 혹은 집단 간에 있는 것이 아니라, **개인 내부**에 있다는 것을 보여주고 있다. 흥미롭게도 사고와 추론의 다양성이 보편적이라면, 다양성에 대한 우리의 관심은 인간 합리성의 보편적 측면을 부각하고 있다. 우리 모두는 다양한 처리 과정,

전략, 그리고 관점을 조정한다.

결론

여러 연구들은 청소년들이 보통 사고와 추론에서 진전을 보이며, 이러한 진전은 추리의 질을 향상시킨다는 점을 보여주고 있다. 그러나 추론이 발달함에 있어 무엇이 발달하고 있는가? 개인 내부의 인지적 다양성에 대한 보편성으로부터 인간의 또 다른 보편성이 뒤따를 수 있다. 인지적 조정에 대한 요구를 고려해 볼 때, 우리 모두는 정도는 다르지만 메타인지적 이해 및 다양한 추리 과정에 대한 통제를 발달시킨다. 따라서 우리는 지금부터 메타인지의 발달로 눈을 돌리고자 한다.

3장

메타인지와
인식론적 인지

> 합리적인 추론의 일부는 합리성에 대한 추론이다.
>
> – 다니엘 코헨의 "메타합리성의 원리"에서
> (2001, p.78)

> 인간의 마음은 메타적^{metamind}이다.
>
> – 키스 레러
> (1990, pp. 1-2)

    앞서 두 장에서 우리는 추리, 사고, 그리고 추론에 관한 인지 심리학 및 발달 심리학의 문헌들을 검토하며, 인간의 합리성의 범위에 대해 대략적으로 살펴보았다. 그 결과, 우리는 진보된 합리성이 복잡하고 다면적이라는 것을 알게 되었다. 하지만 한 가지 공통적인 점은 진보된 사고와 추론이 심리학자들이 **메타인지** metacognition라고 부르는 것, 즉 보다 진보된 형태의 인지를 포함한다는 것이다.

62 Part 1 인지 발달

이번 장에서는 진보된 인지 발달의 핵심에 놓여있는 것이 메타인지의 발달임을 주장할 것이다. 나는 특별히 청소년기와 성인기 초기의 추론 및 합리성 발달의 핵심이자, 메타인지의 한 측면인 **인식론적 인지**epistemic cognition에 초점을 맞출 것이다.

메타인지로서의 합리성

앞서 살펴본 바와 같이, 1970년대 이후의 연구는 형식적 조작의 논리─수학적 틀을 점차 넘어서 왔다. 이러한 연구는 형식적 조작기 이후의 발달 단계가 있을 수 있음을 주장하면서, 피아제의 이론만으로는 이러한 단계를 설명할 수 없다고 지적한다. 오히려 다양한 종류의 추론 및 사고가 형식적 추론과 함께 발달하는 것으로 보인다. 합리성은 우리의 다양한 추론 과정을 적절하게 적용하고 조정하는 것과 더 큰 관련이 있다. 이를 염두에 두면서, 인지 및 교육 이론가와 연구자들은 인지에 대한 인지, 즉 메타인지의 중요성을 점점 더 강조하고 있다(Flavell, Green, & Flavell, 1998; Klaczynski, 1997, 2000, 2004, 2005; Kuhn, 1999, 2000, 2005; Schraw, 1997; Schraw & Moshman, 1995; Stanovich, 2008; Tarricone, 출판 중). 보다 폭넓게 해석하자면, 메타인지의 발달은 "자신의 인지적 기능에 대한 의식, 이해, 통제를 높이는 것뿐만 아니라, 타인에게서 발생하는 이러한 기능에 대한 의식 및 이해를 높이는 것"을 포함한다(Kuhn, 2000, p. 320). 비록 이 용어는 1970년대 후반에 출현하였지만, **사고에 대한 사고**로서 청소년의 인지에 대한 메타인지적 개념은 이미 1958년 형식적 조작에 대한 인헬더와 피아제의 이론에서도 확인된다.

어린 아동조차 상당한 수준의 메타인지를 보여준다. 예를 들어 3세에서 5세 사이의 아동들은 사람들이 잘못된 믿음을 가질 수 있고, 그러한 경우 사람들은

(아동이 알고 있는) 진리에 근거하기보다는 그들이 지닌 거짓 믿음에 근거하여 행동하게 될 것임을 이해하고 있다(Doherty, 2009; Mitchell & Riggs, 2000; Wellman, Cross, & Watson, 2001). 그러나 메타인지적 지식과 기술은 통상 아동기 이후에도 지속적으로 발달한다. 많은 이론가들은 넓은 수준에서 해석되는 메타인지를 합리성의 핵심으로 고려하고 있으며, 따라서 메타인지의 발달을 진보된 인지 발달의 핵심으로 보고 있다(Campbell & Bickhard, 1986; Klaczynski, 2004, 2005; Kuhn, 1999, 2000, 2005, 2009; Kuhn & Franklin, 2006; Moshman, 1990a, 1998, 2004b, 2009c; 또한 Lehrer, 1990; Stanovich, 2008 참고).

[그림 3.1]은 **합리성의 메타인지적 개념**의 중심에 있는 다양한 개념들 간의 관계를 강조한다.

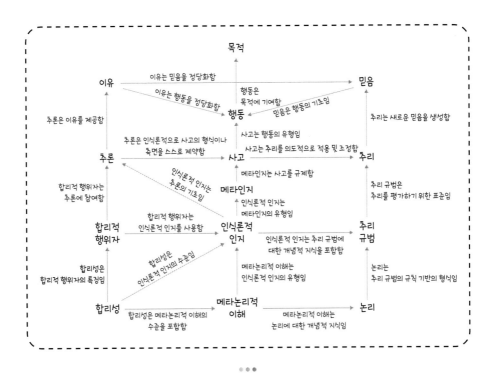

그림 3.1 합리성의 메타인지적 개념

앞서 지적한 바와 같이, **합리성**은 추론에 참여하기 위해 **인식론적 인지**를 사용하는 개인, 즉 **합리적인 행위자**의 특징이다. 다음 절에서 자세히 살펴보겠지만, 인식론적 인지는 지식의 정당화 가능성에 대한 지식을 포함하는 일종의 **메타인지**이다. 인식론적 인지는 **추리 규범**에 대한 개념적 지식, 즉 **추리**를 평가하기 위한 표준들에 관련된 지식을 포함한다.

이미 논의한 바와 같이, **사고**는 자신의 **목적**을 달성하기 위해 의도적으로 추리를 적용하고 조정하는 것을 의미한다. 사고하는 사람^{thinkers}이 적절한 추리 규범이라고 생각하는 것을 따르려는 의도를 가지고 자신의 추리를 제약할 때, 우리는 그 사람이 추론하고 있다고 말할 수 있다. 그러므로 **추론**은 자신의 **믿음**과 **행동**에 대한 **이유**를 제공한다.

이러한 관점에서 볼 때, 사고는 자신의 추리를 의도적으로 통제한다는 점에서 메타인지적 현상이다. 더욱이 추론은 추리를 통제할 뿐만 아니라, 추리의 정당화 가능성에 대한 개념적 지식을 포함한다. 따라서 추론은 추리 규범의 본질과 사용에 대한 개념적 지식을 포함한 인식론적 인지를 요구한다. **논리**는 추리 규범의 중요한 유형이다. 따라서 논리에 대한 지식, 즉 **메타논리적 이해**^{metalogical understanding}는 인식론적 인지의 중요한 유형이다. 그렇다면 아동기 이후 인지 발달의 핵심은 사고를 추론으로 전환하는 인식론적 자기제약^{self-constraint}의 강화, 즉 인식론적 인지의 발달일 수 있다.

메타논리적 이해의 발달

앞서 주장한 바와 같이, 합리성의 발달은 인지적 행위자로서 자신의 다양한 믿음 및 추리 과정에 대한 의식과 통제, 그리고 타인에 대한 새로운 이해를 증가시키는 메타인지의 발달과 주로 관련이 있다. 곧 살펴보겠지만, 메타인지적 발달의 중요한 측면은 지식 및 추론의 근본적인 본질과 정당화 가능성에 대한 지식, 즉 **인식론적 인지**의 발달이다. 나는 이번 장에서 논리에 대한 지식의 발달에서 시작하여, 가장 일반적인 의미에서 인식론적 인지에 대한 연구와 이론을 살펴보고자 한다.

어린이들은 언제 논리적으로 사고하는가? 비록 형식 논리가 피아제가 제시한 형식적 조작의 핵심적인 개념이기는 하지만, 그는 형식적 조작이 논리적 추리의 시작이 아니라 가설적 맥락에서 연역법을 체계적으로 적용하는 것을 포함하는, 보다 진보된 형식의 추론이라는 점을 분명히 밝혔다(1장 참고). 인헬더와 피아제(1964)는 7세 무렵에 나타나기 시작하는 범주 및 관계에 대한 구체적 조작의 논리를 설명했다. 후속 연구에 따르면, 미취학 아동은 일상적으로 논리적 규칙과 완전히 일치하는 추리를 할 수 있고(Braine & O'Brien, 1998; Scholnick & Wing, 1995), 심지어 유아의 행동조차 점점 더 조정되어가는 감각운동적 논리 sensorimotor logic를 보여준다(Langer, 1980, 1986). 만약 공이 이곳 혹은 저곳에 있는데, 이곳에서 공을 찾을 수 없으면 당신은 저곳을 쳐다볼 것이다.

그러나 A에서 공이 발견되지 않았을 때 B에서 공을 찾는 미취학 아동은 자신이 추리를 했다는 사실을 의식하지 못하며, 자신의 추리에 함의되어 있는 분리 규칙(**p 혹은 q이다. p가 아니다. 그러므로 q이다.**) 역시 알지 못한다. 미취학 아동은 의도적으로 논리적 규칙을 적용하지 못하며, 언제, 왜 그렇게 해야 하는지 이해하지도 못한다. 어린이들은 약 6세부터 추리를 지식의 잠재적인 원천으로 인식하며(Pillow, 1999; Pillow, Hill, Boyce, & Stein, 2000; Rai & Mitchell, 2006; Sodian & Wimmer, 1987), 가장 명료한 논리적 필연성(Somerville, Hadkinson, & Greenberg, 1979) 혹은 명백한 논리적 모순에 적절히 대응한다(Ruffman, 1999). 이후 메타논리적 이해는 계속 발달하여(Miller, Custer, & Nassau, 2000; Moshman, 1990a, 2004b, 2009c; Piaget, 1987, 2001, 2006; Piéraut-Le Bonniec, 1980; Pillow, 2002; Pillow & Anderson, 2006; Smith, 1993), 청소년기 초기에는 논증의 내용으로부터 형식을 구별하고, 논리적 형식의 타당성에 대해 메타논리적으로 판단을 내리는 추리적 타당성에 대한 개념의 발달로 이어진다(Moshman & Franks, 1986; 1장 참고).

읽기 과정에서 나타나는 추리를 연구한 브리짓 프랭크스^{Bridget Franks}(1996)는 4학년 학생들에게 참(선행 지식과 일치), 중립(선행 지식과 무관), 거짓(선행 지식과 불일치) 전제와 관련된 이야기를 제시하였다. 그 결과 4학년 학생들은 참인 내용이 제시될 경우 올바른 추리를 할 가능성이 가장 높았고, 거짓인 내용이 제시될 경우 그 가능성이 가장 낮았다. 7학년 학생 역시 4학년 행동과 동일한 패턴을 보였지만, 전제에 내포된 내용이 추리에 미치는 효과는 크지 않았다. 대조적으로 대학생들은 내용과 무관하게 언제나 올바른 추론을 보였다. 이러한 결과에 대해 프랭크스는 다음과 같이 해석하였다.

참인 내용의 경우, 메타논리가 요구되지 않았다. 왜냐하면 모든 것이 독자들이 이미 알고 있는 것과 일치하기 때문이다. 중립적인 내용의 경우, 참인 내용이 제시되었을 때 기능하였던 경험적 지식은 아무 소용이 없었고 작업을 수행하는 데 도움이 될 수 없었다. 하지만 중립적인 내용의 경우에도, 독자들은 경험적 지식의 간섭 없이 전제의 형식에 자유롭게 집중할 수 있기 때문에 메타 논리가 필요하지 않았다. 그러나 거짓인 내용이 제시되었을 때, 독자들은 경험적 지식에 간섭을 받았고, 따라서 그들은 자신의 경험적 지식이 방해물이며 논리적 형식에만 집중하기 위해 그것들을 무시해야 한다는 의식, 즉 메타논리를 사용해야 했다.

(p. 95)

요약하자면, 자신의 목적을 달성하기 위해 논리적 추리를 적용하고 조정하는 능력은 논리의 본질 및 사용에 대한 성찰적인 인식론적 인지의 증가로 인해 여러 해 동안 계속해서 발달한다. 논리적 추론 발달의 핵심적인 기반은 메타논리적 이해의 발달일 수 있다(Moshman, 1990a, 1998, 2004b). 논리에 대해 합리적이라는 것은 논리의 용도와 한계를 이해하면서 의식적이고 의도적으로 적용하는 것을 말한다. 형식 논리 영역에서의 합리성은 연역 추리를 이해하고 통제하는 메타인지와 관련된 문제이다.

인식론적 인지와 발달

메타논리적 이해는 인식론적 인지의 중요한 측면이다. 그러나 형식 논리에 대해 우리가 아는 것은 지식과 추리에 대해 우리가 알고 있는 것의 일부일 뿐이며, 따라서 인식론적 인지의 일부일 뿐이다. 4세 정도의 어린 아동들은 정보가 부족한 사람들이 잘못된 믿음을 가질 수 있고, 잘못된 믿음에 따라 행동할 수 있음을 이해한다(Doherty, 2009; Mitchell & Riggs, 2000; Wellman et al., 2001). 아동기 동안 다양한 주관성을 성찰하면서, 어린이들은 **구성주의적 마음 이론**constructivist theory of mind을 구성한다. 아동기 후반이 되면, 어린이들은 자신이 지식의 능동적인 구성자임을 이해하게 된다(Chandler, Hallett, & Sokol, 2002; Chandler & Proulx, 2010; Kuhn, 1999, Kuhn & Weinstock, 2002; Lalonde & Chandler, 2002).

하지만 마이클 챈들러Michael Chandler와 동료들(2002)이 관찰한 어린이들의 인식론적 인지는 특정한 믿음과 추리에 초점을 맞춘 순전히 "일부retail"에 불과하다. 어린이들은 특별한 경우에는 다른 방식의 해석이 있을 수 있음을 알고 있지만 … "국지적이고 사례—특수적인 의문들 속에서 견해의 다양성이 어떠한 방식으로든 앎의 과정에 내재되어 있다는 위험한 전망을 깨닫지 못한다"(p. 162). 추상적인 지식의 본질, 한계, 그리고 정당화에 대한 전체적인wholesale 개념의 발달은 개인에 따라 매우 다양하지만, 통상 아동기를 넘어 계속 발달한다. 만약 아동기에 나타나는 인식론적 인지의 초기 발달이 합리성의 발달이라면, 청소년기와 그 이후에 나타나는 지속적인 발달은 합리적이라는 것이 무엇을 의미하는지를 이해하는 메타합리성metarationality의 발달일 것이다.

진보된 인식론적 발달에 대한 이론들은 주요 관심사, 세부 사항, 용어, 그리고 연령 기준의 측면에서 다양하지만, 일반적인 발달의 방향에 대해서는 실질적인 의견 일치를 보이고 있다(Baxter Magolda, 1992, 2002; Belenky, Clinchy, Goldberger, & Tarule, 1986; Boyes & Chandler, 1992; Chandler, Boyes, & Ball, 1990; Chandler et al., 2002; Clinchy, 2002; Hofer & Pintrich, 1997, 2002; King & Kitchener, 1994, 2002; Kitchener, 2002; Kuhn, 1991, 1999, 2000, 2005, 2009; Kuhn, Cheney, & Weinstock, 2000; Kuhn & Franklin, 2006; Kuhn & Weinstock, 2002; Mansfield & Clinchy, 2002; Moshman, 2008, in press-a; Perry, 1970). 좀 더 구체적으로 설명하자면, 발달은 **객관주의적 인식론**objectivist epistemology에서 **주관주의적 인식론**subjectivist epistemology으로, 그리고 궁극적으로, 경우에 따라서 **합리주의적 인식론**rationalist epistemology으로 나아간다. 객관주의자는 직접적으로 관찰할 수 있고, 증명할 수 있으며, 권위 있는 사람들에게 알려진 궁극적인 진리가 있다고 믿는다. 이를 부정하는 주관주의자들은 진리가 자신의 관점으로부터 구성되고, 따라서 자신의 관점으로부터 결정된다고 믿는다. 합리주의자는 절대적이거나 최종적인 진리를 주장하지는 않지만, 관념이나 관점이 의미 있게 평가되고 비판되며 정당화될 수 있다고 믿는다.

아래의 주장을 검토해 보자.

고래는 세균보다 크다.

5 + 3 = 8

초콜릿이 바닐라보다 더 낫다.

아인슈타인의 이론이 뉴턴의 이론보다 더 낫다.

모차르트의 음악이 마돈나의 음악보다 더 낫다.

이러한 주장 중 어떤 것이 참이며, 그러한 판단은 어떻게 정당화될 수 있는가? 진리를 불확실하지 않은 것으로 바라보는 객관주의자는 처음의 두 주장(주장

1, 주장 2)을 지식의 원형을 보여주는 예라고 생각할 것이다. 각각의 주장은 참이고, **세균이 고래보다 크다**거나 $5+3=12$라는 등의 대안적 주장이 거짓이라는 것은 쉽게 확인할 수 있다. 주장 4는 기술적 지식을 포함하고 있기 때문에 판단이 어려울 수 있지만, 객관주의자는 이 주장도 참이거나 거짓이라고 말할 것이다. 만약 과학자들이 아인슈타인의 이론은 관련 증거와 일치하고 뉴턴의 이론은 일치하지 않는다고 결정을 내리면, 주장 4는 참이다. 주장 3은 지식의 문제가 아니라 견해의 문제이므로 기각될 것이다. 주장 5 역시 단순히 의견의 문제일 수 있지만, 아마 음악 관련 전문가들이 진리를 입증할 수 있을 것이다.

그렇다면 객관주의자에게는 참과 거짓이 매우 분명하게 구별된다. 참인 믿음은 논리, 증거, 권위에 근거하여 거짓 믿음과 확실히 구별될 수 있다. 조정할 수 없는 차이들은 견해의 문제에 대해서만, 즉 사실의 문제와 뚜렷하게 구분되어 지식의 영역 밖에 있는 문제에 대해서만 존재할 수 있다.

반면에 진리를 자신의 관점에 따라 상대적인 것으로 바라보는 주관주의자는 주장 3이 믿음의 상대성을 보여주는 원형적인 예라고 생각할 것이다. 본질적으로 다른 맛보다 더 좋은 맛은 없다. 맛에 대한 선호는 말 그대로 취향의 문제이다. 하지만 적어도 은유적인 측면에서, 모든 것은 취향의 문제가 아닐까? 나는 마돈나의 음악보다 모차르트의 음악을 선호할 수 있지만(주장 5), 당신은 모차르트의 음악보다 마돈나의 음악을 선호할 수 있다. 나는 모차르트의 음악이 마돈나의 음악보다 우월하다고 믿는 음악 연구자를 찾을 수 있지만, 소위 전문가라고 불리는 이 주관주의자는 다른 사람의 관점보다 더 나을 것이 없는 자신의 음악적 관점에서 음악을 평가한다고 주장할 것이다. 이와 유사하게 대부분의 현대 물리학자들이 뉴턴의 이론보다 아인슈타인의 이론을 선호하는 것이 사실일 수 있지만(주장 4), 과거 뉴턴의 이론이 우세할 때가 있었고 향후 아인슈타인의 이론이 지지를 받지 못하는 날이 올 수도 있다. 즉, 주관주의자는 과학에서 우리가 "사실"이라고 생각하는 것도 우리가 지닌 이론적 관점이 기능한 것이고, 그러한 관점은 궁극적으로 주관적이며 참도 거짓도 아니라고 지적할 것이다. 주장 1과 주장 2는 논쟁의 여지가 없는 것처럼 보이지만, 실제로 지식이 이렇게 단순한 경우는 매우 드물다. 더욱이 이러한 경우조차 주장은 공유된 개념 망 안에서만 사실이다. 만약 우리가 엄청나게 큰 오염된 구름을 "세균"이라고 간주한다면, 세균은 고래보다 더 클 수 있다. 또한 6진법을 기준으로 추론하면, "12"는 6+2를 의미하며 5와 3의 합이 된다.

따라서 주관주의자에게 참과 거짓의 판단은 항상 개인이 지닌 관점이 기능한 결과이며, 어떤 관점도 다른 관점보다 좋거나 나쁠 수 없다. 주관적 관점은 근본적인 현실이고, 논리 혹은 절대적 규칙들의 일반적 체계를 사용하여 초월될 수 없다. 이유들은 항상 특정 관점과 관련이 있다. 즉, 정당화는 특정 맥락에서만 가능하다. 한 피험자는 다음과 같이 말했다. "나는 한 사람이 틀리고 다른 사람이 옳다고 말하지 않을 것이다. 내 생각에 사람들은 각자 자신만의 진리를 가지고 있다"(King & Kitchener, 1994, p. 64). 결국 모든 것은 단지 견해의 문제라는 것이다.

모든 것이 단지 견해의 문제라면, 결국 정당화도 필요 없을 뿐만 아니라 믿음이나 행동에 대한 합리적인 근거도 없고, 다른 것보다 어떤 한 가지를 믿거나 행해야 할 이유도 없다. 평가로부터의 자유는 **인식론적 회의**, 즉 단지 특정 믿음과 행동의 진리 혹은 정당성뿐만 아니라 정당한 믿음과 행동의 가능성 그 자체를 불신하는 불안한 공포를 대가로 치러야 한다(Chandler, 1987; Chandler et al., 1990). 인식론적으로 막다른 골목에 직면한 일부 주관주의자들은 인식론으로서의 급진적인 주관주의 주장이 그것 자체의 정당성을 약화시킨다는 것을 알게 되었다(Siegel, 1987, 2004). 만약 다른 관점보다 나을 것이 없는 일부 관점을 제외하고 어떤 견해도 정당화될 수 없다면, 다른 관점보다 나을 것이 없는 주관주의적 관점을 제외하고는 주관주의자가 되어야 할 이유는 없다. 급진적 주관주의의 자기부정적 본성 및 주관성과 객관성의 상호관계에 대한 성찰은 주관주의자로 하여금 합리주의적 인식론을 구성할 수 있게 한다. 그리고 합리주의적 인식론은 합리성을 주관성에 대한 성찰과 조정을 통해 진리가 잘못될 수 있음을 탐구하는 **메타주관적 객관성**metasubjective objectivity으로 해석하도록 한다.

합리주의자는 주장 4를 지식의 원형을 보여주는 예로 간주할 수 있다. 아인슈타인의 이론이 낫다는 주장은 고래가 세균보다 크다거나 5 + 3 = 8이라는 단순한 의미에서는 사실이 아닐 수 있다. 하지만 뉴턴의 이론보다 아인슈타인의 이론을 선호하는 것은 한 가지 맛을 다른 맛보다 선호하는 것과 같은 단순한 취향의 문제가 아니다. 우리는 복잡한 지식의 영역에서 정당한 기준을 사용하여 다양한 판단 및 정당화를 평가할 수 있다. 기준은 비판을 넘어선 절대적인 것은 아니지만, 임의적인 것 혹은 임의적인 관점에 한정되는 것도 아니다. 결과적으로 우리는 어떤 믿음이 참인지 거짓인지를 증명할 수는 없을지라도, 어떤 믿음을 다른 믿음보다 선호할 타당한 이유를 가질 수 있다. 주장 5와 같은 음악적 선호가 만약 정당화될 수 있다면, 어떻게 정당화될 수 있을지는 명확하지 않을 수 있다. 그러나 이것이 (모든 지식이 객관적임을 보여주는 주장 1과 주장 2와 같은) 상대적으로 명백한 진리의 존재에 비해 모든 지식이 주관적임을 더 의미하지는 않는다.

전통적으로 진보된 인식론적 인지에 대한 연구는 자신의 믿음이 어떻게 정당화될 수 있는지를 묻는 인터뷰 방식을 연구 방법론으로 활용했다(Perry, 1970). 예를 들어 패트리샤 킹Patricia King과 캐런 키치너Karen Kitchener(1994)는 인터뷰 대상자에게 자신이 지닌 관점의 기원과 정당성을 묻는 **성찰적 판단 인터뷰**Reflective Judgment Interview를 개발했다. 이 인터뷰에는 식품에 들어간 화학 첨가물의 안정성 등과 같은 일련의 문제들이 포함되어 있다. 연구 방법론에 관계없이 여러 연구들은 많은 사람들이 청소년기와 성인기 초기를 거치면서 인식론적 인지에서의 진전을 보이지만, 연령과 발달 수준 간의 관계가 강하지는 않다는 점을 보여준다(Boyes & Chandler, 1992; Chandler et al., 1990, 2002; Hofer & Pintrich, 1997, 2002; King & Kitchener, 1994, 2002; Kuhn et al., 2000). 즉, 일부 청소년들은 이미 정교한 인식론적 개념을 지니고 있는데 반해, 일부 성인들은 발달적 진전을 거의 이루지 못한다. 요컨대 인식론적 인지는 청소년기와 그 이후에도 계속 발달할 수 있지만, 그러한 발달이 필연적이거나 보편적인 것은 아니라는 것이다.

실제로 인식론적 인지는 인지적 성과를 향상시키는가? 즉, 사람들이 추리 규범의 본질과 사용에 대한 보다 정교한 개념적 지식을 가지고 있다면, 더 나은 추리를 할 수 있을까? 이 질문에 대해 여러 연구들은 메타논리적 이해를 포함한 진보된 인식론적 인지가 실제로 좋은 사고 및 추론과 정적 상관관계를 가지고 있음을 보여주었다(Hofer & Pintrich, 2002; Klaczynski, 2000; Kuhn, 1991, 2000; Markovits & Bouffard-Bouchard, 1992; Warren, Kuhn, & Weinstock, 2010). 폴 카진스키Paul Klaczynski(2000)는 다음과 같은 견해를 뒷받침하는 증거를 발견했다.

> 증거를 평가하는 데 있어 일부 청소년의 경우, 지식의 본질, 확실성, 그리고 습득에 관한 믿음이 개인이 지닌 이론보다 더 큰 영향을 미칠 수 있다. 그러한 믿음들은 다양한 인식론적 목표를 달성하기 위해 개인의 추론 과정을 모니터링하고 스스로 조절해야 하기 때문에 대체로 메타인지적이다. 지적 자기조절과 관련된 메타인지적 성향에는 성찰, 열린 마음, 그리고 자신의 지식을 면밀히 조사하고, 자신의 의견을 재평가하며, 지식을 습득하기 위해 때때로 자신의 이론을 포기하거나 수정해야 함을 인식하려는 의지가 포함된다. 이러한 특성은 지식을 습득하고자 하는 목표에 이론을 보존하고자 하는 목표를 종속시키는 사고방식을 구성한다.
>
> (p. 1350)

디에나 쿤과 수잔 피어셜Susan Pearsall(1998)은 인식론적 인지와 전략적 성과 간의 관계를 보여주는 보다 상세한 증거를 제공하기 위해 **미시발생학적 방법론**microgenetic methodology을 사용했다. 미시발생학적 방법론은 보통 사람들에게 일련의 작업에 대한 집중적인 경험을 제공함으로써 상대적으로 짧은 기간 동안의 발달적 변화를 조사한다. 그들은 47명의 5학년(10~11살) 학생들에게 7주 동안 일주일에 두 번(한 번은 개인적으로, 다른 한 번은 또래들과 함께) 다양한 변수들의 인과적 역할을 결정해야 하는 과제를 부여하였다. 예를 들어 이 과제에는 보트의 크기, 돛의 크기, 돛의 색상, 무게, 수심 등이 보트의 속도에 미치는 영향을 결정하는 문제가 포함되어 있다.

7주의 과정이 모두 끝난 후, 어린이들은 ①추리의 타당성은 물론, ②과제의 목적에 대한 이해, 그리고 목적 달성을 위한 다양한 잠재적 전략의 사용 측면 모두에서 향상을 보였다. 과제의 핵심, 그리고 이를 해결하기 위한 전략을 더 잘 이해하는 것이 좋은 추리를 보장하지는 않았지만, 양자 간에는 강한 상관관계가 존재했다. 이러한 결과는 인식론적 인지가 인지적 성과, 특히 추리 규범의 성찰적 적용과 조정이 요구되는 과제에서의 인지적 성과를 향상시킨다는 견해와 일관된다.

인식론의 영역

인식론적 발달의 중요한 측면은 인식론의 영역을 구별하고, 각각의 인식론적 차이점을 이해하는 것이다(Chandler & Proulx, 2010). 앞서 살펴본 것처럼, 메타논리적 이해는 연역 추론의 필연성에 대한 지식을 포함한다. 참인 전제들로부터의 타당한 추리는 합리적일 뿐만 아니라 참인 결론, 그리고 참일 뿐만 아니라 필연적으로 참인 결론을 낳는다. 마찬가지로 2+2=4는 2+2=5보다 더 좋은 산술일 뿐만 아니라, 전자는 옳고 후자는 옳지 않으며, 전자 외에 다른 방식으로 생각할 수 없다. 따라서 논리와 수학은 객관주의적 인식론에 매우 적합한 영역을 구성한다.

이와는 대조적으로 과학은 필연적 진리나 확실한 진리에 대한 희망을 갖고 있지는 않으며, 현재 우리가 알고 있는 것이 진리와 다르다는 것을 보여주는 새로운 증거가 나타날 때까지 그것을 잠정적인 진리로 간주한다. 논리적 영역과 구별되는 경험적 영역, 즉 증명proof이 아닌 증거evidence를 필요로 하는 영역에서,

앞서 살펴본 표준적인 3단계 모델three-stage model과 같이, 우리는 먼저 객관성의 한계를 인식하게 되고 그 이후 주관성의 본성, 그리고 그 한계를 이해하게 된다.

마지막으로 도덕의 영역, 즉 도덕성이 있다. 어떤 사람들은 도덕성을 주관적인 취향이나 가치의 문제로 바라보기도 한다. 그러나 도덕성은 도덕적 지식과 도덕적 합리성의 문제로 이해될 수 있으며(5장 참고), 이는 정당화와 도덕적 인식론의 문제를 제기한다(Turiel, 2008). 사실 도덕성은 잠재적인 인식론적 영역의 특히 흥미롭고 중요한 예를 제공한다(Krettenauer, 2004; 13장 참고).

그렇다면 인식론적 인지는 발달 수준에 따라 다르게 나타나는 기능일 뿐만 아니라, 인식론적 영역에 따라 다르게 나타나는 기능이기도 하다. 여러 영역에 걸쳐 나타나는 인식론적 인지의 변동성은 우리가 복잡하거나 익숙하지 않은 영역에 인식론적 통찰을 적용하는 데 어려움을 겪을 수 있지만, 다양한 영역들 간의 인식론적 차이에 대해 진정으로 이해할 수 있음을 시사한다(Chandler & Proulx, 2010). 따라서 향후의 연구는 인식론적 발달이 서로 다른 영역에서 서로 다른 정도로 진행되는지에 대한 여부뿐만 아니라(Kuhn et al., 2000), 영역에 따라 다르게 나타나는 정당화 방식(논리적 증명, 경험적 연구, 원칙에 입각한 추론principled reasoning)이 서로 다른 경로를 거쳐 발달하는지도 검토해야 한다.

결론

우리는 이번 장을 통해 메타인지, 특히 인식론적 인지의 진보가 우리의 추리 능력, 특히 우리의 사고와 추론을 어떻게 발달시키는지에 대해 살펴보았다. 이제 우리는 보다 직접적으로, 합리적 행위자가 어떻게 자신의 합리성을 향상시키는지 살펴보려고 한다.

4장

◀◀◀

합리성의 구성

> 우리는 주어진 수준에서 정보를 축적함으로써, 즉 하나의 관점에서 광범위한 관찰을 통해 세계에 대한 지식을 더해갈 수 있다. 그러나 우리의 이해를 새로운 차원으로 끌어올리기 위해서는 우리가 이미 지니고 있는 이해의 토대가 되는 세계와 우리 자신 간의 관계를 조사하고, 우리 자신과 세계, 그리고 양자 간의 상호작용에 대해 이전과는 다소 분리된 이해를 포함하는 새로운 개념을 형성해야 한다.
>
> – 토마스 네이글
> (1986, p. 5)

3장에서 살펴본 바와 같이, 청소년기 동안 합리성의 발달적 변화는 **메타인지**의 진전, 즉 자신의 지식 및 추론에 대한 지식의 증가와 특히 **인식론적 인지**의 발달, 즉 자신의 믿음 및 추리 과정의 정당화에 대한 지식에 기인한다. 하지만 인식론적 인지가 어떻게 발달하는지에 대한 질문은 여전히 남아있다. 생득주의자들은 인식론적 인지가 청소년기와 그 이후의 기간 동안 발달하도록 유전적으로 프로그램되어 있다고 주장할 것이다. 경험주의자는 진보된 인식론적 개념들이 교육적 환경이나 여타의 환경 안에서 학습된 결과라고 주장할 것이다. 상호작용주의자는 유전적 요인과 환경적 요인의 상호작용이 발달의 과정을 결정할 것이라 주장할 것이다.

그러나 인식론적 인지가 유전적으로 프로그램되어 있다거나 혹은 개인이 처한 환경으로부터 학습될 수 있는 일련의 관념이나 기술들로 구성되어 있다는 주장을 뒷받침할 만한 근거는 거의 없거나 전혀 없다. 유전적 요인과 환경적 요인이 발달 전반에 걸쳐 상호작용한다는 점을 수용한다 할지라도, 구성주의자는 사람들이 자신의 관념을 정당화하고, 정당화에 대한 자신의 개념을 성찰하며, 필연성으로서의 인식론적 개념을 재구성해가는 지속적인 과정에 참여한다고 주장함으로써 상호작용주의자의 견해를 넘어서려고 할 것이다. 이 장에서 나는 우선 몇 가지 메타논리적 개념들의 구성을 사례로 제시하면서 이 구성적 과정을 설명하고자 한다. 그 후 주관성^{subjectivity}과 객관성^{objectivity}의 문제, 그리고 성찰, 조정, 동료 상호작용의 핵심적인 역할을 강조하면서, 보다 일반적인 측면에서 합리성의 구성에 대해 설명할 것이다.

메타논리적 이해의 구성

앨리스, 벤, 캐롤, 댄, 그리고 얼(실제로 연구에 참여했지만, 이름은 가명임)은 웨이슨의 **선택 과제**를 함께 해결하는 협력적 추론$^{collaborative\ reasoning}$ 연구에 참여한 대학생들이었다(Moshman & Geil, 1998; 관련 연구는 1장 참고). 그들에게는 각각 E, K, 4, 7이 적혀있는 4장의 카드가 그려져 있는 그림이 제시되었다. 그들은 각 카드의 한쪽 면만을 볼 수 있었으며, 카드의 한쪽 면에는 문자가, 다른 면에는 숫자가 적혀있다고 안내받았다.

카드 아래에는 다음과 같은 가설이 적혀있었다. "만약 카드의 한 면이 모음이면, 다른 면은 짝수이다." 우리는 학생들에게 네 장의 카드 모음에 대한 이 가설이 참인지 아니면 거짓인지를 확인할 수 있는 결정적이면서도 가장 효율적인 방법이 무엇인지에 대해 물었다. 네 장의 카드를 모두 뒤집어보면 확실히 문제가 해결되지만, 세 장, 두 장, 심지어 한 장만 뒤집어도 충분할까? 학생들은 서면으로 개별 응답을 작성한 다음, 다른 학생들과 함께 각자의 선택에 대해 토론하고 최종 선택에 대해 합의할 것을 요청받았다.

인간의 추론에 대한 여러 문헌에 따르면, 이 과제는 해결하기 어렵기로 악명이 높다. 오리지널 버전의 선택 과제의 경우, 이 과제를 개별적으로 수행한 대학생의 10% 미만만이 정답을 제시하였다(Evans, 1989; Stanovich, 1999; Wason & Johnson-Laird, 1972). 선택 과제는 왜 그렇게 어려운가? 그 이유는 아마 이 과제가 1차 논리의 문제, 즉 전제로부터 올바른 결론을 연역하는 것보다 훨씬 더 많은 것을 포함하고 있기 때문일 것이다. 이 과제를 해결하기 위해서는 논리적 추리를 적절하게 조정하기 위한 충분한 메타논리적 이해가 필요하다.

특히 선택 과제를 제대로 이해하고 해결하기 위해서는 적어도 네 가지 메타논리적 통찰의 조정이 요구된다. 첫째, **p이고 q가 아니다** 형식의 사례는 **만약 p이면 q이다**라는 형식의 가설을 반증한다. 둘째, 다른 어떤 사례도 "만약 p이면 q이다"라는 가설을 반증할 수 없다. 셋째, 가설을 반증할 수 있는 정보는 그 가설을 검증하는 것과 관련이 있다. 넷째, 가설을 반증할 수 없는 정보는 검증과 관련이 없다.

따라서 만약 **모음이면 짝수이다**라는 가설을 검증하기 위해서는 모음과 홀수가 결합될 수 있는 카드들, 오직 그러한 카드들만을 살펴보아야 한다. 그러한 카드들, 오직 그러한 카드들만이 가설을 반증할 수 있기 때문이다. 다시 말해서 모음 E가 적혀있는 카드를 뒤집었을 때 반대쪽 면이 홀수이면 가설을 반증하기 때문에, 학생들은 모음 E 카드를 뒤집어야 한다. 그리고 홀수 7을 뒤집었을 때 반대쪽 면이 모음이면 가설을 반증하기 때문에, 학생들은 홀수 7 카드를 뒤집어야 한다. 하지만 자음 K와 짝수 4가 적혀있는 카드는 가설을 반증할 수 없기 때문에, 뒤집을 필요가 없다.

이전 연구들이 보여준 결과와 일관되게, 모시먼과 게일(Moshman & Geil,

1998)이 수행한 연구는 이 과제를 개별적으로 수행한 32명의 대학생 중 오직 3명만이 E 카드와 7 카드를 선택했음을 발견하였다. 이와는 명백하게 대조적으로 이 과제를 다른 학생들과 함께 해결하도록 요청받은 20개의 소집단의 경우, 비록 처음에는 소집단에 소속된 대부분의 학생, 심지어 모든 대학생들이 잘못된 선택을 하였지만, 결국 15개의 소집단이 토론과 합의의 과정을 거쳐 올바른 선택을 하게 되었다.

아래에서 제시하고 있는 실제 연구 사례는 최초에 단 한 명의 학생도 올바른 카드 조합을 선택하지 않았던 집단이 어떻게 성찰과 조정을 통해 진정한 메타논리적 통찰을 토대로 올바른 합의에 도달할 수 있었는지를 보여준다. 앨리스는 처음에 E, 4, 7 카드를 뒤집겠다고 제안하였다. 나머지 4명의 대학생들은 각각 E와 4 카드를 선택하였다.

토론이 시작되자 5명의 학생들은 E 카드를 뒤집어 짝수인지를 확인하고 4 카드를 뒤집어 모음인지를 확인해야 하며, 나머지 두 카드는 가설과 관련이 없다는 데 즉시 동의하였다. 앨리스는 처음에 E, 4, 7 카드를 뒤집을 것을 제안했지만, 이후 웃으면서 7이 짝수라고 착각했다고 말하면서 자신의 선택을 취소하였다. 앨리스, 밴, 캐롤, 댄이 K와 7 카드가 아닌 E와 4 카드가 가설과 관련이 있음을 계속 논의하는 동안, 앨리스는 갑자기 자신이 처음 선택한 7 카드를 심각하게 고려하기 시작하였다.

앨리스: 7 반대쪽에 모음이 있을 수 있지 않을까?

벤: 그럴 수도 있지. 하지만 7은 여기에 있는 이 가설을 검증하는 데 중요하지 않아.

앨리스: 하지만 만약 모음이 있다면…

댄: 모음이 있으면, 그냥 있는 거지.

앨리스: 응. 하지만 이 가설은 한쪽 면에 모음이 있으면, 반대쪽 면에는 짝수가 있다고
되어있어.

댄: 어쩌면 우리가 틀렸을 수도 있겠어.

캐롤: (놀라고 흥분된 목소리로) 아, 맞아!

앨리스: 7 반대쪽에 모음이 있을 수 있어.

　모든 대학생들은 이 과제의 복잡성에 대해 성찰하게 되었다. 벤은 E와 4 카드를 뒤집는 것은 가설을 "검증"하는 것이며, E 반대쪽에 있는 짝수와 4 반대쪽에 있는 모음을 확인하는 것은 "가설을 증명하는 것이 아니라 뒷받침하는 것"이라고 제안하였다. 그러면서 "모든 카드를 뒤집지 않으면 이 가설을 증명할 수 없다"라고 주장하였다. 토론은 네 장의 카드를 모두 뒤집어 확인해야 한다는 방향으로 진행되었으나, 댄이 갑자기 새로운 관점을 제시하면서 새로운 국면을 맞이하게 되었다.

댄: K를 뒤집어 볼 필요는 없을까?

앨리스: 난 그렇게 생각하지 않는데. 왜냐하면…

댄: K를 뒤집어 볼 필요는 없겠네.

앨리스: 우리는 모음에 관심이 있지.

댄: 카드들은 문자와 숫자가 적혀있어. 그리고 우리는 이 카드에 문자[K]가 적혀있고,
　　모음이 아니라는 것을 알고 있어.

앨리스: 그렇지.

캐롤: 하지만 반대쪽에 짝수가 있으면?

댄: 그건 아무 것도 말해주는 게 없어…

앨리스: 아무 것도 말해주는 게 없다… 만약 자음이라면…

댄: 만약 모음이라면 말해주는 게 있지. 그런데 자음이라면 반대쪽에 무엇이 있으면
　　안 되는지 말해주지 않지.

캐롤: 그렇지.

댄: 그래서 K를 뒤집어 볼 필요는 없을 것 같아.

　캐롤이 K를 뒤집어 볼 필요가 없다는 것을 분명히 확인했고 4를 뒤집어 볼

필요가 있는지에 대해 검토해 보자고 말할 때까지, 토론은 잠시 중단되었다. 캐롤은 "그리고 한쪽 면에 짝수가 있다는 것이 다른 쪽에 모음이 있다는 것을 말해 주지는 않아"라고 말했다. 다시 정적이 흐른 후, "정말로 4를 뒤집을 필요는 없어"라고 덧붙이면서, 캐롤과 벤은 그 이유에 대해 자세히 설명했다.

> 캐롤: 가설은 한쪽 면에 모음이 있으면 반대쪽에 짝수가 있다고 말하고 있기 때문에,
>   4를 뒤집을 필요가 없어.
> 벤: 가설은 한쪽 면에 짝수가 있으면 반대쪽에 모음이 있다고 말하고 있지는 않아.

하지만 앨리스와 댄은 계속해서 4 카드를 뒤집어봐야 한다고 주장했다. 캐롤은 4 카드의 "반대편에 자음이 있을 수 있지만, 그것은 …"이라고 설명을 이어가고자 했다. 그러나 앨리스는 캐롤의 말을 끊으면서 "그래, 하지만 짝수이기 때문에 우리는 반대편에 모음이 있는지 알아봐야 해"라고 말했다. 캐롤은 "그래, 그럴 거야"라고 말했다.

앨리스는 4를 뒤집어야 한다는 주장에 보태서, "우리는 짝수인지 확인해야 하기 때문에" E를 뒤집어야 하고, "만약 모음이면 거짓이기 때문에 자음인지 모음인지 확인하기 위해" 7을 뒤집어야 한다고 주장했다. 그러나 벤과 캐롤은 4를 뒤집는 것에 대해 지속적으로 의구심을 표명했다. 벤은 반대쪽에 자음이 있는 것이 어떤 의미를 갖는지에 대해 궁금해 했고, 캐롤은 4를 뒤집었을 때 만약 모음이 있으면 가설을 증명하지만, 자음이 있다고 해도 가설에 대해 말해주는 것이 없다는 것을 발견하였다. 캐롤은 "4를 뒤집는 것은 가설을 증명하거나, 아니면 가설에 대해 아무 것도 말해주는 게 없어"라고 결론지었다. "7과 E를 뒤집는 것이 가설을 반증하기 위한 유일한 방법이야."

긴 시간이 지난 후, 다음과 같은 대화가 이어졌다.

댄: 좋아. E를 뒤집어야 하는 건 확실하지? 그렇지?

캐롤: 응

댄: 왜냐하면 한쪽에 모음이 있고, 반대쪽에 짝수가 있는지 확인할 필요가 있기 때문이지. K는 가설에 대해 아무 것도 말해주는 것이 없기 때문에 신경 쓸 필요가 없고…

벤: 자음…

댄: 자음이 있는 것은 …

앨리스: 자음이 있다고 해서 홀수가 있다거나, 뭐 그런 것은 아니야.

댄: 그리고 4…

벤: 내 생각에는 4를 뒤집어볼 필요가 있어.

댄: 내 생각도 4를 뒤집어봐야 할 것 같아. 왜냐하면 …

얼: E랑 똑같기 때문이야.

앨리스: 맞아. E와 같아. 우리는 4가 짝수라는 것을 알고 있어. 그래서 우리는 …

댄: 글쎄, 아마 그렇지 않을 거야. (그는 잠시 멈췄다가 천천히 설명하였고, 캐롤은 고개를 끄덕이며 동의하듯 중얼거렸다.) 만약 한쪽에 자음이 있으면, 반대쪽이 홀수인지 짝수인지는 중요하지 않아. 그래서 우리가 4를 확인하는 것은 그렇게 중요하지 않아. 그렇지? 무슨 말인지 알겠지?

앨리스와 벤: (동시에) 무슨 말인지 알겠어.

댄: 4는 가설이 옳은지는 말해줄 수 있지만, 가설이 틀렸는지는 말해주지 않아.

캐롤: 맞아.

댄: 그래서 내 생각에는 우리가 뒤집어야 할 카드는 7이야. 왜냐하면 우리는 7의 반대쪽에 모음이 있는지 확인해야하기 때문이지.

캐롤: 그래야 옳거나 틀렸다는 것을 모두 증명할 수 있어.

댄: 그렇지. 틀렸다는 것을 증명할 수 있지.

그 후, 그들은 합의에 도달했음을 확인했고, 이와 같은 합의에 도달해가는 과정을 성찰했다.

벤: 그래서, 우리는 결론을 E와 7로 좁힌 건가?

댄: 그런 것 같아.

캐롤: 우리는 E와 7을 뒤집어야 해

댄: 나도 그렇게 생각해.

벤: 우리 모두의 의견이 일치하게 되다니, 꽤 흥미로운데?

앨리스: 이 과제에 대해 함께 이야기하지 않았다면, 난 이런 생각을 하지 못했을 거야.

캐롤: 나도. E와 7로 마음을 완벽하게 굳혔어.

벤: 우리 모두 그래.

4의 부적절함과 가설의 비가역성을 검토하는 간단한 추가 토론을 진행한 후, 5명의 학생은 각각 자신의 최종 답변에 E와 7을 뒤집어야 한다고 개별적으로 적었고, 집단에서 합의한 최종 논증과 일치하는 설명을 선택의 이유로 적었다. 논리 문제에 대한 성찰은 메타논리적 이해를 향상시킬 수 있을 것으로 보인다. 특히 이 사례는 성찰이 동료들과의 상호작용을 통한 다양한 관점의 조정을 포함한다는 점에서 주목할 만한 가치가 있다. 이제 우리는 보다 일반적인 수준에서 합리성의 구성을 주관성과 객관성의 관계, 성찰, 조정, 그리고 동료 상호작용과 관련하여 살펴보고자 한다.

메타주관적 객관성의 구성

우리는 앞서 제시한 실제 사례를 통해 동료 상호작용의 맥락에서 성찰과 조정이 어떻게 메타논리적 이해를 진전시킬 수 있는지 살펴보았다. 이러한 관찰 결과는 지식과 추론의 여러 영역 및 수준에서 나타나는 것으로 밝혀졌다. 심리학, 철학, 교육학과 관련된 여러 연구와 이론들은 합리성이 **성찰**(Audi, 1997, 2001; Campbell & Bickhard, 1986; Dewey, 1910/1997b; Felton, 2004; Karmiloff-Smith, 1992; Kuhn & Lao, 1998; Moshman, 1994; Nagel, 1986; Piaget, 2001; Rawls, 1971, 2001), **조정**(Fischer & Bidell, 2006; Helwig, 1995b; Piaget, 1985; Werner, 1957), 그리고 **동료 상호작용**(Akatsuko, 1997; Carpendale, 2000; Chinn & Anderson, 1998; DeLisi & Golbeck, 1999; Dimant & Bearison, 1991; Fuchs, Fuchs, Hamlett, & Karns, 1998; Habermas, 1990; Kruger, 1992, 1993; Lipman, 1991; Moshman, 1995b; Piaget, 1932/1965, 1995; Rogoff, 1998; Slade, 1995; Youniss & Damon, 1992)의 과정에 참여함으로써 점점 더 늘어나는 합리적 행위자들에 의해 능동적으로 구성된다고 보고 있다.

아래의 [그림 4.1]과 같이 방 건너편에서 서로 마주보고 있는 두 명의 어린이를 상상해 보자.

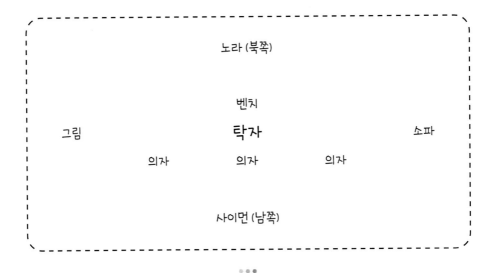

그림 4.1 북쪽에 있는 노라와 남쪽에 있는 사이먼의 만남

노라는 북쪽 벽을 등지고 서있다. 그녀는 남쪽을 바라보면서 벤치, 탁자, 그리고 탁자 건너편에 세 개의 의자가 있는 것을 확인한다. 그녀는 왼쪽 벽에 소파

가 있고, 오른쪽 벽에는 그림이 있음을 알아차린다. 노라는 바로 앞 의자 너머에 있는 사이먼을 본다.

남쪽 벽에 등을 대고 서있는 사이먼은 반대편에 있는 세 개의 의자와 탁자, 벤치를 본다. 그는 왼쪽 벽에 그림이 있고, 오른쪽에 소파가 있음을 알아차린다. 그는 탁자 뒤에 있는 의자에 앉으라고 말하는 노라를 바라본다. 사이먼은 의자가 탁자 앞에 있다고 대답한다. 그는 노라에게 탁자 뒤에 있는 것은 벤치라고 설명한다.

노라는 방을 다시 한번 살펴보지만 확신이 서질 않는다. 그녀는 탁자가 방 중앙에 있고, 그 앞에 벤치가 있고 그 뒤에 의자가 있으며, 왼쪽에 소파가 있고 오른쪽에 그림이 있다고 지적한다. 이와 반대로 사이먼은 벤치가 탁자 뒤에 있고 의자는 그 앞에 있으며, 소파는 오른쪽에 있고 그림은 왼쪽에 있다고 대답한다.

노라와 사이먼이 이제 몇 번에 걸쳐 자신들이 서있는 위치를 바꾸어보고 새롭게 관찰한 것에 대해 서로 토론한다고 가정해 보자. 이러한 상호작용의 과정에서 그들은 북쪽의 관점에서 보면 의자가 탁자 뒤에 있지만, 남쪽의 관점에서는 의자가 탁자 앞에 있다는 상호이해에 도달할 수 있다. 이러한 이해에 상응하여 벤치는 북쪽에서 보면 탁자 앞에 있지만, 남쪽에서 보면 탁자 뒤에 있다. 더 나아가 소파와 그림은 북쪽에서 보면 각각 왼쪽과 오른쪽에 있고, 남쪽에서 보면 각각 오른쪽과 왼쪽에 있다.

시간이 지나면서 노라와 사이먼이 탁자를 기준으로 벤치는 북쪽에 있고 의자는 남쪽에 있으며 소파는 동쪽에 있고 그림은 서쪽에 있다는 것을 이해하게 되었다고 가정해 보자. 이와 같은 새로운 이해는 이전의 관점에 비해 보다 객관적이라고 말할 수 있다. 벤치가 탁자 북쪽에 있다는 주장은 방의 어디에 서있든 상관없이 사실이다. 하나의 관점에서만 참인 주장과는 달리, 이러한 새로운 주장은 더 깊은 의미에서 방 그 자체에 대한 주장이다.

그러나 이 새로운 이해가 벤치에 숨겨져 있는 틈을 찾거나 소파 밑에 떨어진

구슬을 찾는 것과 같이, 추가적인 관찰을 통해 방 안의 내용물들을 더 많이 발견하는 문제와 관련된 것은 아니라는 점에 주목해야 한다. 노라와 사이먼은 단순히 방 안에 있는 것들에 대해 더 많이 알게 된 것이 아니다. 방 안에 있는 것들에 대한 새로운 정보를 획득하지 않고서도 어떻게 더 큰 객관성이 생길 수 있을까?

객관성의 증가가 성찰, 조정, 그리고 동료 상호작용을 통해 이루어졌기 때문이다. 북쪽과 남쪽의 관점 간의 차이를 성찰하면서, 노라와 사이먼은 그들이 원래 가지고 있던 관점에 대한 성찰적 인식을 공동으로 구축coconstructed했다는 것이다. 이 공유된 이해는 개인적이면서도 집단적이다. 노라는 이제 이전에는 자신에게 객관적으로 지각된 것(의자가 테이블 위에 있다 등)처럼 보였던 것들이 실제로는 지금까지 그녀가 가지고 있는지 몰랐던 관점(북쪽 관점)과 관련이 있음을 이해하게 되었다. 사이먼 역시 자신의 지각과 관점에 대해 동일한 이해를 달성했다. 북쪽과 남쪽의 관점을 조정함으로써, 노라와 사이먼은 방에 대한 보다 객관적인 개념을 함께 생성해냈다.

하지만 분명한 것은 새로운 이해가 최종적이거나 절대적인 의미에서의 객관적 개념을 구성하지는 않는다는 것이다. 동서남북 방향은 지구의 북극을 기준으로 설정된 것이며, 따라서 모든 주관성을 초월하지는 않는다. 그럼에도 불구하고 노라와 사이먼은 자신들이 본래 지닌 주관성에 대한 성찰과 조정을 통해 메타주관적인 객관성metasubjective objectivity을 구축할 수 있었다. 그들이 구축한 새로운 주관성은 최종 수준의 객관성은 아닐지라도, 더 높은 수준을 구성하는 방식으로 이전의 주관성을 초월한다. 그렇다면 **합리성**은 메타주관적 객관성으로서 유효하게 해석될 수 있을 것이다(Moshman, 1994).

이러한 관점에서 합리성은 본질적으로 주관적이다. 이와 같은 정의를 토대로 미루어볼 때, **합리적인 행위자**는 관점을 지닌 주체이다. 그러나 이러한 정의 방식이 추리적 규범 혹은 의미 있고 훌륭한 가치로서의 객관성에 대한 상대주의적 거부를 수반하지는 않는다. 오히려 합리성은 자신의 주관성에 대한 성찰적 지식에 의해 사고가 규제되는 메타주관적인 형태의 객관성을 수반한다. 그리고 성찰적 지식은 논리적 규범과 그 밖의 추리적 규범을 활용하여 주관성을 제약하는 방법과 제약해야 하는 이유에 대한 지식을 포함한다. 이러한 관점에서 객관성은 도달할 수 있는 상태가 아니라, 자신의 주관성에 대한 체계적인 성찰과 재구성을 통해 접근할 수 있는 목표이다(Campbell & Bickhard, 1986; Moshman, 1994, 1995b; Nagel, 1986; Piaget, 1985, 2001; Siegel, 2004).

방 건너편에서 처음 서로를 대면했던 노라와 사이먼의 예를 다시 떠올려보자. 노라는 벤치가 탁자보다 가까운 쪽에 있고 의자는 먼 쪽에 있으며, 소파는 테이블의 왼쪽에 있고 그림은 오른쪽에 있음을 보았다. 반대로, 사이먼은 벤치가 탁자보다 먼 쪽에 있고 의자는 가까운 쪽에 있으며, 소파는 탁자의 오른쪽에 있고 그림은 왼쪽에 있다고 생각한다. 그들은 이러한 서로 다른 지각이 서로 다른 관점에 따른 것임을 인지하지 못하고, 상대방의 관찰을 이해할 수 없다고 생각한다.

문제는 그들이 단지 서로의 관점을 받아들이는 데 실패했다는 것에 있지 않다. 노라는 이미 자신이 가지고 있다는 것을 모르는, 북쪽의 관점에서 방을 본다. 노라는 사이먼의 관점뿐만 아니라, 자신이 지닌 관점도 모르고 있다. 이와 동일하게 사이먼 역시, 자신은 물론 노라가 관점을 가지고 있다는 것을 알지 못하기 때문에 서로 다른 관찰 결과에 당황했다. 그러나 노라와 사이먼이 방을 돌아다니고 이동하면서 관찰한 내용에 대해 논의한다면, 노라는 이전에는 방의 내용물들에 대한 객관적인 관찰로 보였던 것이 그녀가 이미 가지고 있는지 몰랐고 사이먼과 공유하지 않았던 북쪽의 관점을 반영하고 있음을 알게 될 것이다. 이와 유사하게 사이먼도 노라의 관점뿐만 아니라 자신의 관점도 알게 될 수 있다. 결과적으로 그들은 다양한 관점들에 대한 가능성, 그리고 이러한 다양한 관점과 다양한 지각 간의 관계를 포함하는 더 높은 수준의 이해를 구성할 수 있다. 자신의 주관성에 대한 이해의 증가는 합리성의 발달적 진보로 나타난다.

무엇이 그러한 발달을 설명하는가? 앞서 살펴본 것처럼, 이 상황에서 나타난 세 가지 측면이 중요하다. 첫째, 발달에는 **성찰**의 과정이 포함된다. 노라는 단지 방에 있는 것들에 대해 더 많이 배운 것이 아니라, 그녀가 이미 가지고 있던 관점에 대해 성찰하였다. 성찰의 결과, 그녀는 이러한 관점을 알게 되었고 그것이 관찰에 미치는 영향을 인식하고 보완할 수 있었다.

둘째, 발달은 **조정**의 과정을 수반한다. 노라는 다양한 관점들의 상호관계에 대한 이해를 향상시키고 있다. 예를 들어 그녀는 북쪽의 관점에서 탁자 가까운 곳에 있는 것이 남쪽의 관점에서는 먼 곳에 있고, 그 반대도 마찬가지라는 것을 이해하게 되었다. 이러한 조정은 다양한 관점들에 대한 점점 더 증가하는 성찰적 의식에 의해 촉진된다. 그리고 새로운 조정은 이후에 성찰의 대상이 될 수 있다.

마지막으로 발달은 일반적으로 지식, 영향력, 그리고 권위가 거의 동등한 개인들로 이루어진 **동료 상호작용**의 맥락에서 발생한다. 만약 노라가 사이먼을 자신보다 나이가 많거나 똑똑하다고 해석했다면, 그녀는 사이먼의 관찰을 자신의 관찰보다 더 나은 것으로 받아들였을 것이다. 또는 사이먼이 어떤 측면에서 자신보다 열등하다고 인식했다면, 노라는 그의 관찰을 쉽게 거부했을 수도 있다. 한 가지 관찰만 받아들이고 다른 관찰을 거부할 경우, 그들의 관찰에서 명백하게 나타난 갈등을 해결할 수 없다는 사실은 발달을 가능하게 한 성찰과 조정의 맥락을 제공했다.

이제 당신이 소파에 앉아 아이들을 돕고 싶다고 가정해 보자. 만약 당신이 그들에게 각자 다른 관점을 가지고 있다고 말한다면, 그들은 당신이 무슨 말을 하는 건지 알지 못할 것이다. 그들은 자신이 어떤 관점을 가지고 있다는 것 자체를 전혀 모르고 있는데, 바로 이 점이 문제이다.

그러나 당신은 그들에게 각각 관점을 가지고 있으며, 따라서 테이블의 가까운 쪽에 있는 것처럼 보이는 것이 다른 사람의 관점에서는 먼 쪽에 있는 것처럼 보이고, 왼쪽에 있는 것처럼 보이는 것이 다른 관점에서 보면 오른쪽에 있는 것처럼 보인다고 말할 수 있다. 만약 당신이 노라와 사이먼에게 당신이 제시한 전환 규칙에 주의를 기울이고 그것을 수용하도록 동기를 부여할 수 있다면, 그들은 모두 상대방이 방을 어떻게 설명할지에 대한 질문에 잘 대답할 수 있을 것이다. 사이먼은 아마 본인에게 오른쪽인 것이 노라에게는 왼쪽이라는 것을 배웠을 것이다. 다시 말해서 사이먼과 노라는 새로운 통찰과 능력을 유사한 맥락에 적용할 수 있다.

순수한 객관주의적 개념에서 합리성을 바라보면, 노라와 사이먼은 당신의 가르침으로 인해 보다 합리적으로 지각하게 되었다고 말할 수 있다. 즉, 한 관점에서 다른 관점으로 전환하라는 요청을 받았을 때, 그들은 정답을 제시할 가능성이 더 크다.

그러나 메타주관적 객관성으로서의 합리성 개념을 다시 떠올려 보자. 당신은 위와 같은 전환이 일부는 맞고 일부는 틀리다는 것을 이해하고 있다. 왜냐하면 당신은 노라의 관점과 사이먼의 관점 간의 상호관계를 이해하고 있기 때문이다. 물론 당신은 당신 자신만의 어떤 관점에서만 이것을 이해할 수 있으나, 그 관점은 다양한 관점에 대한 의식을 포함하는 메타관점metaperspective이다. 당신의 메타관점은 그림이 오른쪽에 있다고 지각하는 노라의 관점, 그림이 왼쪽에 있다고 지각하는 사이먼의 관점, 그리고 그림이 방을 가로질러 반대편 벽에 걸려있다고 지각하는 당신의 1차 관점을 조정하고 성찰한다. 당신과 달리 노라는 당신이나 사이먼의 관점, 심지어 자신의 관점도 이해하지 못하며, 사이먼 역시 관점의 존재를 자각하지 못한다.

따라서 당신은 노라와 사이먼에게 전환 규칙 문제에 대한 올바른 대답을 가르칠 수 있는 합리성의 수준에 도달해있지만, 이것이 필연적으로 그들을 더 합리적으로 변화시키는 것은 아니다. 노라와 사이먼이 서로의 관점을 성찰하고 조정하여 메타관점을 구성하지 않는 한, 그들은 여전히 원래의 합리성 수준에 머물고 있다. 당신이 그들에게 몇 가지 유용한 사실과 기술을 가르쳤을지 몰라도,

그들은 더 합리적으로 변하지 않았다.

합리성은 보다 합리적인 누군가에게 사실 및 기술을 배움으로써 발달하는 것이 아니라, 성찰, 조정, 그리고 동료 상호작용을 통해 발달한다. 그러나 이것이 노라와 사이먼의 발달을 돕기 위해 할 수 있는 것이 아무 것도 없다는 것을 의미하지는 않는다. 아이들이 서로 상호작용하고 성찰할 수 있도록 격려함으로써, 당신은 그들의 발달을 촉진할 수 있을 것이다. 그리고 "자신에게 가까운 것이 상대방에게는 멀다"와 같이 다양하면서도 체계적인 관계를 직접 제시하는 것도 성찰과 토론을 위한 추가적인 기반을 제공함으로써 발달에 긍정적인 역할을 할 수 있다. 북쪽, 남쪽, 동쪽, 서쪽과 같이 당신이 제시한 새로운 용어와 개념 역시 새로운 개념적 구조의 구성을 위한 언어적·지적 비계^{scaffolding}를 제공할 수 있다 (Bickhard, 1995). 그러나 궁극적으로 노라와 사이먼은 각자 자신의 합리성을 구성해야 한다.

성찰, 조정, 그리고 동료 상호작용

노라와 사이먼이 성찰, 조정, 그리고 동료 상호작용에 참여할 때, 객관성을 향한 진보는 방에 대한 여러 주관적 관점의 성찰적 조정을 수반한다는 점에 주목해야 한다. 조정과 성찰은 별개의 과정이 아니다. 우리는 조정과 성찰을 합리성 구성의 두 가지 측면으로 바라볼 필요가 있다. 자신의 관점에 대한 성찰은 자신과는 다른 관점을 이해하게 하고, 따라서 자신의 관점과 다른 관점을 조정할 수 있게 한다. 결과적으로 이러한 조정은 다양한 관점과 그것들의 상호작용에 대해 더 깊게 성찰하도록 촉진하고, 따라서 다양한 관점에서 매우 다르게 해석되는 근본적인 실재에 대한 보다 객관적인 이해를 촉진한다.

선택 과제에 대한 집단적 추론의 사례, 그리고 노라와 사이먼의 예에서 볼 수 있는 것처럼, 합리성의 구성적 과정은 또한 동료 상호작용의 과정에서 발생한다는 점에 주목해야 한다. 특히 사회적 상호작용은 자신의 관점에 대한 도전에 직면하고 대안적인 관점과 만날 가능성이 있는 곳에서 나타난다.

대칭적인 사회적 상호작용과 비대칭적인 상호작용을 구별하는 것은 사회적 경험의 효과를 이해하는 데 도움을 준다. **비대칭적인 사회적 상호작용**asymmetric social interactions은 지식, 권위, 영향력이 서로 다른 사람들 사이에 이루어진다. 이 경우 지위가 낮은 사람은 지위가 높은 사람이 가르쳐준 것을 배울 수 있지만, 이러한 상호작용은 어느 쪽의 합리성에도 큰 영향을 미치지 않는다.

반면에 **대칭적인 사회적 상호작용**symmetric social interactions은 지식, 권위, 영향력 측면에서 자신과 비슷하다고 인식하는 사람들 사이에서 이루어진다. 이러한 상호작용 안에서 사람들은 자신의 관점을 타인에게 강요할 수 없으며, 타인의 관점이 본질적으로 자신의 관점보다 우월하다고 생각하지도 않는다. 따라서 대칭적인 사회적 상호작용은 특히 자신의 관점을 성찰하고 다양한 관점을 조정하도록 장려할 가능성이 높다. 동료 상호작용은 성인—아동 또는 교사—학생 간의 상호작용에 비해 대칭적인 사회적 상호작용에 가깝다. 따라서 동료 상호작용은 더 높은 수준의 객관성을 향한 진전을 생성하는 자율적인 성찰과 조정의 과정을 촉진하는 데 중요할 역할을 할 것이다.

이러한 관점에서 객관성은 달성 가능한 목표라기보다는 지침을 제공하는 이상이라고 말할 수 있을 것이다. 우리는 모든 주관성을 초월한, 세계에 대한 최종적이고 절대적인 지식을 얻을 수는 없다. 그러나 어떤 주관적 관점에 대한 성찰은 우리의 객관성을 향상시키는 메타주관적 관점의 구성을 가능하게 한다. 그리고 이렇게 구성된 관점은 발달의 과정에서 새로운 성찰의 대상이 될 수 있다 (Campbell & Bickhard, 1986; Nagel, 1986).

그렇다면 **합리성**은 **메타주관적인 객관성**에 존재한다(Moshman, 1994). 비록 우리가 철학자 토마스 네이글(1986)이 말한 "입장이 없는 관점the view from nowhere"

에 절대 도달하지는 못할지라도, 우리는 성찰, 조정, 그리고 동료 상호작용을 통해 특정한 주관적 관점을 초월하여 더 높은 수준의 객관성과 합리성을 향해 나아갈 수 있다. 따라서 합리성은 성찰, 조정, 그리고 동료 상호작용을 장려하고, 학생들이 자유롭게 자신의 생각을 표현하고 토론하며 추가적인 정보를 탐색할 수 있는 환경을 유지함으로써 촉진될 수 있다(15장 참고).

결론

지금까지 4개의 장에서 검토한 연구와 이론들은 ① 일반적으로 청소년들이 더 높은 수준의 합리성을 향해 나아가고, ② 합리성은 본질적으로 메타인지적이며, ③ 합리성은 보통 동료 상호작용의 맥락에서 성찰과 조정을 통해 능동적으로 구성된다는 점을 보여준다. 청소년기로 이행하는 동안 발달적 변화의 결과로, 청소년은 어린이에게서는 거의 볼 수 없는 사고의 유형, 추론의 형식, 그리고 이해의 수준을 일상적으로 보여준다. 그러나 보다 진보한 합리성의 형식은 다양하며, 그것의 발달은 연령과 강하게 연관되어 있지 않다. 아동기 이후의 인지 발달은 우리가 바랐던 만큼 확실하지는 않지만, 우리가 생각했던 것보다는 더 풍부하고 크다.

2

도덕 발달

도덕성은 우리가 특정 문화에서 자라면서 그저 획득하는 어떤 가치관과 행위 규칙들에 지나지 않는가? 만일 그렇다면 도덕성은 학습되는 것이지, 발달하는 것이라고 말할 수 없다. 그러나 만일 도덕성에 합리적 근거가 있다면 일반적인 의미에서 도덕적 진보를 확인할 수 있는 근거가 있을 수 있다. 이것이 도덕 발달 연구의 지침이 되는 가정이다.

5장

도덕 발달에 대한
콜버그의 이론

> 모든 사람은 논리적인 규준과 윤리적인 규범 사이의 유사성을 인식하고
> 있다. 도덕성이 행위의 논리이듯이, 논리는 사고의 도덕성이다.
>
> – 장 피아제
> (1932/1965, p. 398)

외견상으로 볼 때 동질적인 문화 내에서도 무엇이 도덕적으로 옳고 그른지에 대하여 현저한 의견 불일치가 있다. 도덕성에 관한 의견 불일치는 문화 전반에 걸쳐 심할 수 있다. 도덕 발달을 고려하기 전에, 우리는 도덕성이 무엇을 의미하는지, 그리고 그런 것이 있다고 믿는 이유는 무엇인지 언급할 필요가 있다. 다음의 예를 확인해 보자.

여성 할례: 문화와 도덕성에 관한 사례 연구

여성 생식기 절단female genital mutilation이라고도 알려진 **여성 할례**female circumcision는 40개국 이상에서, 주로 아프리카와 중동에서 행해지고 있다. 이 행위는 난잡한 성관계를 억제하고 결혼할 때까지 순결을 유지하기 위한 것이다. 한 형태는

절제술 혹은 **음핵 절제술**로서 음핵의 일부 및 전부를 제거하거나 주변 조직을 제거하는 것을 의미한다. 또 다른 형태는 다음과 같은 **음문 꿰매기**이다.

> 음문 꿰매기는 사실상 여성의 외부 생식기를 제거하는 것이다. 이런 종류의 할례에서는 음핵 전체와 소음순을 제거하는 극단적인 절제가 행해진다. 게다가 대음순의 대부분이 잘리거나 긁혀 없어진다. 남아 있는 대음순의 가장자리는 아카시아 나무 가시로 함께 꿰매어지고 동물의 창자로 만든 실이나 재봉실로 고정된다. 이 과정을 통해 소변이나 생리 혈이 통과할 수 있는 대략 성냥개비 크기의 작은 구멍만 남긴 채 여성 생식기의 전체 부위는 닫히게 된다. 그런 다음 소녀의 다리(발목, 무릎, 허벅지)는 상처가 치유되는 15일에서 40일에 이르는 기간 동안 움직이지 못하게 묶인다 (Slack, 1988, pp. 441-442)

이러한 시술은 3세에서 8세 사이의 소녀들에게 시행되는데, 보통 마취 없이 "부엌칼, 오래된 면도날, 깨진 유리, 날카로운 돌"(p. 442)과 같은 도구들이 사용된다. 그리고 극심한 고통과 극도의 심리적 외상 이외에도, 이 시술을 통해 살아남은 수백만 명의 여성들에게는 심각하면서도 평생 지속되는 의학적 합병증이 일상적으로 발생한다. 많은 경우에 이 과정은 치명적이다(Wainryb, 2006).

여성 할례에 대한 나의 즉각적인 반응, 그리고 아마 나와 문화적 배경을 공유하는 사람들이 보일 수 있는 반응은 성차별주의와 아동 학대가 기괴하게 조합된 행위에 대한 일종의 혐오감일 것이다. 이 세상에는 악한 것들이 분명 존재하며, 이 시술은 그런 것 중 하나이다.

그러나 도덕 상대주의자는 나의 이러한 반응에 대해 합리적 근거가 없다고 주장할 것이다. 여성 할례는 그 기원이 수천 년을 거슬러 올라가며 내가 결코 경험해 본 적도 없고 이해하지도 못하는 삶의 방식에 중심적 역할을 하는 전통이다. 그것은 일반적으로 여성 할례 시술을 가치 있는 일이라고 믿는 지역 조산사나 나이 든 여성에 의해 행해진다. 어머니들은 여성 할례가 딸들의 사회적 장래에 본질적인 것이자 그들의 삶을 정의하는 도덕적 질서의 핵심 요소로 인식하고 있다. 상대주의자는 내가 나의 문화의 도덕적 가치에 기반하여 여성 할례를 비난하는 것을 단순히 민족 중심적이라고 주장할 것이다. 각 문화는 자신만의 도덕성을 결정한다. 도덕적인 것은 주어진 문화 내에서 도덕적으로 간주되는 것이다.

그렇다면 내 반응은 내 자신의 문화적 배경을 고려할 때 이해할 수 있는 것으로 여겨지지만 완전히 옳지는 않은 것으로 보인다. 여성 할례가 일반적 관행인 수많은 문화권에서는 소녀가 여성 할례를 받지 않게 막으려는 그 어떠한 노력도 부도덕immoral한 것이다. 즉, 올바른 생활 방식에 관한 문화 기준에 반대되는 것이다.

도덕 상대주의 관점에서 보면 사회적 학습과 구별되는 도덕 발달 개념의 근거는 거의 없다. 도덕성은 문화적 순응이다. 한 인간은 자신의 문화적 가치를 내면화하며 도덕적으로 되는 법을 배운다. 그러면 도덕적 변화의 방향은 문화의 기능일 뿐이다. 더 큰 도덕성을 향하는 내면의 힘은 없는 것이다.

도덕적 합리성

상대주의자들이 주장해 온 것처럼 행동의 도덕적 옳음이나 그름은 그러한 행동을 둘러싼 문화적 맥락의 고려 없이 평가될 수 없다. 또한 도덕 상대주의자들의 주장은 어떤 문화권 내에서 일어난 행동에 대한 도덕적 평가가 종종 다른 문화권의 가치를 기준으로 이루어지며, 따라서 그러한 방식의 평가는 민족 중심적이라는 것을 지적한다는 점에서 옳다고 말할 수 있다. 그러나 우리가 특정 문화를 초월하는 일반적인 도덕 기준을 명확하게 말할 수 있다면, 그러한 기준은 초문화적 도덕 평가의 기초를 제공해 줄 수 있다. 문화를 초월하는 기준을 수립하는 일은 쉽지 않다. 심지어 보편적인 기준이라고 간주되는 것은 일반적으로 우리가 인식하고 있는 것보다 더 민족 중심적이다. 그럼에도 불구하고, 우리는 보편적 기준이 공식화되고, 정당화되며, 적용될 수 있는 가능성을 배제해서는 안 된다. 예를 들어, 여성 할례와 관련하여 앨리슨 슬랙^Alison Slack(1988)은 1948년 12월 UN 총회에서 채택된 세계 인권 선언을 언급하였다. "모든 사람은 생명, 자유, 신체의 안전에 대한 권리가 있다. 누구도 고문이나 잔인하고 비인도적이거나 굴욕적인 대우를 받아서는 안 된다." 이것들은 과연 도덕성의 일반적인 규범인가? 여성 할례는 이들을 위반하는가? 이러한 특정 질문들에 대한 대답이 무엇이든 간에, 특정 문화를 초월하는 기본적 인권과 관련하여 정당화할 수 있는 도덕적 주장이 있을 수 있다는 점은 그럴 듯하다(Morsink, 2009; Moshman, 1995b, 2005; O'Neill, 2004; Perry, 1997; Sen, 1999, 2002, 2009; Shestack, 1998; tiilley, 2000).

다른 예를 생각해 보자. 4명의 아동과 8개의 똑같은 사탕 조각이 있다고 가정하자. 사탕은 어떻게 분배되어야 하는가? 최초의 반응은, 모든 이가 평등하게, 각각 2조각을 가지는 것이다.

하지만 추가적으로 제공되는 정보에 따라, 위와는 다른 결론이 나올 수 있다. 사탕은 수행한 일에 대한 보상이고, 2명의 아동이 다른 2명보다 훨씬 더 많은 일을 했다고 가정해 보자. 아마도 열심히 일한 2명이 3조각씩 가져가고 다른 아동들은 1조각씩 가져가야 할 것이다. 그러나 이것이 처음에 제안된 평등한 분배, 즉 공정성의 기본 원칙을 훼손시키는 것은 아니라는 점을 주지해야 한다. 이는 단지 우리가 고려해야 할 다양한 요인이 있을 수 있다는 점을 상기할 뿐이다.

이제 2명의 아동이 남자이고 2명은 여자라고 가정해 보자. 나와 문화적 배경이 같은 누군가는 이러한 조건이 사탕의 분배에 아무런 차이를 가져오지 않을 것이라고 자연스럽게 반응할 것이다. 그러나 남자 아동을 뚜렷하게 선호하는 문화권에 속한 누군가는 남자 아동이 더 많이 받아야 한다고 주장할 수 있다. 도덕 상대주의자는 그러한 문화권에 있는 남자 아동들이 더 많이 받아야 한다고 제안할 것이다. 이와 같은 분배 방식에 대해 반대하는 나의 주장은 그저 내가 속한 문화권에서 헌신하는 가치에 토대를 두고 있고, 따라서 민족 중심주의적일 뿐이다.

이와는 반대로 도덕성에 대한 합리주의적 관점은 문화적 전통에 대한 주장이 공평한 분배를 규정하는 기본적인 공정성을 무시하기에 충분하지 않다는 점을 주장할 것이다. 분배와 성차의 도덕적 관련성이 입증되지 못한다면, 성은 분배를 위한 기준으로 결코 고려되어서는 안 된다. 이것은 성평등의 원칙이 누구나 받아들여야 할 도덕성의 절대적 기초라는 점을 말하는 것은 아니다. 요점은 그러한 원칙이 어떤 특정한 문화에도 국한되지 않는 인권에 대한 고려로부터 정당화될 수 있다는 것이다. 그러한 원칙이 정당화되는 한, 그 원칙으로부터 이탈하는 것은 이탈에 대한 정당성을 요구받는다. 문화적 전통은 정당한legitimate 고려일 수는 있지만, 자동적으로 종결어가 되는 것은 아니다.

피아제의 도덕 발달 이론

상대주의자와는 달리 합리주의자는 문화적 순응과 도덕성을 구별한다. 그러나 모든 아동들이 문화권 내에서 자란다는 점을 주지한다면, 초월적인 도덕 원칙은 어디에서 비롯되는 것일까? 피아제(1932/1965)는 그의 초기 저술 중 하나에서 이를 정밀하게 언급하였다. 그는 진정한 도덕성은 부모나 문화권의 다른 행위자에 의하여 부여되는 것이 아니라, 오히려 **동료 상호작용**peer interaction의 맥락 속에서 구성된다는 것을 주장하였다(관련하여 Piaget, 1995를 보라).

예를 들어, 8개의 사탕 조각을 어떻게 분배해야 할지 결정해야 할 4명의 아동이 있다고 가정해 보자. 일부 아동들은 자신들이 사탕을 모두 갖기를 원할 수 있다. 그러나 아동 각자는 그들이 사탕 전부나 대부분을 가지는 것이 논리적으로 불가능함을 금방 깨닫게 될 것이다. 이러한 인식은 불화나 적개심도 야기할 수 있다. 한 아동이 사탕 전부를 가지고 도망칠 수도 있다. 사탕의 대부분을 가지게 되는 것은 결국 누가 강하고 빠르며 교활한가에 달려 있다.

그러나 아동들은 토론 과정에서 어떤 아동이 다른 아동보다 사탕을 적게 받는 그 어떤 제안도 사탕을 적게 받는 아동에게 수용될 수 없다는 사실을 어른의 특별한 개입 없이도 깨달을 수 있다. 비록 어느 누구도 본인이 원하는 만큼의 사탕을 가질 수 없지만, 균등한 분배는 불만의 근원이 되는 일을 피하도록 한다. 이러한 상호작용이 여러 번 진행되면서 모든 아동은 어느 누구도 다른 아동보다, 최소한 특별한 이유가 있지 않고서는, 한정된 재화를 더 많이 혹은 더 적게 가질 수 없다는 공정성의 본질을 인식하게 된다. 그리고 이것은 아동의 도덕적 통찰력에 정의와 평등에 대한 고려를 포함시킨다.

그런데 어른이 아동들에게 그저 사탕을 똑같이 나누라고 말하는 것이 보다 효율적이지 않을까? 단기적으로 볼 때, 외부에서 부여된 규칙은 적개심이나 폭력을 피하는 데 효과적일 수 있다. 그러나 피아제는 아동들에게 있어서 그러한 규칙은 힘이나 권위를 가진 자들로부터 비롯된 것이기 때문에, 준수해야 할 많은 규칙 중 단지 하나로 인식된다고 생각했다. 그는 진정한 도덕성이 특정 방식으로 행동하라는 어른들의 강요로부터 비롯될 수 없음을 주장했다. 오히려 도덕성은 동료와의 상호작용 과정을 통해서만 만들어지는 협력과 상호 존중의 규범으로 구성된다. 그리고 이것은 사회적 평등의 기초를 바탕으로 상호작용하는 것이라고 할 수 있다.

그렇다면 도덕성은 부모나 사회의 다른 행위자로부터 학습되는 문화 특수적인 규칙의 문제가 아니다. 오히려 피아제(1932/1965)의 개념에 따르면, 도덕성은 합리적 기반을 가지며 사회적 관계의 고유한 논리에 대해 점점 더 정교한 이해를 구축하는 내부적으로 인도된 과정에 의해 발달한다. 도덕 발달은 아동들이 다른 아동들과 상호작용하며 "합리적 협력의 영속적인 법칙"을 점점 확보함으로써 비롯된다(p. 72).

피아제의 연구에도 불구하고, 적어도 20세기 중반 미국의 심리학에서는 상대주의자가 주장하는 사회적 순응으로서의 도덕성 개념을 받아들이고자 하는 경향이 있었다. 특히 사회 학습 이론social learning theory은 순응성, 즉 성인의 행동과 사회적으로 승인된 행동의 모방 및 강화가 연령에 따라 증가하는 정도를 설명하고자 하였다. 그러나 1950년 시카고 대학의 대학원생 로렌스 콜버그Lawrence Kohlberg(1927-1987)는 피아제의 연구를 토대로 도덕성의 인지적 측면을 강조한 보다 확장된 발달 이론을 제시했다. 그는 피아제와 마찬가지로 도덕성이 합리성에 토대를 두고 있으며 적극적으로 구성된다고 생각하였다. 그러나 피아제가 아동기를 강조한 반면, 콜버그의 이론은 도덕 발달이 보통 청소년기를 거쳐 성인이 되어서도 계속된다고 가정한다.

콜버그의 도덕 발달 이론

콜버그(1981, 1984)는 도덕성이 질적으로 구분되는 일련의 단계를 거쳐 발달한다고 제안했는데(Boom, 2010), 각 단계는 더 높은 수준의 도덕적 합리성을 나타낸다(Arnold, 2000). 단계는 관련된 추론의 형태에 기초하여 추상적으로 정의된다. 피아제의 전통에 따라, 콜버그는 도덕성이 타고난 것도 아니며 학습된 것도 아니라고 주장했다. 오히려 발달은 도덕적 쟁점에 대하여 이전의 사고방식에 의해 생산된 갈등과 모순을 해결할 수 있는 일련의 인지 구조의 적극적 구성을 포함하고 있다.

도덕 발달에 대한 평가는 개인이 지닌 특정한 도덕적 신념이나 그들이 내린 결론보다는, 개인이 도덕 딜레마를 해결하기 위해 어떠한 방식으로 추론하는지에 초점을 맞춘다. 그리고 이를 위해 도덕 딜레마 및 인터뷰 질문, 면접 대상자들의 응답을 평가하기 위한 세부 채점 매뉴얼이 개발되었다. 1950년대부터 콜버그와 그의 동료 및 후속 연구자들은 수천 명의 아동들과 청소년 그리고 성인들을 대상으로 연구를 수행하여 이론을 검증하고 개선해나갔다. 수집된 증거에 따르면 다양한 문화 및 종교적 배경을 지닌 모든 연령대의 남성과 여성은 콜버그가 제안한 단계로 분류될 수 있으며, 가정된 순서대로 해당 단계들을 통해 발달한다(Boom, Wouters, & Keller, 2007; Boyes & Walker, 1988; Dawson, 2002; Gibbs, 2010; Gibbs, Basinger, Grime, & Snarey, 2007; Kohlberg, 1984; Lapsley, 1996; Snarey, 1985; Walker, 1989; Walker, Gustafson, & Hennig, 2001; Walker 8c Hennig, 1997). 각각의 단계에 대하여 설명하면 다음과 같다.

단계 1: 타율적 도덕성Heteronomous Morality

콜버그에 따르면, 어린 아동들의 도덕성은 **자율적**이기보다는 **타율적**인 것으로 해석된다. 즉, 그것은 외부에서 부여된 규칙을 따르는 문제로 해석된다. 규칙 그 자체 혹은 복종을 요구하는 것에 대한 정당화가 요청되지 않는다. 오히려 아동들은 부도덕한 행동은 부도덕하기 때문에 처벌받고, 처벌받는 것은 부도덕하다는 직관적 감각intutive sense이 있다. 다른 말로 말해서 도덕적인 것은 처벌받지 않는 것이다.

이러한 도덕적 지향의 핵심은 선과 악이 행동에 내재되어 있다는 인식과 좋은 행위와 나쁜 행위가 무엇인지에 대한 지식이다. 여기서 그러한 지식은 그것을 아동들에게 전달하는 역할을 하는 부모나 기타 권위자들에 의해서 결정된다. 누군가에 대해 말하는 것이 왜 잘못된 것인지 묻는 질문에 아동은 다음과 같이 대답할 것이다. "왜냐하면 그것은 고자질하는 것이니까요." 고자질은 본질적으로 잘못된 것으로 여겨지는데, 그 이유는 그것이 잘못되었다고 권위자가 말했기 때문이다. 더 이상의 분석이나 정당화는 생각될 필요가 없다.

단계 2: 개인주의와 교환Individualism and Exchange

인지 발달 과정에서 아동들은 자신만의 관점보다 사회적 관점의 존재를 점점 더 인식하게 되며, 그러한 다양한 관점을 더욱더 이해하고 조정할 수 있게 된다. 사람들은 모두 각자 다른 흥미를 가지고 있고 그것들이 종종 충돌하는 경우가 있다는 것을 인식하면서, 2단계의 아동들은 상당한 정도의 계몽된 자기 이익을 보인다. 그들은 자신이 원하는 것을 얻으려면, 다른 사람의 필요를 인정하고 이에 반응해야 한다는 것을 이해한다.

그렇다면 2단계 도덕성은 다른 사람이 자신의 이익을 추구할 권리에 대한 존중을 어느 정도 포함하고 있다. 그러나 2단계 도덕주의자는 다른 사람의 복지가 아닌 자기 자신의 복지에 관심이 있다. 이 단계에 위치한 아동들은 내가 만일 다른 사람을 방해한다면, 다른 사람도 나를 방해할 가능성이 높다는 것을 인식하고 있다. 공정한 거래와 동등한 교환을 추구하는 의지는 우리 모두에게 이익이 되는 것이다.

2단계는 1단계의 도덕 규칙을 갈등하는 사회적 관점들의 중재 필요성에 기초하여 정당화하고 세련되게 할 수 있다는 점에서 더 높은 수준의 도덕적 통찰력으로 간주될 수 있다. 나는 당신이 나를 고자질하는 것을 원하지 않기 때문에 나도 당신을 고자질하지 않는다. 그러나 여기서의 도덕성은 엄격하게 말하면 일종의 "눈에는 눈, 이에는 이이다tit for tat" 콜버그 학파의 연구에 따르면 2단계 도덕 추론은 10세까지 지배적이지만, 1단계 사고는 이 연령대에서도 여전히 일반적이며 일부는 3단계 추론을 이미 보이고 있다.

단계 3: 상호 기대^{Mutual Expectation}

이후의 사회—인지 발달은 점점 더 정교한 관점 채택을 포함하고 있다. 2단계에 위치한 개인들은 또 다른 개인의 관점에서 상황을 바라볼 수 있는 반면에, 3단계에서는 관련된 개인들 간의 관계의 관점에서 사회적 상호작용을 이해할 수 있다. 그러므로 3단계는 2단계에 비해 사회적 역할과 관계에 대한 보다 큰 이해를 포함한다.

3단계 도덕주의자는 자신의 목적을 위해 누군가를 이용하는 관점에서 상대를 보지 않는다. 그는 그 자체로 중요한 상호 신뢰와 충성심을 바탕으로 관계를 본다. 또한 그는 가까운 사람들의 기대에 부응하고 다양한 역할들을 달성하며 살아야 할 도덕적 의무감을 느낀다. 그는 좋은 친구, 아들 혹은 딸, 형제자매, 부모가 되고 싶어 한다. 왜냐하면 그는 진정으로 다른 사람들을 신경 쓰며, 그들이 자신을 좋은 사람으로 보기를 원하기 때문이다.

3단계 추론은 보다 광범위한 틀에서 2단계의 고려사항들을 위치시킨다는 점에서 2단계 추론을 넘어선다. 다양한 관점에 대한 (2단계의) 고려는 계속되지만, 이제는 사회적 관계의 관점으로부터 발생한다. 콜버그 학파의 연구에 따르면, (이미 일부 개인이 10세 정도의 이른 나이에 보이는) 3단계의 추론은 청소년기에 점차 지배적인 단계가 되어 간다. 또한 2단계의 추론은 이에 상응하는 쇠퇴를 보이고 1단계 추론은 사라진다.

단계 4: 사회 체계^{Social System}

4단계는 전체로서의 사회 체계 관점에서 도덕적 결정이 내려지는 광범위한 사회적 관점을 더 많이 보여준다. 다른 사람과의 직접적인 상호작용에 기초하여 도덕적 관습을 받아들이기보다는, 그러한 관습은 이제 사회적 제도에 대한 추상적 이해를 바탕으로 세련되어진다. 사회 체계는 적절한 역할, 규칙, 그리고 관계를 정의한다. 개인적 관계는 여전히 중요하지만, 이는 사회 체계에 핵심적이라고 여겨지는 법적, 종교적, 혹은 다른 관점으로부터 다시 고려된다. 그 체계를 유지하는 것이 개인의 근본적인 도덕적 의무이다.

4단계에서는 새롭게 구성된 사회에 대한 추상적 개념을 토대로 개인들 간 관계에 대한 3단계의 고려를 정당화하고 정련한다. 문화 간 연구는 전통 문화에 초점을 맞추고 사는 개인이 더 복잡한 정부와 법체계, 제도를 가진 사회에서 활동하는 개인보다 3단계 이후의 도덕적 이해를 구성할 가능성이 더 적다는 점을 보여주고 있다. 콜버그 학파는 **평형을 통한 발달**이라는 피아제 학파의 개념과 일관되게, 3단계 이후의 진전은 (면대면 관계의 3단계적 개념에 기초를 두어서는 이해될 수 없는) 사회 제도와의 경험에 의해 촉진된다고 주장한다. 요점은 그러한 사회가 4단계 도덕성을 **가르치는 것**이 아니라는 것이다. 오히려 그 사회의 구조가 도덕 발달에 도움이 되도록 만든다. 콜버그 학파의 연구는 미국과 같은 사회에서 4단계 추론이 청소년기 동안 점점 일반적이게 되며, (비록 3단계 추론이 일반적으로 남아 있기도 하지만) 대부분의 성인에게 지배적인 도덕적 이해 방식이라는 점을 보여준다. 하지만 2단계 추론도 청소년 및 성인에게서 발견된다.

단계 5: 사회 계약 Social Contract

5단계는 보다 진전된 관점의 전환을 포함하고 있다. 5단계에서는 도덕적 쟁점을 사회 체계의 관점에서 배타적으로 해석하기보다는 사회에 선행하는 관점 Prior-to-society perspective에서 사회 체계를 평가하고자 한다. 매우 추상적인 도덕적 수준에서의 사회는 상호 이익을 위한 합리적 계약으로 간주된다. 법은 반드시 개인의 권리 존중과 함께 공정한 절차를 거쳐 결정된다. 그러므로 법과 전체 사회 체계는 이제 **인습 이후의 도덕 원칙**postconventional moral principles에 기초하여 도덕적으로 평가될 수 있다.

콜버그 학파의 연구는 5단계 도덕 추론이 문화가 충돌하는 복잡한 사회에서 발달할 가능성이 가장 높다는 것을 보여준다. 인습적인 도덕 추론, 즉 정교한 수준에서 구성된 4단계 추론만으로는 갈등하는 사회 체계를 중재할 수 없다. 따라서 개인은 특정 문화를 넘어서며 문화 간 분석을 가능하게 하는 인습 이후의 추론을 구성하고자 하는 동기를 갖게 된다. 그러나 그러한 추론이 발달한 사회에서조차도 성인이 되기 전에는 이 단계를 거의 볼 수 없으며 모든 연령대에서 드물게 나타난다.

단계 6: 보편적 윤리 원칙Universal Ethical Principles

콜버그는 특정한 자의식적 도덕 체계self-conscious moral systems(예를 들어, Habermas, 1990, 또는 Rawls, 1971, 2001)가 5단계 윤리 원칙에 대한 메타윤리적 평가, 재구성 및 정당화를 제공한다는 점에서 6단계 도덕성으로서 해석될 수 있다고 믿었다. 도덕 철학의 심원한 영역, 법이나 신학과 관련된 분야 외에는, 인간의 추론이 이러한 수준에 도달했다는 증거는 없다.

콜버그 이론에 기초한 연구

앞서 언급했듯이, 콜버그의 이론을 지지할 많은 증거가 있다. 서로 다른 연령대의 개인들을 비교한 횡단 연구에 따르면, 모든 연령대의 사람들은 콜버그가 제안한 체계에 기초하여 분류될 수 있으며, 예상한 바와 같이 연령의 증가와 단계의 상승은 정적인 상관관계가 있었다(Kohlberg, 1984). 수년의 기간 동안 몇 번에 걸쳐 개인의 도덕 발달을 평가한 종단 연구에서도 각 단계는 다음 단계에 있어 필수적이며, 따라서 예측 가능한 단계의 전환 및 단계의 통합 패턴을 통하여(Walker et al., 2001) 한 번에 한 단계씩 발달이 진행됨(Walker, 1989)을 보여주었다. 이해력 연구comprehension studies에서는 콜버그 학파가 주장한 도덕적 스키마가 도덕적 서사를 이해하는 데 영향을 미친다는 점을 입증하였다(Narvaez, 1998; Rest, Narvaez, Bebeau, & Thoma, 1999). 선호 연구preference studies에 따르면, 사람들은 적어도 자신이 도달한 수준까지는, 콜버그 이론에서 가정한 단계의 위계적 구조와 일치하는 방식으로 도덕 추론의 예들을 평가하는 것으로 나타났다(Boom, Brugman, & van der Heijden, 2001). 실험 연구에서는 비록 자신이 처한 환경적 요인으로부터 이득을 얻게 된 개인일지라도 단지 그 환경에서 이루어진 추론을 모방하지 않고, 오히려 그들이 위치한 현 단계를 넘어서는 추론의 단계로 나아간다는 점이 확인되었다(Walker, 1982). 그리고 상관관계 연구에서는 "도덕 추론에서 보다 진보된 청소년은 그들의 행동에서 도덕적일 뿐만 아니라, 보다 잘 적응하고 사회적 역량도 높다"는 점이 입증됐다(Eisenberg, Morris, McDaniel, & Spinrad, 2009, p. 236; Stams et al., 2006도 참고).

　더욱이 콜버그 학파의 연구가 문화 전반에 걸쳐 이론의 일반성을 보여주었다는 점은 특히 주목할 만하다(Boom et al., 2007; Boyes & Walker, 1988; Gibbs, 2010; Gibbs et al., 2007; Snarey, 1985). 존 스내레이John Snarey(1985)는 콜버그 학파의 도덕 판단 인터뷰를 사용하여 수행된 27개국의 45개 연구를 종합적으로 검토한 바 있다. 더 나아가 존 깁스John Gibbs와 동료들(2007)은 스내레이의 연구를 토대로 후속 연구를 진행하였다. 특히 이 연구는 콜버그 이론의 1~4단계를 토대로 개발된 사회도덕적 성찰 측정 도구measure of sociomoral reflection를 활용하여 23개국에서 수행된 75개의 연구에 대한 분석을 추가적으로 포함하고 있다. 전

세계 42개국에서 표집된 전체 데이터베이스에는 종교, 언어, 교육, 사회경제적 지위, 도시 환경 및 농촌 환경 등과 같은 다양한 집단이 포함되어 있었다. 이러한 다양성에도 불구하고 연구 결과는 콜버그 단계의 적용성과 위계적 순차성을 뒷받침하고 있다. 특히 청소년기로의 전환과 관련하여 깁스 등은 다음과 같은 점을 발견하였다(2007).

> 아동기 후기부터 청소년기 초반까지, 도구적(2단계) 도덕 판단에서 상호주의적(3단계) 도덕 판단으로의 질적 변화는 다양한 문화와 여러 평가 방법에 걸쳐 나타날 만큼 강력했다. 이러한 변화는 구체적인 것에서 이상적인 것으로의 변화, "행해졌으면 하는 바대로 행하라"는 피아제(1932/1965)가 말한 도덕적 상호주의로의 변화, 콜버그(1984)와 스내레이(1985)가 주장한 인습이전 수준에서 인습 수준으로의 변화, 그리고 깁스(2010)가 주장한 표준적인 발달 미성숙 수준에서 성숙 수준으로의 발달로 특징지어져 왔다. 이 변화는 여성의 경우 일반적으로 다소 일찍 발생하며 비행 청소년의 경우에는 훨씬 늦게 발생하는데, 이는 사회적 관점 채택이 제공되는 기회의 차이와 관련될 수 있다는 점을 시사한다.
>
> (p. 489)

그러나 그렇다고 해서 콜버그 이론이 도덕 발달을 정확하고 포괄적으로 설명하는 것은 아니다. 수많은 연구에 의하면, 3세나 4세 정도의 아동들은 콜버그 학파의 기대와는 달리 이미 사회적 관습과 도덕성을 구분하는 것으로 나타났다(Killen, 1991; Nucci, 2001; Smetana, 2006; Turiel, 2002, 2006a). 그리고 만약 우리가 발달 척도의 보다 진보된 목표로서 5단계를 표준적인 도덕 발달standard moral development의 일부로 포함시키고자 한다면(('표준적인 도덕 발달'을 넘어서는) '실존적인 도덕 발달existential moral development'의 단계로서 5단계와 6단계에 대한 검토는 Gibbs, 2010을 참고), 5단계 개념에 대하여 좀 더 다원적인 접근을 취할 필요가 있다(Snarey, 1985). 또한 콜버그의 인지 이론은 도덕 발달에 있어서 정서와 공감의 역할을 적절하게 고려하지 않았다(Gibbs, 2010; Hoffman, 2000; Kristjánsson, 2009). 게다가 인지 이론은 무엇이 발달하는지에 초점이 맞추어져 있기 때문에, 맥락에 따른 특수한 도덕 기능을 제대로 다루지 못하고 행동에 영향을 미치는 상황적 요인을 과소평가한다(Arnold, 2000; Brugman, 2010; de Wolff & Brugman, 2010; Kim & Sankey, 2009; Krebs & Denton, 2005; Lapsley, 1996; Reed, 2009; Rest, 1983, 1984; Rest et al. 1999; Walker & Hennig, 1997). 그리고 정의justice에 초점을 맞추고 있는 콜버그의 이론은 배려care나 덕virtue의 역할에 대해서는 적절한 답변을 내놓지 못한다.

결론

피아제의 형식적 조작 이론과 마찬가지로 콜버그의 이론은 도덕성의 발달과 관련하여 학문적으로 큰 공헌을 했다. 그러나 합리성에 대한 광범위한 고려가 이론가들과 연구자들로 하여금 주로 논리에 초점을 둔 피아제의 관점을 넘어서게 했다는 것을 상기할 필요가 있다. 이제 살펴보겠지만, 많은 사람들은 도덕성에는 콜버그 철학이 꿈꾸었던 것보다 훨씬 더 많은 것이 있다고 믿는다.

6장

정의, 배려 그리고 덕

> 목적 그 자체(합리적 존재)의 보편적 영역이라는 영광스러운 이상을 통해 도덕법에 대한 활발한 관심이 우리 안에서 깨어날 수 있다. 우리는 오로지 우리가 자유의 준칙에 따라, 마치 그것이 자연법인 것처럼, 주의 깊게 행동할 때에만 그 영역의 구성원이 될 수 있다.
>
> – 임마뉴엘 칸트
> (1785/1959, p. 82)

> 우리는 이 일반적인 설명을 단지 기술할 뿐만 아니라 구체적인 사례에도 적용해야 한다. 비록 행동에 관한 설명 중에서 일반적인 것이 더 많은 경우에 공통적이기는 하지만, 행동은 구체적인 경우에 관한 것이기 때문에 구체적인 것이 더욱 참이다. 우리의 설명은 이것들과 조화를 이루어야 한다.
>
> – 아리스토텔레스
> (1985, p. 46)

1970년대까지 콜버그의 이론은 도덕 발달에 대한 연구, 특히 청소년기와 초기 성인기와 관련된 도덕 발달 연구에서 탁월한 접근 방식이었다. 그 이후로 청소년기 도덕성에 관한 연구가 풍부해졌으며, 다양한 이론적 관점들이 제안되었다(Arnold, 2000; Bergman, 2002, 2004; Blasi, 1984; Carlo, 2006; Eisenberg, Fabes, & Spinrad, 2006; Gibbs, 2010; Gilligan, 1982; Lapsley, 1996; Moshman, 1995b, 2005; Nucci, 2001; Turiel, 2002, 2006a, 2006b, 2008). 여기서 많은 이론적 차이가 발생했는데, 이는 도덕성의 본질에 대한 근본적인 질문을 포함하고 있다. 사람들이 도덕성이라고 할 때, 그것은 무엇을 의미하는가? 이론가들이 말하는 도덕성은 무엇을 의미하는가? 우리가 도덕 발달을 연구할 때, 우리는 정확하게 무엇의 발달을 연구하고 있는가?

도덕 영역의 개념

도덕성에 관한 연구는 무엇을 연구해야 하는가? 분명 도덕성에 관한 연구는 폭력적 행동에 대한 연구 및 폭력이 정당화되거나 정당화되지 않을 때에 대한 믿음을 다룰 수 있다. 마찬가지로 우리는 도덕 발달 연구자들이 청소년들의 맞춤법 문제나 패션 감각, 혹은 정확히 노래하는 능력 등 일반적으로 도덕적 쟁점이라고 여겨지지 않는 것들에 초점을 맞춰서는 안 된다는 점에 동의한다.

하지만 청소년의 약물 사용, 성적 행동, 우정, 공동체 활동, 공감, 혹은 인성에 대한 연구는 어떠한가? 특정 연구가 도덕성과 관련되는 것으로 간주되는지의 여부는 무엇이 연구되고 어떤 결과가 산출되는지 뿐만 아니라, 도덕 영역이 어떻게 해석되는지에 따라 결정된다. 도덕성 연구는 무엇이 도덕적 쟁점인가에 대한 연구자의 가정을 항상 반영한다. 그러한 가정은 종종 당연한 것으로 받아들여지는데, 특히 그것이 널리 공유될 때 그러하다. 그러나 1970년대 이후 도덕 발달

이론가들은 (도덕 발달 연구를 인도해 왔고 인도해야 하는) 도덕 영역의 개념을 명시적으로 밝히는 것의 중요성에 대해 점차 인식하게 되었다.

도덕 발달과 관련된 문헌들을 검토해보면, 도덕의 영역은 크게 네 가지 개념으로 구분된다는 점을 확인할 수 있다. 이 중 하나는 5장에서 제시된 콜버그의 정의와 권리 존중justice and respect for rights으로서의 도덕성 개념이다. 두 번째 개념은 도덕성을 근본적으로 배려와 연민care and compassion의 문제로 해석한다. 세 번째 개념은 인성과 덕character and virtue에 대한 문제를 강조한다. 네 번째 개념은 5가지 도덕적 기반moral foundations을 상정한다. 본 장에서는 콜버그의 도덕 영역 개념에 대한 이러한 대안들을 살펴볼 것이다. 그리고 청소년기 도덕 발달에 있어 원칙과 관점 채택의 역할, 그리고 도덕성과 도덕 발달에서의 문화적 다양성에 관한 주장을 다룰 것이다. 끝으로 8장에서, 나는 현재까지의 이론들을 종합하고 다양한 경험적 발견들을 조화시키기 위한 노력의 일환으로 도덕 발달 개념을 제안할 것이다. 내가 제안한 도덕 발달 개념은 콜버그의 것보다는 잠재적으로 보다 다원적이지만, 도덕적 합리성moral rationality의 합리적 구성에 대한 그의 강조가 여전히 유지되고 있다.

배려로서의 도덕성이 지닌 친사회적 개념

많은 이론가들 가운데 캐롤 길리건Carol Gilligan(1982)은 콜버그의 이론이 도덕에 대한 지나치게 좁은 개념에 기초하고 있다고 주장했다. 구체적으로 볼 때, 그녀는 콜버그의 이론이 정의로서의 도덕성 개념에 기초해 있다고 보았다. 그녀는 콜버그의 단계들이 정의 개념의 발달에 대한 단계들로서 가장 잘 이해된다고 주장했다. 그러나 길리건의 관점에서 볼 때, 도덕성은 정의 그 이상의 것이다. 그러므로 그녀는 이론의 범위를 확장하고 배려의 도덕성을 가정함으로써 도덕 발달 연구 역시 확장하고자 했다.

길리건의 분석에서, 정의와 배려의 차이점은 무엇인가? 정의는 개인의 권리에 초점을 맞추지만, 배려는 다른 사람에 대한 책임에 초점을 맞춘다. 정의는 개인의 자율성을 높이 평가하는 반면, 배려는 관계를 가치 있게 생각한다. 정의는 부당한 간섭을 피하려고 하는 반면, 배려는 도움을 추구한다. 정의가 추상적인 규칙과 원칙의 적용을 강조하는 반면, 배려는 사회적 맥락에 대한 민감성을 강조한다. 정의가 엄격한 평등과 공정을 강조하는 반면, 배려는 연민을 강조한다. 그렇다면 정의로서의 도덕 발달은 개별화와 추상화를 향해 나아가는 반면, 배려로서의 도덕 발달은 연결, 포용, 그리고 맥락적 민감성을 향해 나아간다.

길리건(1982) 이론에서 가장 논란이 되는 점은 정의 지향의 도덕성은 남성의 도덕성인 반면, 배려는 여성의 목소리를 나타낸다는 주장에 있다. 길리건이 볼 때, 정의로서의 도덕성에 대한 콜버그의 관심은 그의 이론에 영향을 준 철학자들, 그리고 그의 초기 연구에 데이터를 제공해준 연구 참여자들이 모두 남성이라는 사실을 반영하고 있다.

그러나 길리건이 수집한 자신의 데이터는 대부분 개인적 진술에 의존하고 있다. 도덕 발달의 성차에 대한 방대한 문헌을 보다 체계적으로 검토해보면, 그녀가 주장한 남성과 여성의 도덕적 지향의 차이는 지지되지 않는다(Brabeck & Shore, 2003; Dawson, 2002; Jaffee & Hyde, 2000; Walker, 1984, 1991, 2006). 남성과 여성 모두 정의와 배려의 관점에서 추론한다. 특수한 경우에 있어서의 실제 추론은 사고하는 사람의 성보다는 딜레마의 본질과 훨씬 더 큰 관련이 있다(Helwig, 1995a, 1997, 1998; jadack, Hyde, Moore, & Keller, 1995; Juujärvi, 2005; Pratt, Skoe, & Arnold, 2004; Smetana, Killen, Turiel, 1991; Turiel, 2006a; Wainryb, 1995; Walker, 1989; Wa가 & Krebs, 1996, 1997). 심지어 도덕 추론 및 도덕적 행동에 대한 측정 결과가 성과 유의미한 상관관계를 보일 때조차, 가장 높게 조사된 수치가 보통 수준의 상관관계에 머물러있었고, 양자 간의 연관성은 복잡하고 일관되지 않은 패턴을 보여주었다(Carlo, 2006; Carlo, Koller, Eisenberg, Da Silva, & Frohlich, 1996; Eisenberg et al., 2006; Eisenberg, Morris, McDaniel, & Spinrad, 2009; Turiel, 2006a; Walker, 2006; Walker & Pitts, 1998). 더욱이 성이 행사하는 구체적인 영향력이 무엇이든 간에 그 영향력은 다양한 문화적 맥락에 따라 달라질 가능성이 높다(Turiel, 2002, 2006a). 그러므로 대부분의 심리학자들은 도덕적 지향이 **남성적인 것**과 **여성적인 것**으로 분류된다거나, 특정 성과 연결된다는 생각에 대해서 회의적이다.

그러나 배려로서의 도덕성이 여성, 혹은 여성다움과 특별한 관련이 없다고는 해도, 도덕성에 대한 배려 지향적 개념은 콜버그가 처음에 간과하였던 도덕 영역의 중요한 측면을 강조할 수 있다. 콜버그 자신도 인간에 대한 근원적 존중을 박애와 정의benevolence and justice라는 이중적인 측면으로 바라보게 되었다(Kohlberg, Boyd, & Levine, 1990; Strike, 1999도 참고). 더욱이 친사회적 추론과 행동 간의 관계는 아동(Eisenberg et al., 2006)과 청소년(Eisenberg, Carlo, Murphy, & Van Court, 1995; Eisenberg, Cumberland, Guthrie, Murphy, & Shepard, 2005; Eisenberg et al., 2009; Eisenberg, Zhou, & Koller, 2001), 그리고 성인(Colby & Damon, 1992; Eisenberg et al., 2002)을 대상으로 오랜 기간 동안 연구되어 왔다.

낸시 아이젠버그Nancy Eisenberg와 동료들(Eisenberg et al., 1995, 2002, 2005, 2009)은 친사회적 도덕 발달을 조사하고자 하는 야심찬 종단 연구를 수행한 바 있다. 이 연구에서 아이젠버그와 동료들은 4세와 5세의 아동들이 25세와 26세가 될 때까지 12차례에 걸쳐 그들의 친사회적 추론 및 관련된 특성들을 평가했다. 종단 연구 결과, 친사회적 추론의 발달은 청소년기까지 계속되었지만, 아동기 이후의 발달적 변화는 아동일 때 보였던 변화보다는 덜 선명하게 나타났다. 가장 진보된 친사회적 추론을 보여주는 청소년들은 다른 사람의 관점을 가장 잘 이해하는 경향이 있었다. 진보된 도덕성과 진보된 관점 채택 간의 관계는 친사회적 발달에 관한 또 다른 연구(Carlo, 2006; Eisenberg et al., 2001, 2009)뿐만 아니라, 콜버그 학파의 이론 및 연구(Carpendale, 2000; Gibbs, 2010; Kohlberg, 1984; Moshman, 2005; 7장도 참고)와도 일치한다.

정의와 배려의 이론적 관계는 계속되는 논쟁의 문제라고 볼 수 있다. 일부 이론가들은 사회적 관계 안에 근본적이면서도 불가분하게 내재되어 있는 도덕적 자아moral self에 대한 인식의 측면에서 길리건의 이론이 콜버그의 이론보다 우수하다고 언급해왔다(Day & Tappan, 1996). 그러나 여러 연구들에 따르면 아동과 청소년은 발달의 과정에서 비인격적인 관점으로부터 점차 사회적 관계에 대해 성찰할 수 있게 된다(Martin, Sokol, & Elfers, 2008; Selman, 1980). 그리고 그러한 발달은 도덕 발달과 정적 관계에 있다(Gibbs, 2010; Kohlberg, 1984). 대부분의 발달론자들은 배려와 연민을 정의와 개인 권리에 대한 관심을 보완하는 것으로 보고 있다. 그러므로 그들은 정의 이론으로서 콜버그 이론의 가치는 인정하지만, 도덕성에 대해서는 다소 광범위한 개념을 선호한다(Carlo, 2006; Carlo et al., 1996; Eisenberg, 1996; Eisenberg et al., 1995, 2006; Turiel, 2006a; Walker & Hennig, 1997; Walker & Pitts, 1998).

덕으로서의 도덕성이 지닌 행복주의적 개념

정의와 인권에 대한 콜버그 학파의 관심에 배려와 연민, 그리고 친사회적 관계에 대한 고려를 추가하는 것은 도덕의 영역을 넓혀준다. 그러나 로버트 캠벨Robert Campbell과 존 크리스토퍼John Christopher(1996a, 1996b)는 도덕성에 여전히 무엇인가가 더 있다고 믿었다. 그들은 도덕적 행동과 발달에 대한 현대의 연구가 비록 언뜻 보기에는 다양하지만, 임마뉴엘 칸트(1724-1804)의 도덕 철학에 지나치게 영향을 받았다고 주장했다. 그들은 칸트의 강력한 영향이 정의의 형식적 원칙에 대한 지나친 강조(콜버그 및 엘리엇 튜리엘Elliot Turiel과 같은 신 콜버그주의자의 경우)와 다른 사람에 대한 지나친 관심의 강조(길리건이나 아이젠버그와 같은 이론가들의 경우)를 초래했다고 언급했다.

비록 캠벨과 크리스토퍼(1999b)가 유교, 티베트 불교, 정통 힌두교를 포함하는 수많은 대안적 도덕 개념을 제안했지만, 그들의 주 관심은 고대 그리스 철학자 아리스토텔레스까지 거슬러 올라가는 도덕 철학인 행복주의eudaimonism였다(1985; Hursthouse, 1999). 행복주의는 인성, 덕, 그리고 인간 번영의 도덕적 관련성을 강조한다. 그리고 이러한 강조는 정의나 권리, 타인에 대한 관심과 배려를 넘어 개인적인 가치를 도덕의 영역에 포함시킨다.

> 행복주의적 관점에 있어 개인과 재산에 대한 권리는 도덕적 표준moral standards의 일부이며 보다 깊은 도덕 원칙의 한 결과이다. 정직, 고결함integrity, 자신의 특별한 탁월성을 추구하는 것과 같은 개인적인 도덕적 표준은 도덕 분야에 핵심이다. … 이것은 실천적 지혜, 경합하는 선들 가운데서 선택하고 균형을 맞추는 기술이다.
> (Campbell & Christopher, 1996b, p. 17)

캠벨과 크리스토퍼의 관점(1996b)은 도덕 발달 연구에 있어 칸트를 넘어서는 매우 주요한 시사점을 제공한다.

> 우리가 도덕 발달 연구에 대한 칸트적 모델을 더 이상 수용하지 않을 때, 많은 가능성이 열린다. 콜버그가 믿고 싶었던 것처럼 도덕 발달은 단지 인지 발달의 한 영역인가? 아니면 도덕 발달을 연구하는 사람들은 목표, 가치, 정서, 성격, 행동 습관을 다루어야 하는가? 권리와 정의에 대한 질문 혹은 타인을 배려하는 것과 관련된 질문에 대해서, 사람들이 자신의 도덕적 정향성을 발달시키는 문제는 다른 사람들과의 관계에만 한정되어야 하는가? 아니면 우리는 자기 개념, 자기 이해, 그리고 개인이 스스로 설정한 이상과 목표를 다루어야 하는가?
> (p. 35)

별도의 답변에서 아이젠버그(1996)와 헬윅Helwig, 튜리엘과 누치Nucci(1996)는 도덕 발달에 대한 현대 연구가 다양한 철학 및 심리학적 영향들을 반영하고 있다고 주장했다. 이는 행복주의적 관심을 포함하는 것으로, 캠벨과 크리스토퍼가 믿는 것처럼 칸트주의에 가깝지는 않다. 그들은 칸트주의에 눈먼 자들이 도덕 발달 연구를 과하게 제한시켜 왔다는 주장에 동의하지 않았다.

게다가 헬윅 등(1996)은 행복주의적 관점 그 자체가 문제를 야기한다는 점을 덧붙였다. 칸트(1785/1959), 피아제(1932/1965), 롤스(1971) 등에 이어, 콜버그는 정의의 문제로 도덕 영역을 제한하고 모든 사회 속 모든 인간의 근본적 권리를 존중하는 원칙을 전제함으로써 도덕성에 대한 합리적 기초를 확립하고자 시도했다. 비록 주어진 원칙에 대한 합리적 기초가 논쟁적일 수는 있지만, 적어도 그러한 접근 방식은 정당한 도덕성을 이끌어 낼 수 있는 가능성이 있다. 성격personality에 대한 광범위한 고려를 포함하도록 도덕성의 범위를 확장하고자 한다면, 개인과 문화에 따라 크게 달라지는 다양한 개인적 목표와 가치가 도덕 영역에 포함된다. 캠벨과 크리스토퍼는 이를 좋은 것이라고 생각했지만, 헬윅, 튜리엘, 누치는 이러한 생각이 과연 좋은 것인지에 대해 확신하지 않았다. 우리는 어떤 구체적인 가치를 언급하고 있는 것인가? 좋은 인성은 어떤 가치들의 집합으로 구성되는가? 덕과 인성에 대한 판단은 개인과 문화에 따라 달라지지는 않는가? 비록 캠벨과 크리스토퍼가 명백하게 도덕 상대주의를 거부하고 도덕성에 대한 합리적 기초를 분명하게 추구했지만, 어떻게 행복주의적 접근이 상대주의를 피하거나 합리성을 확립할 수 있는지는 명확하지 않다.

예를 들어, 근면, 충성, 책임, 용기의 덕을 생각해 보자. 이들 덕의 좋음을 부정하기는 어렵다. 그러나 이것들이 도덕적 덕moral virtues인가? 911 테러범들은 분명 이 네 가지 인성적 특질에 있어서 높은 점수를 받은 것으로 보인다. 그렇지 않다면, 그들이 한 일을 성취할 수 없었을 것이다. 하지만 덕의 좋음은 그들의 행동을 도덕적으로 만들지 않는다. 이러한 개인적이고 사회적인 덕들은 개인과 집단이 그들의 목적을 달성하도록 돕는다. 그 목적에 도덕성이 있는지 여부와는 상관없이 말이다. 도덕과 무관한 덕들^{nonmoral virtues}은 우리 삶에 있어서 중요한 역할을 수행한다. 그러나 그것들은 다양한 목적으로 사용될 수 있으며, 그들 모두가 정의와 배려에 대한 고려와 일치하는 것은 아니다.

콜버그(1970)가 훌륭하게 주장한 바와 같이, 도덕성은 '덕목 보따리^{bag of virtues}'가 아니다(p. 63). 행복주의는 여전히 윤리학(Hursthouse, 1999)과 정체성 이론(12장 참고)에 있어서 중요한 접근 방식으로 남아 있지만, 많은 철학자들은 도덕 이론으로서의 역할을 하는 콜버그(1981)의 회의론을 공유해 왔다. 지난 세기 초반에 존 듀이^{John Dewey}(1916/1997a)는 덕이 '몇몇 이름을 붙일 만한 가치가 있는 배타적인 인성 특질들^{traits}'을 계발하는 문제가 아니라고 경고했다. 금세기에 콰메 앤소니 애피아^{Kwame Anthony Appiah}(2008)는 행복주의란 좋은 삶에 관한 것이며 도덕성보다는 훨씬 더 큰 문제라는 것을 설득력 있게 주장했다. 그러므로 덕은 정의 및 배려와 등등하지 않다. 덕은 행동이 아니라 인성의 문제이다. 그리고 덕은 공정한 행동과 연민적 행동을 포함하지만 그것보다는 훨씬 더 큰 인성의 문제이다(13장의 도덕적 정체성에 대한 관련 논의 참고).

비록 행복주의가 도덕 철학에 대한 충분한 기초를 제공하는 데 실패했다고 할지라도, 일부 문화권의 일부 발달 수준에서 일부 개인이 본질적으로 도덕적이라고 간주하는 어떤 쟁점에 대해 행복주의적 개념을 적용한다는 점은 분명해 보인다(Walker & hennig, 1997; Walker & Pitts, 1998). 최소한 로버트 캠벨, 존 크리스토퍼, 그리고 아리스토텔레스가 그러한 생각을 가진 세 사람이다. 도덕 발달에 관한 포괄적인 이론은 이를 설명할 수 있어야 한다. 보다 일반적으로 도덕 발달에 관한 포괄적인 이론은 도덕 영역의 일부 개념을 다른 개념보다 더 정당화될 수 있는 것으로 해석할 수 있어야 한다. 그 이론은 그러한 개념 전부를, 심지어 부적절하다고 생각될지라도, 설명하려고 시도해야 한다.

도덕적 기반

세기가 바뀌면서부터 도덕 영역의 범위에 대한 논의는 대부분 조너선 하이트Jonathan Haidt와 동료들이 제안한 매우 논쟁적인 문제에 초점이 맞추어져 왔다(Graham, Haidt, & Nosek, 2009; Haidt & Graham, 2007). 그들은 도덕성이 피해/돌봄harm/care, 공정성/호혜성fairness/reciprocity, 내집단/충성심ingroup/loyalty, 권위/존중authority/respect, 순수함/신성함purity/sanctity 등 다섯 가지 잠재적 기반으로 구성된다고 주장한다. 이 "다섯 가지 기반" 이론은 각 기반이 인류의 진화적 유산에 뿌리를 두고 있는 것으로 간주된다는 점에서 "생득주의"(Haidt & Graham, 2007, p. 106) 입장에 있다. 하지만 이 이론은 보다 엄격한 의미에서 전통적인 생득주의라기보다 문화에 따라 다양한 기반에 대한 상대적인 강조가 다르며, 따라서 단일하면서도 선천적인 도덕성 보다는 도덕성의 문화적 다양성을 보다 중요하게 고려한다는 점에서 신생득주의neonativist라고 말할 수 있다. 더 나아가 이 이론은 우리의 행동과 판단이 자동적인 직관과 정서로부터 비롯된다고 간주한다는 측면에서 반합리주의적antirationalist이다. 이 이론에서 말하는 직관과 정서는 인류의 진화적 역사, 그리고 우리를 둘러싸고 있고 따라서 우리가 학습하게 되는 특정 도덕적 강조들을 포함하고 있는 문화적 맥락에 뿌리를 두고 있다(Haidt, 2001 참고). 그러므로 그들이 가정하는 다섯 가지 기반 각각은 진화론적 토대, 관련된 감정, 관련된 문화적 덕의 측면에서 설명된다.

피해/돌봄은 원래 자신의 자손과 관련된, 공감 능력의 진화에 뿌리를 두고 있다. 고통, 잔인함, 피해에 대한 민감성은 "친절이나 연민과 같은 덕, 그리고 잔인함이나 공격성 등에 상응하는 악덕과 관련하여 문화적으로 코드화되어 있다"(Haidt & Graham, 2007, p. 104).

공정성/호혜성은 영장류의 협력과 상호 이타주의, 그리고 이와 관련된 분노, 죄책감, 감사와 같은 정서의 오랜 진화론적 역사에 뿌리를 두고 있다. 공정성과

정의의 문화적 덕이 이 기반에 상응한다.

내집단/충성심은 "다른 집단의 구성원을 경계하고 불신하면서 공동 거주하는 내집단 구성원을 인식하고 신뢰하며 협력하는 것과 관련된 강한 사회적 정서"라는 진화론적 유산에 뿌리를 두고 있다(p. 105). 충성심, 애국심, 영웅주의와 같은 덕이 이에 상응한다.

권위/존중은 내집단의 사회적 계층에 뿌리를 두고 있다. 권위와 관련된 문화적 덕은 관대함, 아버지다움, 지혜이다. 관련된 감정으로 존중, 경외심, 감탄이 있다. 그리고 이에 상응하는 종속적 덕은 의무, 순종, 일방적 존중이다.

5번째이자 마지막 기반은 순수함/신성함으로 혐오감에 뿌리를 두고 있다. 이 이론에 따르면 혐오감은 유일하게 인간만이 가지고 있는 정서이며, 육식 중심 식단으로의 진화론적 전환 과정에서 나타난 것이다.

> 많은 문화권에서 혐오감은 … 일반적으로 신체 활동이나 특수한 종교 활동과 관련된 일련의 덕과 악덕을 뒷받침한다. 육체적인 격정(욕망, 폭식, 탐욕, 분노)에 의해 지배되는 것처럼 보이는 사람은 저속하고 불순하며 인간 이하로 여겨지지만, 영혼이 육체를 지배(순결, 영적인 마음, 경건)하도록 하는 사람들은 고상하고 신성한 것처럼 여겨진다. (p. 106)

앞서 논의한 도덕 개념과 관련하여, 처음 두 가지 기반인 피해/돌봄과 공정성/호혜성은 정의와 배려의 도덕성에 각각 해당함을 분명히 해야 한다. 이 두 가지 도덕 개념의 관계와 상대적 중요성에 대한 일부 의견 차이에도 불구하고, 대부분의 이론가들은 양자가 모두 도덕 영역을 함께 구성하는 것으로 간주한다. 도덕성에 대한 행복주의적 접근 방식과 함께, 다섯 가지 기반 이론은 다양한 추가적인 덕들을 포함하기 위해 도덕 영역을 정의와 배려를 훨씬 넘어서는 것으로 여긴다. 그러나 다섯 가지 기반 이론은 행복주의적 접근과는 다르게 세 가지 추가적인 덕을 명확하게 언급하고 있다. 그리고 이것은 개인적 탁월함에 기초를 두는 것이 아니라 종의 진화에 기초를 두고 있다.

비록 다섯 가지 기반 이론은 각 기반의 다양한 조합 가능성을 열어 두었지만 특히 두 가지 주요 선택 사항, 즉 ①오직 피해/돌봄, 공정성/호혜성이라는 기반으로만 구성된 도덕 영역에 대한 엄격한 개념, 그리고 ②다섯 가지를 모두 포괄하는 도덕 영역에 대한 넓은 개념에 논의를 집중하고 있다. 기반 이론에 따르면, 서양 문화권의 자유주의자들은 엄격한 개념을 지향하는 경향이 있는 것으로 보인다. 반면에 서양의 보수주의자들은 대부분의 세계 문화권과 마찬가지로 넓은 개념을 지향하는 경향이 있다(Graham et al., 2009; Haidt & Graham, 2007). 다음 장에서 살펴보겠지만, 서양 문화와 다른 문화 간의 이분법적 개념 구분은 문화적 다양성과 개인적 다양성이 지닌 복잡성에 대한 광범위한 증거들을 설명하는 데 실패한다. 다섯 가지 기반 이론은 정치적 보수주의와 비서구 문화 간의 의심스러운 연관성으로 인해 더욱 복잡해졌다.

그러나 우리는 다음과 같은 더 깊은 철학적 질문을 던질 수 있다. 도덕 영역에 대한 넓은 개념은 좁은 개념보다 더 혹은 덜 정당화되는가, 아니면 정당화되지 않는가? 개인이나 문화는 그들 자신만의 개념을 가질 자유가 있는가, 없는가?

우리는 이미 이전 장과 현재 장에서 이런 종류의 질문을 숙고했다. 이에 대해서는 8장에서 다시 다룰 것이다. 결론은 다음과 같다. 처음 두 가지 기반, 즉 피해/돌봄, 공정성/호혜성은 정당화 가능한 도덕성의 핵심을 나타내기 때문에 사실상 모든 개인, 문화, 이론가에 의해 도덕 영역의 일부분으로 간주된다.

결론

정의, 배려, 그리고 덕의 좋음에 대해 이의를 제기하는 사람은 거의 없다. 그러나 이들이 모두 **도덕적** 좋음을 구성하는지의 여부는 확실하지 않다. 적어도 최소한의 도덕성에는 정의가 포함된다. 대부분의 학자들은 도덕성에 배려 역시 포함된다고 믿고, 일부는 추가적인 덕도 포함된다고 믿는다. 이와 관련하여 도덕성은 분명 무엇이 공정한지를 결정하고, 도덕적으로 요구되는 행동을 하며, 도덕적으로 잘못된 일을 하지 않는 것을 포함한다. 대부분은 도덕성이 도덕적 의무를 넘어서는 친사회적 행동을 포함한다고 믿고, 일부는 추론이나 행동보다는 올바른 사람이 되는 것과 더 관련이 있다고 믿는다.

하이트가 제시한 다섯 가지 기반들 중 어느 것이 진정으로 도덕적인지와 관계없이, 다섯 가지 모두는 우리의 행동에 영향을 미친다. 집단 내에서의 충성심, 권위에 대한 존경, 추한 것impurity에 대한 혐오감을 고려하는 것은 (우리가 이들을 도덕적 고려 사항으로 간주하든지 안 하든지와 상관없이, 우리가 그렇게 행동할 적절한 이유를 가지고 있는지와 상관없이) 우리의 행동에 영향을 미친다. 비록 도덕성이 합리적 인지를 요구한다고는 하지만(Gibbs, 2010; Kohlberg, 1981, 1984; Moshman, 1995b; Piaget, 1932/1965; Sen, 2009; Turiel, 2006b, 2008), 도덕성의 온전한 설명은 다음을 반드시 포함해야 한다.

- 직관(Haidt, 2001; Haidt & Graham, 2007)
- 정서(Gibbs, 2010; Haidt, 2001; Haidt & Graham, 2007; Hoffman 2000; Smetana & Killen, 2008; Turiel, 2008)
- 신경 기능(Smetana & Killen, 2008)
- 정체성(Bergman, 2002, 2004; Blasi, 1984; hardy & Carlo, 2005, 출판 중; Hart, 2005; 13장 참고)
- 사회적, 문화적 맥락(Haidt, 2001; Haidt & Graham, 2007; Helwig, 2006a, 2006b; Shweder et al., 2006; Shweder, Mahapatra, & Miller, 1987; Tappan, 1997, 2006; Turiel, 2002, 2006a, 2006b, 2008; Wainryb, 2006)
- 사회적 정보의 실시간 처리(Arsenio & Lemerise, 2004)

도덕 영역에 대한 우리의 정의가 엄격하더라도, 도덕적으로 관련 있는 행동은 심리적 기능의 모든 측면과 연결된다(Kim & Sankey, 2009; Narvaez, 2010; Reed, 2009). 도덕 기능을 이론화하는 것은 야심찬 프로젝트이다.

　　그러나 우리의 초점은 도덕 기능이 아니라 도덕 발달이다. 물론 우리는 행동과 관련된 상황들을 무시할 수는 없다. 그렇지만 발달에 초점을 맞추는 것은, 발달하는 것이 무엇인지 간에 그것으로 우리를 향하게 한다. 청소년기의 도덕 발달과 관련하여, 많은 이론가들은 원칙에 입각한 도덕 추론을 강조했고, 또한 많은 이론가들은 진보된 형태의 관점 채택을 강조했으며, 대부분은 두 가지 모두를 진보된 도덕성에 있어서 중요하다고 보고 있다.

7장

원칙과 관점 채택

> 일단 우리가 민주적 사회를 자유롭고 평등하다고 여겨지는 시민 간 사회적 협력의 공정한 체계로 본다면, 어떠한 원칙들이 이 사회에 가장 적합한가?
>
> – 존 롤스
> (2001, p. 39)

> 사람은 누구나 사람답게 살고 싶어 한다.
>
> – 그레이스 펠리
> (1984, p. 5), 어머니의 말을 인용하며

6장에서 우리는 도덕성의 다양한 개념을 숙고했다. 이제 우리는 발달에 대한 질문에 보다 직접적으로 접근하고자 한다. 청소년기의 도덕 발달을 말할 때, 우리는 무엇이 발달한다고 말할 수 있는가? 여러 연구와 이론들은 세 가지 대답, 즉 ①원칙에 입각한 추론principled reasoning, ②관점 채택perspective taking, ③도덕적 정체성moral identity을 제안하고 있다. 도덕적 정체성에 관한 논의는 9장~12장에서 정체성의 형성에 대해 탐색을 한 후, 13장까지 미루기로 한다. 이번 장에서 우리는 무엇이 청소년기(그리고 그 이후)에 도덕적으로 발달하느냐는 질문에 대한 대답 중, 처음 두 가지, 즉 ①원칙에 입각한 도덕성으로서의 진보된 도덕성과 ②관점 채택 및 공감의 진전에 따른 진보된 도덕성에 대해 숙고해보고자 한다. 진보된 도덕성의 이러한 측면들은 밀접하게 상호 연결되어 있다. 이번 장은 문화, 다양성, 진보, 그리고 보편성에 대한 질문들로 돌아가서 마무리 될 것이다.

원칙에 입각한 도덕성으로서 진보된 도덕성

도덕성은 모든 발달 수준에서 아동·청소년·성인의 지각·직관·정서·습관에 대한 광범위한 문제 안에 놓여 있다(Arnold, 2000; Cushman, Young, & Hauser, 2006; Gibbs, 2010; Graham, Haidt, & Nosek, 2009; Haidt, 2001; Haidt & Graham, 2007; Hoffman, 2000; Krebs & Denton, 2005; Lapsley, 1996; Narvaez, 2010; Nucci, 2001, 2009; Pizarro & Bloom, 2003; Reed, 2009; Rest, 1983, 1984; Rest, Narvaez, Bebeau, & Thoma, 1999; Walker, 2000; Walker & Hennig, 1997). 게다가 우리의 성향, 반응, 행동은 우리 삶의 과정에서 변화하는 환경에 적응한다. 그러나 그러한 변화가 일정 기간 동안 지속되더라도, 변화 자체는 필연적으로 발달적이지는 않다. 발달적 변화는 자기규제적이고, 질적이며, 점진적이다. 그렇다면 도덕 발달은 보다 진보된 형태의 도덕성을 향한 진전을 의미한다. 도덕 발달 이론가들은 (정도는 다르지만) 다양한 요인의 역할과 상황에 따른 도덕 기능의 변화를 인정하지만, 대부분은 도덕적 진보와 진보된 형태의 도덕성에 초점을 맞춘다.

칸트주의적 전통에 서있는 여타의 많은 사람들과 마찬가지로, 콜버그(1981, 1984; 5장 참고)에게 있어 진보된 도덕성이란 원칙에 입각한 도덕성을 의미한다. 그의 견해에 따르면, 도덕성은 아동기의 전도덕적 사회 인지the premoral social cognition로부터(1과 2단계) 대부분의 청소년 및 성인들이 위치한 인습적 도덕성the conventional morality을 거쳐(3과 4단계), 일부 사회문화적 맥락에서 일부 성인들이 도달한 원칙에 입각한 도덕성the principled morality으로(5단계) 발전한다. 그의 관점에서 보면, 가장 진보된 형태의 도덕성은 특정 사회 체계의 인습적 도덕성을 평가할 수 있는, '사회에 선행하는prior-to-society' 원칙을 포함하고 있다. 콜버그의 기획에서 원칙에 입각한 도덕성은 인습이후 수준의 추론이다. 따라서 콜버그는 매우 엄격한 기준으로 원칙에 입각한 도덕성을 제안했다고 볼 수 있다.

제임스 레스트James Rest와 동료들(Rest et al., 1999; Thoma, 2006)이 주창한 "신콜버그주의" 이론 역시 인습이후 추론이란 원칙에 입각한 추론이라는 콜버그 학파의 개념을 유지하였다. 그들은 진보된 발달에 초점을 두며 일련의 세 가지 도덕적 스키마를 제안하였는데, 각각을 **개인적 이익**personal interest 스키마(콜버그의 2와 3단계에 대응), **규범 유지**maintaining norms 스키마(콜버그의 4단계), 그리고 **인습이후**postconventional 스키마(콜버그의 5단계)라고 명명하였다. 그들의 이론은 쟁점 정의 검사(Defining Issues Test; 이하 DIT)를 활용하여 수행된 광범위한 연구 결과에 기초해 있다. 도덕 딜레마에 대한 피험자들의 반응을 확인하기 위해 인터뷰 방식을 채택한 도덕 판단 인터뷰(Moral Judgement Interview; 이하 MJI)는 달리, DIT는 피험자들에게 객관식 형태의 응답을 요구한다. 즉, MJI와 같이 사람들에게 도덕 딜레마에 대한 도덕적 추론을 요구하는 대신, DIT는 다양한 잠재적 고려사항과 주장들 중 단지 몇 가지를 선택할 것을 요구한다. 이러한 방식은 개인이 지니고 있는 최상의 도덕적 이해, 즉 최적의 역량을 보다 쉽게 보여줄 수 있도록 한다. 심지어 그가 그러한 역량을 자발적이고 일관되게 적용하지 않더라도 말이다. DIT를 활용한 연구는 콜버그가 제시한 '단계'라는 용어보다는 '스키마'라는 용어를 일관되게 사용하면서, 연구 결과를 다음과 같이 제시한다. (a) 사람들은 보통 단일 단계에 해당하기보다는 다양한 스키마를 사용한다. (b) 사람들은 한 단계에서 다음 단계로 올라가기보다는 점진적으로 인습이후 도덕성을 향해 나아간다.

인습이후의 도덕적 추론이 드물게 나타난다는 콜버그 학파의 전통적인 주장과는 상반되게, 다양한 문화적 맥락에서 수행된 DIT 연구는 인습이후의 도덕적 이해가 청소년과 성인들 사이에서 일반적임을 보여주고 있다.

레스트 등(1999)은 도덕 발달을 온전하게 설명하기 위해서는 **거시적 도덕성**macromorality과 **미시적 도덕성**micromorality을 모두 다루어야 한다고 제안했다. 거시적 도덕성은 존 롤스(1971, 2001), 아마티야 센Amartya Sen(2009), 그리고 정치적 도덕성을 연구하는 여타의 철학자들(Sandel, 2009)에 의해 언급된 것들로 사회 정의의 일반적 문제와 관련 있다. 미시적 도덕성은 일상생활 속 가까운 타인과의 관계적 도덕성을 의미한다. 콜버그의 주 관심사는 전자였다. 특히 콜버그의 인습이후 도덕성 개념의 기초가 되는 사회에 선행하는 관점은 개인 간의 사적인 관계보다는, 대부분 실질적이고 잠재적인 사회 체계에 대한 도덕성과 직접적으로 관련 있다. 레스트 등(1999)은 거시적 도덕성을 다음과 같이 설명한다.

> 일반적으로 청소년기에는 개인적인 수준을 넘어서는 무언가가 있다는 인식, 일상에서 사람들과 얼굴을 마주하며 생활하는 수준을 넘어 무언가가 있다는 인식이 시작된다. 그것은 바로 거시적 수준의 도덕성으로서, 사회에서의 '체계'이다. 콜버그의 이론은 거시적 도덕성의 문제(국가 체계 안에서 어떻게 하면 낯선 사람 및 경쟁자 사이에 협력을 구축할 것인가)에 대한 첫 번째 해결책(인습적인 도덕적 사고)을 제시한다. 그런 다음 두 번째 해결책(인습이후 사고)이 어떻게 진화하는지를 설명한다. 다만 콜버그의 이론은 미시적 도덕성의 현상을 동시에 설명하지는 않는다. (p. 15)

레스트와 동료들(1999)은 콜버그(1984)와는 달리 원칙에 입각한 추론이 일반적임을 주장하였지만, 그들이 제시한 원칙에 입각한 추론 개념은 콜버그의 인습이후 추론 개념, 즉 거시적 도덕성의 문제와 연결되어 있다. 나는(1995b) 충분히 엄격한 수준에서 청소년기의 진보된 도달점을 설명하기 위해, 원칙에 입각한 도덕 추론의 개념을 메타인지적 관점을 활용하여 설명하고자 하였다. 그러나 나의 설명은 원칙에 입각한 추론으로서의 자격을 부여하기 위해 인습이후의 입장이 요구하는 만큼의 엄격함을 띠지는 않는다. 내가 제안하는 원칙은 메타규칙^{meta-rules}이다.

> 메타규칙은 행동을 인도할 뿐만 아니라 규칙의 공식화와 적용을 이끌고 정당화한다. 예를 들어, "때리지 마시오", "차지 마시오", "물지 마시오"와 같은 규칙에 대한 성찰은 "다른 사람을 해치지 마시오"와 같은 보다 일반적인 윤리적 원칙(즉, 메타도덕적 원칙)의 추상화를 가능하게 할 수 있다. 그러한 원칙은 보다 추상적이기 때문에, 구체적인 행동 규칙만큼 명확한 행동 지침을 제공하지는 않는다. 그러나 규칙들의 적용 및 정당화를 위한 기초를 제공한다는 이점이 있으며, "할퀴지 마시오"와 같은 잠재적인 새 규칙의 공식화 및 평가를 도와준다는 장점도 있다.　　　　　　　　　　　　　　　(p. 272)

비록 도덕 원칙은 어린 아동들의 도덕적 추론과 행동에 내재해 있지만, 아동들의 도덕성은 그러한 원칙들이 신중하고 체계적으로 전개되기에 충분히 분명해질 때까지는 진정으로 원칙에 입각한 것이 아니다.

> [원칙에 입각한 도덕성으로의] 전환은 일반적으로 청소년기에 시작되며, 이전에 자신이 공식화했거나 학습했거나 직면했었던 암묵적이고 고립되어 있던 윤리적 원칙들에 대한 성찰과 함께 시작된다. 개인의 윤리적 원칙들에 대한 명료화, 조정, 재구성은 개인의 윤리 체계에 대한 점점 더 통합된 감각을 도출할 수 있는데, 이 윤리 체계에는 (a) 다양한 원칙 간의 관계 및 (b) 규칙과 행동에 다양한 원칙들을 적용하는 것이 포함된다. 게다가 도덕 규칙과 행동의 기초로서 윤리적 원칙들을 명시적으로 이해하는 것은 다른 사람과의 도덕적 불일치를 더욱 잘 이해할 수 있게 하며, 이러한 이해에는 도덕적 불일치의 근거가 되는 갈등하는 원칙들에 대한 숙고도 포함된다. 갈등하는 원칙들과 윤리 체계에 대한 성찰, 그리고 사회적 상호 조정은 궁극적으로 윤리적 원칙과 체계의 정당화에 대한 (처음에는 직관적인) 메타 윤리적 통찰력으로 이어질 수 있다.　　　　　　　(p. 273)

그렇다면 규칙 이상의 어떤 것이지만 그렇다고 해서 인습이후의 철학보다는 엄격하지 않은 것으로 인식되는, 원칙에 입각한 도덕 추론을 평가하는 새로운 방법이 요구된다. 찰스 휄윅과 동료들은 다양한 문화권의 아동, 청소년, 성인을 대상으로 원칙에 입각한 추론 수준을 조사하는 연구를 수행하였다. 조사 대상자들의 추론 수준은 언론의 자유, 종교의 자유, 의사결정 과정, 정부 형태, 아동과 청소년 그리고 학생의 권리문제와 관련된 딜레마를 제시하고 질문을 제기하며, 그렇게 생각한 이유에 대해 말해줄 것을 요청하는 일련의 과정을 통해 평가되었다(Helwig, 1995a, 1995b, 1997, 1998, 2006a, 2006b; Helwig, Arnold, Tan, & Boyd, 2003; 2007; Helwig, yang, Tan, Liu, & Shao, 출판 중; Lahat, Helwig, Yang, Tan, & Liu, 2009; Verkuyten & Slooter, 2008도 참고). 그들의 연구 결과에 따르면, 아동들에 비해 청소년들의 추론 능력은 그들이 최상의 상태일 때 원칙에 입각한 추론 수준에서 기능했다. 그리고 일부 사람들은 청소년기 및 그 이후, 원칙을 정당화하는 메타원칙을 향한 진전을 보였다. 하지만 초기 청소년기 이후, 원칙에 입각한 추론의 발달적 변화는 포착하기 힘들 뿐만 아니라 일반적이지도 않았다(Uhlmann, Pizarro, Tannenbaum, & Ditto, 2009; 13장의 거짓된 도덕적 정체성 논의 참고).

그러나 우리가 최상의 상태에 있을 때조차, 사례에 원칙을 적용하는 일은 단순하지 않으며 올바른 도덕적 결정을 보장하지 않을 수도 있다. 우리가 구성해온 원칙은 틀릴 수도 있으며, 심지어 그것들이 옳다 하더라도 궁극적이거나 포괄적일 가능성은 거의 없다. 또한 우리의 원칙이 옳다 하더라도, 우리는 특정 경우에 어떤 원칙이 적용되어야 하는지 모를 수도 있다. 우리가 어떤 원칙을 적용해야 하는지 알지라도, 우리는 어떤 행동이 요구되고 장려되며, 좌절되고 금지되는지에 대해 확신할 수 없다. 설령 개별적 원칙이 분명한 지침을 제공한다고 하더라도, 특정 경우에 적용할 수 있는 원칙들이 여러 개가 있을 수 있고, 그러한 원칙들이 다른 방향을 지향하고 있을 수 있으며, 따라서 그것들은 어떻게 조정할 수 있으며 또 조정해야 하는지 명확하지 않을 수 있다. 그리고 사회적 규범 및 개인적 헌신과 우리의 도덕적 선택 및 의무를 조화시키는 문제도 남아 있다 (Nucci, 2001, 2009; Turiel, 2002, 2006a).

그러나 원칙은 적어도 다음과 같은 네 가지 근본적인 목적들에 기여한다. 첫째, 특정 상황에서 명확한 도덕적 지침을 제공하는 규칙을 정당화할 수 있다. 둘째, 실제적이고 잠재적인 모든 관점을 개별적으로 고려하기가 불가능한 경우, 특정 사례와 관련된 모든 관점들을 고려하는 데 도움을 주는 대략적인heuristic 관점을 제공한다. 셋째, 엄격하게 공식화된 원칙은 우리가 자연스럽게 공감할 수 있는 사람들 너머에 있는 사람들에게까지 우리의 관심을 인도하며, 타인에 대한 연민을 약화시키는 자기본위적 편향self-serving biases 및 반대할 만하다고 여겨지는 견해들에 대항하도록 한다. 마지막으로, 원칙은 공지 가능하기 때문에, 설명, 토론, 공유된 결정과 헌신의 기초로 사용된다. 그것이 무엇이든지 간에, 진보된 도덕성은 반드시 원칙에 입각해야 한다.

진보된 관점 채택으로서의 진보된 도덕성

원칙에 입각한 추론 외에도, 진보된 관점 채택perspective taking은 진보된 도덕성의 큰 부분을 차지한다. 관점 채택은 자신의 관점에서 바라보기보다는 타인의 관점(입장, 견해 등)에서 바라보는 것으로 정의된다(4장에서 살펴본, 북쪽에 서서 남쪽을 바라보는 노라와 남쪽에 서서 북쪽을 바라보는 사이먼을 떠올려 보라). 더 높은 수준에서의 관점 채택은 다양한 관점들의 복잡한 조정을 더 많이 포함하게 된다. 로버트 셀만Robert Selman(1980)은 콜버그의 도덕 발달 단계에 대체로 대응하는 일련의 단계를 가정하면서, 관점 채택이 발달해가는 과정을 훌륭하게 설명하였다. 셀만은 콜버그의 3단계(상호 기대)에 대응하는 제3자적 관점 채택third-party perspective taking을 제안하였는데, 이는 타인의 관점에서 자신을 바라보는 것 이상을 의미한다. 그것은 제3자의 메타적 관점에서 자신과 타인 간의 관계를 바라보는 것을 수반하며, 상호주관적 호혜성을 포함한다. 청소년과 성인은 종종 타인들과의 관계를 적절하게 성찰하는 데 실패하곤 하지만, 일반적으로 제3자적 관점 채택 능력을 가지고 있다. 반면 아동들은 그렇지 않다. 셀만은 (콜버그의 4단계에 상응하는) 사회적 질서에 대한 관점을 포함하는 더 높은 단계의 관점 채택을 상정했고, 또 다른 학자들은 보다 진보된 형태인 '메타성찰적 사회성metareflective sociality'을 제안해 왔다(Martin, Sokol, & Elfers, 2008). 하지만 진보된 수준의 관점 채택의 발달은 나이와 관련 있지 않으며, 성숙한 상태에 도달하는 것 자체도 보편적이지 않다.

2000년대 이후 도덕 발달 연구 분야에서 주목할 만한 연구로는 탁월한 이론적 종합을 이룬 존 깁스John Gibbs(2010)의 연구가 있다. 그는 관점 채택을 도덕성의 핵심으로 보았다. 깁스에게 있어서 관점 채택은 인지적이고도 정서적인 것이다. 깁스는 피아제(1932/1965)와 콜버그(1981, 1984)의 인지적 관점을 토대로, 관점 채택 능력의 발달적 진전을 도덕 발달의 핵심으로 보았다. 그러나 그는 마틴 호프만Martin Hoffman(2000)의 연구 성과도 함께 검토하면서, 관점 채택의 정서적인 측면을 공감empathy이라고 보았다(Eisenberg, 2005도 참고). 깁스는 진보된 도덕성이 인지적이고 정서적인 측면을 모두 포함하는 진보된 관점 채택을 요청한다고 주장했다.

제레미 카펜데일Jeremy Carpendale(2000)은 도덕 발달에서 관점 채택의 중요성에 동의했다. 그의 견해에 따르면 다양한 관점들의 조정은 진보된 도덕 추론의 핵심이다. 게다가 카펜데일은 관점 채택이 원칙에 입각한 추론과 구별된다고 주장했고, 도덕 추론을 사례에 원칙을 적용하는 직접적인 문제로 바라본 콜버그식의 추론 개념에 의문을 제기했다.

그러나 카펜데일(2000)이 인정한 것처럼, 피아제와 같이 콜버그 그 자신도 도덕 추론 과정에서 관점 채택이 핵심이라고 보았다. 피아제에게 있어서 도덕적 이상은 호혜성이었다. 콜버그에게 도덕적 이상은 그가 "도덕적 음악 의자moral musical chairs"(1984, p. 636)라고 불렀던 이상화된 관점 채택이었다. 콜버그의 단계를 통한 발달은 점점 더 포괄적이고 추상적인 관점으로의 진보로 해석될 수 있다. 이것은 다른 사람의 관점을 고려하는 것에서 시작하여(2단계), 공유된 관계의 관점에서 (다른 사람과의 관계 속 자신을 포함한) 개인을 고려하는 것(3단계), 전반적인 사회 체계의 관점에서 인간 관계를 고려하는 것(4단계), "사회에 선행하는" 관점에서 실제적이고 잠재적인 사회 체계를 고려하는 것(5단계)으로 나아간다.

콜버그(1981, 1984)는 진보된 도덕성의 이중적 개념, 즉 원칙에 입각한 추론과 진보된 관점 채택 간에 어떠한 갈등도 없다고 보았다. 실제로 이러한 생각은 도덕 원칙이란 보편화 가능한 원칙, 다시 말해서 이상적인 원칙이란 바로 모든 관점을 고려하는 원칙이라고 생각한 그의 칸트주의적 개념에 암시되어 있다. 따라서 이상적 관점 채택이 도덕적인 관점을 구성한다는 주장은 하나의 원칙으로서 받아들여질 수 있다. 아니면 원칙들을 도출하는 메타 원칙으로 보는 것이 더 나을 수도 있을 것이다. 결국 우리는 도덕성의 궁극적인 기초로서 원칙에 입각한 추론과 관점 채택 양자 중 하나를 선택할 필요가 없고, 선택할 수도 없다. 우리가 사례들에 보편화 가능한 원칙을 적용할 때, 우리는 모든 실제적이고 잠재적인 부분들의 관점을 암묵적으로 채택하게 된다. 그리고 우리가 모든 실제적이고 잠재적인 관점들을 체계적으로 조정하려고 노력할 때, 우리는 원칙에 입각한 도덕성의 개념에 기초하여 이를 수행한다.

마틴 호프만(2000)은 공감을 도덕성의 근본적인 기초로 보았고, 공감의 발달을 중심으로 통합적인 도덕 발달 이론을 세웠다. 대략적으로 말해서, 공감은 다른 사람이 느끼는 것을 느끼는 것이다. 그러나 호프만은 누군가가 공격받는 것을 보고 느끼는 분노는, 피해자가 그 공격에 반응하여 분노를 느끼는지의 여부와 관계없이 공감적 분노empathic anger로 간주될 수 있다고 제안했다. 즉, 호프만(2000)은 감정의 정확한 일치 여부보다는, "개인이 자신의 상황보다 다른 사람의 상황에 더 일치하는 감정을 갖게 하는 심리적 과정"(p. 30)을 수반하는 경우를 공감적 반응이라고 정의했다. 그렇다면 공감은 관점 채택의 정서적 측면이다. 공감을 강조했다고 해서, 호프만이 인지적 측면의 관점 채택을 배제한 것은 아니다. 다만 그는 인지적 관점 채택이 도덕성과 도덕 발달에는 필수적이나, 도덕적 동기의 원천으로서는 부적절하다고 보았다. 그는 또한 도덕 원칙이 도덕 판단의 구조와 일관성을 제공한다는 점에서 중요하기는 하지만, 공감이야말로 도덕적인 행동의 기초라고 보았다. 그는 원칙이 우리의 공감적 반응을 지금, 여기에 현존하지 않는 대상으로까지 확장시킬 수 있다고 보았지만, 공감 없는 원칙은 무력할 것이라고 주장하였다. 깁스(2010)는 피아제, 콜버그, 그리고 호프만의 이론을 종합하면서, 인지와 정서가 모두 도덕성의 토대라고 주장했다.

도덕성과 문화

지금까지 도덕 발달과 관련된 논의들을 검토하면서, 나는 도덕 영역의 다양한 개념(정의, 배려, 덕 등으로서의 도덕성)과 진보된 도덕성(원칙에 입각한 추론 및 관점 채택)의 두 측면을 제시하였다. 또한 나는 도덕적 행동의 인지적 측면과 정서적 측면을 구분하였다. 정의 개념의 발달로서 콜버그가 제시한 보편적 단계와 진보된 발달의 결과로서 인습이후 도덕 원칙 개념을 넘어서면, 우리는 도덕적 다양성의 잠재력에 직면하게 된다. 그러나 다양성의 실재는 경험적인 문제이다. 우리는 일반적으로 문화적 다양성으로부터 도덕적 다양성이 비롯된다고 가정한다. 아마도 어떤 문화는 정의를 강조하는 반면, 어떤 문화는 배려를 강조하고, 또 다른 사람들은 여전히 덕을 강조한다. 아마도 어떤 사람들은 원칙의 준수를 장려하겠지만, 다른 사람들은 진보된 관점 채택을 촉진할 것이다. 아마도 일부 문화권에서는 추론과 판단의 인지적 과정을 강조하겠지만, 다른 문화권에서는 공감과 정서적 고려를 장려한다. 그렇다면 아마 서로 다른 문화권의 청소년들은 도덕적 쟁점을 개념화하고 그것에 대응하는 질적으로 다른 방법들을 발달시켜 가는 과정 중에 있다고 할 수 있다. 그러나 그렇지 않을 수도 있다. 도덕적 다양성의 존재는 의심의 여지가 없지만, 필연적으로 문화가 그러한 다양성의 일차적 기반인 것은 아니다. 우리가 염두에 두어야 할 질문은, 경험적인 것이다.

어떤 문제가 도덕성과 관련된 것인지에 대해 각 개인이 가지고 있는 개념을 포함하여, 사람들의 도덕적 판단과 정당화가 다르다는 것은 의심할 여지가 없다. 예를 들어, 일부 사람들은 낙태가 대부분 혹은 모든 상황에서 도덕적으로 잘못된 것이라고 생각하지만, 일부 사람들은 낙태가 특정 상황에서만 도덕적 선택이고, 또 일부 사람들은 낙태가 대부분 혹은 모든 상황에서 도덕성의 영역을 벗어난 개인적 선택이라고 생각한다(Turiel, Hildebrandt, & Wainryb, 1991). 리차드 슈웨더Richard Shweder와 그 밖의 학자들은 도덕적 판단과 정당화가 문화에 따라 다르다는 실질적인 증거를 제시해 왔다. 게다가 사회적 관습이나 개인적 선택의 문제와는 구분되게, 문화적 차이는 어떤 쟁점이 도덕적 쟁점인지에 대한 의견 불일치를 수반한다(Graham et al., 2009; Haidt & Graham, 2007; Haidt, Koller, & Dias, 1993; Shweder, Mahapatra, & Miller, 1987; 6장 하이트의 다섯 가지 도덕 기반 이론 논의를 상기).

이러한 문화적 차이를 바탕으로, 마크 태편Mark Tappan(1997, 2006)은 "도덕성은 자연 발생적인 보편적 개념이 아니며, 사회문화적으로 특정한 단어, 언어, 그리고 담화 형태에 의존한다"라고 주장하였다(1997, p. 93). 그는 이를 다음과 같이 자세히 설명한다.

> 도덕 발달은 전 세계 모든 사람에게 같은 순서대로, 같은 방식으로 일어나지 않는다. 오히려 그것은 독특한 사회적, 문화적, 역사적 맥락에 따라 다르다. 게다가 이러한 독특한 사회문화적 환경은 현대 미국과 같은 (유사한 경험, 가치, 혹은 사회적, 정치적, 경제적 가정들을 공유하는 사람들로 정의되는) 큰 사회의 범위 내에서도 발생할 수 있다. 그러므로

이러한 관점에서 보면, 도덕 발달에서의 성, 인종, 문화, 혹은 사회경제적 차이와 서로 다른 사회문화적 집단의 구성원에 의하여 나타나는 도덕 기능/활동 형태의 차이는 예상되는 것이며, 연구자와 이론가 모두에 의해 편차deviations가 아니라 차이differences로 다루어져야 한다.   (1997, p. 95)

그러나 엘리엇 튜리엘과 그 밖의 사회 인지 영역 이론가들은 도덕성의 문화적 결정을 반대하는 주장을 설득력 있게 전개해왔다. 문화가 도덕적 지향을 가르치는 질적으로 독특한 동질적인 실체라고 해석하는 사람들과는 달리, 튜리엘과 그의 동료들은 개별 문화의 내부적 이질성 및 문화권에 걸쳐 나타나는 도덕적 보편성과 관련된 강력한 증거를 제공했다(Conry-Murray, 2009; Helwig, 2006a, 2006b; Helwig et al., 2003, 2007, 출판 중; Killer & Wainryb, 2000; Lahat et al., 2009; Neff & Helwig, 2002; Nucci, 2001; Smetana & Villalobos, 2009; Turiel, 1996, 2002, 2006a, 2006b, 2008; Turiel, Killen, & Helwig, 1987; Wainryb, 1995, 2006; Wainryb & Turiel, 1995; Appiah, 2005도 참고; Nussbaum, 2008; Sen, 2006; Wikan, 2008).

예를 들어, 세실리아 웨인립(1995)은 사회적 갈등에 대한 판단을 연구한 바 있다. 연구 대상은 351명의 이스라엘 3, 5, 7, 9학년 아동, 소년 및 소녀로서 평균 연령은 각각 8-10세, 10-9세, 12-11세, 16-18세였다. 각 연령대의 약 절반 정도는 드루즈 아랍인Druze Arabs들이었고, 그들은 오로지 이스라엘 북부의 두 개 드루즈 마을 출신이며 드루즈 학교에 다녔다. 드루즈 사회는 가부장적 가족 구조를 가지고 있으며, 고정된 역할을 따르고 의무와 전통을 위반할 경우 강력한 제재를 가하는 전통적이고 위계적인 사회이다. 나머지 절반은 서구화된 집단의 일반적인 유대인들이었으며, 모두 유대인 학교에 다녔다.

웨인립(1995)의 연구에 참여한 아동들은 다음과 같은 일련의 사회적 갈등 상황에서 올바른 선택이 무엇인지 판단하도록 요청받았다.

- 정의 대 권위(J-A)

  하난과 그의 아버지는 쇼핑을 하던 중, 한 어린 소년이 실수로 10세겔짜리 지폐를 떨어뜨리는 것을 보았다. 하난은 아버지에게 그 소년에게 돈을 돌려주어야 한다고 말했다 (J). 그의 아버지는 하난에게 돈을 주머니에 숨겨 가지라고 말했다(A).

- 정의 대 대인관계(J-I)

  코비는 학교가 견학 중에 모든 학생들에게 나누어 줄 충분한 청량음료를 준비하지 않았다는 것을 알았다. 코비는 매우 목말라 하는 두 남동생을 위해 음료 두 개를 챙길 것인지(I) 아니면 교사에게 이야기하여 모든 학생들이 음료를 공평하게 분배받을 수 있도록 할 것인지 선택해야 했다(J).

- 개인 대 대인관계(P-I)

  달리아는 파티에 초대받았고, 친구들과 함께 가기를 간절히 바라고 있었다(P). 그런데 그녀의 여동생은 발목을 삐었고, 달리아에게 집에 함께 있어주기를 부탁했다(I).

- 개인 대 권위(P-A)

  아낫은 음악을 좋아하고 방과 후 음악 수업에 참여하기를 원한다(P). 하지만 그녀의 아버지는 음악을 좋아하지 않으며, 아낫에게 음악 수업에 참여하지 말고 대신 다른 수업을 수강하라고 말한다(A).   (pp. 393-394)

연구 결과, 모든 연령층과 두 문화권 모두에서 정의를 고려하는 강력한 경향성이 나타났다. 정의와 권위가 갈등하는 사회적 상황의 경우, 참여자의 96%가 정의를 고려한 대안을 선호했으며 연령과 문화에 따른 유의미한 차이는 없었다. 정의─대인관계 갈등 상황에서는 83%가 정의를 고려한 대안을 선호했다. 이 상황 역시 문화적 차이는 없었다. 정의에 대한 선호는 연령이 높아질수록 75%에서 92%로 유의미하게 증가했다. 이러한 결과는 다양한 문화적 배경과 무관하게, 정의가 아동이 어릴 때부터 형성한 도덕적 이해의 핵심 형태를 구성한다는 견해를 지지한다.

정의의 문제와 관련 없는 나머지 두 개의 갈등은 개인에 따라, 문화에 따라, 연령에 따라 복잡한 패턴을 보이며 매우 다른 결과를 산출했다. 개인─대인관계 갈등의 경우, 60%가 개인적 고려를 선택했고 40%가 대인관계에 대한 고려를 선택했다. 그리고 3학년의 44%가 개인적 고려를 선호했으나, 11학년의 경우 개인적 고려에 대한 선호 비율이 73%로 증가했다. 비록 유대인 아동과 드루즈 아동 간에는 개인적 고려에 대한 선택의 차이(65% vs. 56%)가 통계적으로 유의하게 나타났지만, 이 차이는 각 문화권 내에서 나타나는 개인차와 개인적 선택을 선호하는 연령 추세에 비하면 오히려 작은 수준이었다.

웨인립의 연구에서 유일하게 실질적으로 문화적 차이가 났던 것은 드루즈 아동들(개인 49%)보다 유대인 아동들(개인 79%)이 권위를 고려한 선택보다 개인적 선택을 더욱 강하게 선호했다는 점이다. 물론 드루즈 문화의 위계적 성격을 고려할 때, 이러한 차이는 충분히 예상 가능하다. 하지만 주목할 만한 점은 두 가지 사안에 대한 드루즈 아동들의 선택 비율이 거의 균등하였다는 것이며, 이는 그들이 권위를 한결같이 존중하지는 않는다는 점을 보여준다. 전반적으로 볼 때, 3학년의 35%가 선호하던 개인적 선택은 11학년으로 학년이 높아지면서 선호 비율이 87%로 증가했다. 비록 개인적 선택을 선호하는 경향은 각 연령대별로 드루즈 아동들보다 유대인 아동들에게 더 흔하게 나타났지만, 동일한 발달적 경향은 두 문화권 모두에서 발견되었다.

이와 같은 연구 결과를 웨인립(1995)은 다음과 같이 요약했다.

각 집단별로 판단의 이질성은 피험자 간, 그리고 피험자 내 모두에서 발견되었다. 비록 드루즈 아동들이 권위에 대한 복종을 보다 지향하는 것처럼 보였지만, 이러한 경향성이 모든 상황에서 항상 우선시되는 것은 아니다. 복종은 분명 정의의 문제보다 우선하지 않았으며, 개인적 선택에 대한 고려는 대인관계적 고려보다 우선시되는 경우가 많았다. 개인적 선택을 더욱 지향하는 것처럼 보이는 유대인 아동들 사이에서 개인적 고려는 권위에 대한 복종의 문제보다 실제로 더 중요했다. 하지만 그들은 대인 관계적 책임을 일관되게 무시하지는 않았다. (pp. 397-398)

중국 본토의 세 지역 청소년들을 대상으로 한 사회적 추론에 관한 연구에서도 이와 유사한 결과가 나왔다(Helwig et al., 2003). 참가자들은 또래, 가족, 학교 상황에서 결정의 토대가 되는 합의, 다수결, 권위에 대해 평가했다. 비록 청소년들의 판단과 설명은 특정 상황의 영향을 많이 받았지만, 권리와 개인의 자율성에 대한 개념은 두드러지게 나타났으며 다수결 원칙에 따른 의사결정은 강력하게 지지되었다.

> 전반적으로 이러한 결과는 중국 청소년들의 사회적 추론 양상이 집단주의, 효, 권위에 대한 엄격한 고수[인용 생략]를 지향한다고 생각하는 중국의 심리와 문화에 대한 전 세계적 해석과 일치하지 않음을 보여준다. 사회적 조화의 유지나 성인의 권위에 의존하는 소박한 호소와 같은 집단주의적 관심에 대한 언급은 자신의 추론을 정당화하는 응답의 비율에서 극히 일부에 불과했다.　　　　　　　　　　　　　(Helwig et al., 2003, p. 796)

보다 일반적으로, 사회적 인지에 대한 연구는 개인 간의 차이, 그리고 같은 문화권 내의 사회적 맥락에 따른 차이가 문화 간 차이보다 훨씬 더 크다는 것을 보여준다.

> 문화라는 개념에 내포되어 있는, 사회적 환경에 대한 광범위하고 포괄적인 개념화 혹은 동일시화는 발달에서 다양성의 중요한 측면을 간과한다. 연구에 따르면 전통적이고 위계적인 문화에 속한 개인(아마도 의무 지향적이고 사회 중심적 문화 속의 개인)은 사회 체계 내에서의 역할, 의무, 그리고 전통에 따라 판단한다. 동시에 그들은 관습이 합의의 문제임을 깨닫고 있고, 권위적 명령의 지배력에 대해 경계를 그으며, 사회적 상호작용 요소인 개인적 선택과 자격, 권리를 인식하고 있다.　　　(Wainryb & Turiel, 1995, p. 308)

개별 문화는 외부 관찰자가 보는 것보다는 덜 획일적이다. 그들 사이의 차이는 정의의 보편적 원칙을 배제시킬 만큼 충분하지 않다.

우리 사회는 다문화적이고, 좋은 삶에 대해 다양하면서도 상충하는 개념을 가진 개인들로 구성되어 있으며, 아마도 인간의 선에 관한 매우 다른 가치와 신념을 가지고 있는 다른 사회와 점점 더 상호작용하기 때문에, 상호 존중과 정의의 원칙들은 계속해서 발생할 갈등을 해결하기 위해 요청될 가능성이 높다.   (Helwig, Turiel, & Nucci, 1996, p. 101)

문화들 전반에서 상호 존중은 가능한가? 정의는 다양한 사회적 맥락의 전반에서 공통된 의미의 핵심을 가지고 있는가? 서로 다른 문화의 대표자들이 일련의 도덕 원칙에 합의하는 것이 가능한가? 국제인권법은 그러한 합의가 실제로 가능하다는 명확한 증거를 제시하고 있다. 단적인 예로, 1948년 UN이 승인한 세계인권선언에는 모든 문화에 걸쳐 세계 각국의 사회 대표들이 받아들였던 자유, 평등, 사생활, 정당한 절차, 사회적 복지의 원칙이 포함되어 있다. 그 후 수십 년 동안 세계인권선언은 인권 조약, 문서, 기관, 조직 및 활동의 네트워크에 있어 국제적 토대가 되었다(Alves, 2000; Morsink, 2009; Perry, 1997; Shestack, 1998).

결론

인권의 보편성은 합리적이고 보편적인 콜버그식의 도덕성 개념으로 우리를 다시 인도한다. 그러나 인권이 널리 받아들여진다고 하더라도, 정확한 공식화, 적용, 그리고 정당화는 여전히 논의의 여지가 있다(Brems, 1997). 여성 할례(5장 참고)는 해결되지 않은 많은 쟁점 중 하나이다. 도덕 원칙이 보편적이라고 하더라도, 다양한 사회적 맥락에서의 적용은 다양한 도덕 개념을 탄생시킬 수 있다. 그렇다면 우리에게는 다음과 같은 근본적인 질문이 남겨진다. 발달 이론은 도덕 상대주의로 빠지지 않으면서도 도덕적 다양성과 조화를 이룰 수 있는가?

8장

도덕성의 구성

> 나는 그것을 이해해요. 그리고 그것을 믿어요.
>
> – 밀드레드 러빙
> (*Dominus*, 2008)

6장과 7장에서 본 것처럼, 도덕성의 본질에 대한 다양한 개념과 진보된 도덕성에 대한 다양한 측면이 학자들 사이에서 논의되고 있다. 개인마다 기본적 개념화 및 추론의 형태가 어느 정도 다를 수 있으며, 그러한 차이는 성이나 문화와 미묘하게 연관될 수 있다. 그러나 대부분의 경우, 도덕적 다양성은 개인이나 집단에 걸쳐 존재하기보다는 각 개인 내에 존재하는 것으로 보인다. 즉, 대부분의 청소년과 성인은 도덕성에 대한 다양한 개념을 가지고 있으며, 다양한 도덕 원칙에 호소하고, 인지적이며 정서적인 도덕적 관점 채택에 적극적으로 참여한다. 간단한 경우에는, 상황적 요인이 우리의 반응을 결정할 수 있다. 예를 들어 고통받고 있는 누군가를 관찰하면 우리는 공감과 연민으로 반응할 수 있다. 이에 반해 잘 모르는 사람들이 불공정한 대우를 받고 있다는 말을 듣게 된다면, 우리는 정의의 원칙에 대한 보다 추상적인 의무를 갖게 될 것이다. 하지만 복잡한 경우, 도덕적 쟁점에 대한 다양한 개념화, 상충하는 원칙들, 관점들, 그리고 공감적 반응은 문제 해결을 어렵고 불확실하게 만들 수 있다. 그러나 우리의 도덕 발달을

8장 도덕성의 구성 **141**

촉진하는 것은 바로 이와 같은 어려운 사례들에 대한 숙고일 수 있다.

밀드레드 러빙

리차드 러빙Richard Loving은 1950년대 초, 버지니아 주 센트럴 포인트Central Point의 작은 마을에 살고 있는 밀드레드Mildred를 만났다. 그는 밀드레드의 형제들이 집에서 음악을 연주하는 것을 듣기 위해 갔었다(Dominus, 2008). 그들은 사랑에 빠졌고, 이후 1958년에 다른 주에서 결혼했다. 버지니아로 돌아온 다음, 그들은 인종 간 결혼을 금지하는 주 법을 위반했다는 명목으로 체포되어 투옥되었다. 왜냐하면 그녀가 미국 시민 자유 연합American Civil Liberties Union에 보낸 편지에 쓴 것처럼, 리차드는 "백인"이었고, 그녀는 "일부는 흑인, 일부는 인도인"이었기 때문이었다. ACLU는 이 사건을 법정으로 가져갔고, 미국 대법원은 결혼의 자유가 인종이 다르다는 이유로 제한될 수 없는 기본권이라고 최종적으로 판결했다. 버지니아 주가 백인과 백인이 아닌 사람의 결혼을 허용했다는 사실이 중요한 것이 아니다. 결혼을 원하는 두 사람은 인종에 관계없이 결혼할 수 있어야 한다는 것이 중요하다. **러빙 대 버지니아**(1967) 사건은 문자 그대로 버지니아 주에 대한 사랑의 싸움이었고, 결국에는 사랑이 승리했다. 그리고 버지니아에서 결혼할 권리를 얻은 밀드레드와 리차드 러빙은 그들의 삶으로 돌아갔고, 수많은 인터뷰 및 공개 출연 요청을 정중히 거부했다.

그러다가 2007년, 리차드 러빙이 자동차 사고로 사망한 지 오랜 후에, 미국의 신념Faith in America이라는 동성애자 권리 단체는 **러빙 대 버지니아** 사건 40주년을 기념하여 동성 결혼을 찬성하는 성명을 발표하도록 밀드레드 러빙을 설득하였다. 정기적으로 교회에 다녔던 러빙은 자신의 집에 찾아온 단체 대표의 이야기를 동정적으로 경청했지만, 성명 발표에 대해서는 분명한 태도를 보이지 않앉다. 그 문제에 대해 별로 생각해 본 적이 없던 그녀는 단지 "모르겠어요"라고만 이야기했다. 그러나 그녀는 그들과 계속 연락하기로 했고, 이 일에 대해 이웃과 자녀들과도 이야기를 나누었다. 그리고 마침내, 단체의 대표로부터 전화를 받은 그녀는 동성 결혼 지지 성명에 자신의 이름을 넣는 것에 동의했다. 대표는 "당신이 말하고자 하는 것이 무엇을 의미하는지 확실히 이해하고 있나요?", "두 남자 혹은 두 여자가 서로 결혼할 권리를 가져야 한다고 주장하는 성명에 당신의 이름을 넣겠다는 것을 이해하고 있나요?"라고 물었다. 러빙이 말했다. "나는 그것이 무엇을 의미하는지 이해해요. 그리고 그것을 믿어요"(Dominus, 2008)

밀드레드 러빙은 어떻게 동성인 두 사람이 결혼할 권리를 가져야 한다는 생각을 지지하게 되었는가? 우리의 자료는 도미누스Dominus(2008)가 보고한 내용에 한정되어 있다. 하지만 분명한 것은, 그녀가 어떤 종류의 사회적 압력에도 굴복하지 않고 스스로 이 문제에 대해 오랜 시간 열심히 고민하였으며, 다른 사람들과 적극적으로 이야기를 나눔으로써, 정당하다고 생각한 결론에 도달했다는 점이다. 의심의 여지없이 그녀는 다양한 관점에서 이 문제를 바라보았다. 아마도 그녀는 사랑하는 사람과 결혼하는 것을 금지하는 법이 존재한다는 것이 어떤 것인지를 다시 한번 느꼈을 것이다. 아마도 결혼은 반드시 한 남자와 한 여자가 하는 것이라는 자신의 문화적 전통이 그녀로 하여금 인종 간의 결혼을 금지하는 것과 동성 간의 결혼의 금지하는 것이 과연 다른 문제인지 숙고하게 했을 것이다. 그녀는 성인들이 서로 동의만 한다면, 인종이 다르더라도 결혼은 허용되어야 한다고 믿었다. 그렇다면 이러한 믿음이 인종이 아닌 성과 관련하여서는 달라져야 할 이유가 있는가? 분명 러빙은 설득력 있다고 생각되는 양자 간의 어떤 구분도 접하지 못했고 또 떠올릴 수 없었다. 따라서 그녀는 이성이든 동성이든 상관없이 결혼은 허용되어야 한다는 결론을 내리게 되었다. 결국 공감적인 관점 채택과 원칙에 입각한 추론은 서로를 강화하며 강력한 확신을 만들어 냈다.

도덕 추론과 도덕 발달

밀드레드 러빙이 내린, 동성 결혼은 허용되어야 한다는 결론은 분명히, 적어도 부분적으로는, 도덕 추론의 결과였다. 그러한 추론을 할 수 있는 그녀의 능력은 분명 발달의 결과였다. 그러나 도덕 추론은 보다 진보된 도덕 발달을 이끌 수 있는가? 러빙이 내린 동성 결혼에 대한 결론이 옳다고 하더라도, 현재의 신념에 새로운 신념을 추가하는 것이 발달을 야기하지는 않는다. 도덕 추론의 모든 행위가 반드시 발달적 결과로 이어지는 것은 아니다. 그러나 일부 경우에서는, 도덕 추론에 적극적으로 참여하는 것은 옹호할 수 있는 도덕 원칙을 일관되게 적용하도록 하거나 혹은 진보된 관점 채택을 증가시킨다. 그리고 이는 실제로 발달적 진전이라고 말할 수 있다.

특히 진보된 수준에서는, 도덕 추론이 다양한 사회적·도덕적 관점의 성찰적 조정reflective coordination에 큰 부분을 차지한다(Carpendale, 2000). 도덕 추론을 조정의 한 과정으로 해석하는 것은, 일반적으로 2개나 그 이상의 관점들 중 하나를 선택하는 것이 아니라 다양한 관점으로부터 만족스러운 해결책을 찾으려는 노력을 의미한다. 이러한 조정을 성찰적이라고 주장하는 것은 그저 이것이 자동적으로 일어나는 것이 아니라, 정당화 가능한 해결책을 구성하려는 신중한 노력을 포함한다고 말하는 것이다. 이는 우리가 자주 직관적으로 도덕 추론을 하며, 이러한 직관적 추론이 아주 어린 나이부터 시작된다는 주장을 부정하려는 것도 아니다(Cushman, Young, & Hauser, 2006; Haidt, 2001; Walker, 2000). 그러나 내가 2장과 3장에서 주장한 바와 같이 추론과 합리성에 대한 메타 인지적 개념에 비추어 볼 때, **도덕 추론**moral reasoning이라는 용어는 정당화 가능한 결론에 이르기 위한 의도적인 노력을 수반하는 도덕 추리moral inference의 경우에만 사용되어야 한다.

비록 성찰적 조정은 개인 내에서 일어날 수 있지만, 사회적 상호작용 맥락에서도 발생할 수 있다. 이와 관련하여 4장과 5장에서 제안한 것처럼, 비대칭적인 사회적 상호작용과 대칭적 상호작용을 구분하는 것은 유용하다. 상호작용하는 개인 간의 지위나 권위, 그리고 영향력에 차이가 나는 **비대칭인 사회적 상호작용**은 다른 사람들보다 특정 몇 명의 도덕적 관점에 특권을 부여할 수 있다. 반대로 어떤 개인도 자신의 의지를 다른 사람에게 강요할 힘을 가지고 있지 않은 사람들 간의 **대칭적인 사회적 상호작용**은 **진정한 의미에서의 조정과 성찰을 일으킬** 가능성이 높다(Habermas, 1990). 따라서 대칭적인 사회적 상호작용의 이상적인 모습에 가까운 동료 상호작용은 진정한 도덕 추론이 발생할 가능성이 높은 환경일 수 있다(Kruger, 1992, 1993; Moshman, 1995b; Piaget, 1932/1965; Youniss & Damon, 1992).

게다가 도덕 추론에 참여하는 것은 단지 특정한 상황에서의 합리적 판단뿐만 아니라, 점점 더 원칙에 입각한 추론과 고차원적 관점 채택을 향한 발달로 사람들을 이끌 수 있다. 그러므로 발달 수준이 높아질수록, 발달과 추론을 구분하는 것이 점점 더 어려워진다. 발달과 추론 둘 다, 보통 동료 상호작용의 맥락에서 성찰과 조정의 과정을 포함하고 있다. 도덕 추론이 도덕적 합리성의 장기적인 진전을 가져오는 한, 그것은 도덕 발달의 과정으로 유용하게 해석될 수 있다.

도덕 발달의 다원주의적 개념

올랜도 로렌초Orlando Lourenço(1996)는 **합리성**과 **보편성**이 콜버그 도덕 발달 이론의 핵심이라고 주장했다. 즉, 콜버그는 도덕 원칙이 특정 개인이나 문화적 가치에 호소하지 않고도 합리적으로 정당화될 수 있으며, 따라서 그러한 원칙은 모든 개인과 문화에 적용된다고 믿었다. 비록 튜리엘과 사회 인지 영역 이론가들은 콜버그의 발달 단계에 동의하지는 않지만, 도덕성이 합리적이고 보편적인 것이라는 콜버그의 통찰력을 공유하고 있다. 반면에 데이와 태펀(1996; Tappan,

1997, 2006)과 같은 이론가들은 도덕이라는 것은 문화에 따라 달라지기 때문에, 도덕성은 특정 문화를 초월하는 어떤 기초 위에서도 정당화될 수 없다고 주장했다. 도덕 발달에 관한 이론적 논쟁 속에서, 보편성보다는 합리성이 옹호할 수 있는 이론을 형성하는 데 보다 근본적인 것으로 보인다. 구성주의자로서 콜버그는 도덕성이 유전자, 문화, 혹은 그 둘의 상호작용에 의해 결정되기보다는, 구성된다고 주장했다. 피아제의 이론적 전통을 따라, 콜버그는 도덕성의 구성을 자신만의 독특한 도덕적 선호를 임의적으로 공식화한 것이 아니라, 정당화 가능한 결과를 생성해가는 합리적인 과정으로 보았다(Arnold, 2000). 나는 이 관점을 **합리적 구성주의**라고 부른다.

콜버그는 합리적 구성이 단계의 보편적 위계를 생성한다고 주장했다. 나는 이러한 견해를 **보편주의적인 합리적 구성주의**universalist rational constructivism라고 부른다. 그러나 대조적으로, 도덕적 보편성의 존재에 대한 부정 없이도, 그리고 세상의 모든 도덕 개념이 동등하게 정당화될 수 있다고 주장하지 않고도, 나는 다양한 도덕성이 합리적으로 정당화될 수 있다고 제안한다. 이를 **다원주의적인 합리적 구성주의**pluralist rational constructivism라고 명명하자(Moshman, 1995b; Neff & Helwig, 2002; Sen, 2009도 참고).

보편주의적인 합리적 구성주의와 마찬가지로, 다원주의적 합리적 구성주의도 **이론**이 아니라, **메타 이론**metatheory이다. 도덕 발달 이론은 도덕성이 어떻게 발달하는지에 대한 구체적인 설명을 제공하고 도덕성 발달과 관련한 데이터와 비교하여 검증될 수 있다. 반대로 메타 이론은 그럴 듯한 하나의 이론을 뒷받침하는 기본 가정에 관한 제안이다. 콜버그의 이론이 바로 보편주의적인 합리적 구성주의라는 메타 이론적 개념 틀 내에서 뒷받침되는 이론의 예이다. 도덕 발달과 관련하여, 다원주의적인 합리적 구성주의는 이론과 연구의 기초로서 다음과 같은 다섯 가지 메타 이론적 가정을 제안한다.

첫째, 합리성은 논리의 문제라기보다는 근본적으로 메타 인지의 문제이다(3

장 참고). 그렇다면 도덕적 합리성은 누군가의 직관적인 사회적 추리가 어떤 종류의 도덕적 논리와 일치하는지 검토하는 것과 관련된 문제라기보다는 누군가의 도덕적 직관에 대한 본질과 정당화를 성찰하는 것과 관련된 문제이다. 도덕적 합리성과 도덕적 논리를 동일시하는 것은 자연스럽게 모든 개인과 상황, 문화에 통용되는 진보된 도덕성을 구성하는 보편적인 논리가 있다는 생각을 이끈다. 이와는 대조적으로, 메타 인지적 성찰로서 도덕적 합리성의 개념은 도덕성의 구성이 정당화 가능한 하나의 방향으로만 진행된다기보다는, 더 많은 방향으로 진행될 수 있다는 가능성을 남겨둔다.

둘째, 다원주의적인 합리적 구성주의는 도덕적 보편성의 가능성을 부정하지 않지만, 그 존재도 가정하지 않는다. 보편성의 문제는 연구의 기본적 틀에 내재된 가정이 아니라, 증거와 논증을 바탕으로 다루어져야 하는 이론적이며 경험적인 문제이다(Saltzstein, 1997).

다원주의적인 합리적 구성의 세 번째 메타 이론적 가정은 두 번째 가정으로부터 추출되는 것으로, 도덕 발달 연구는 다양성과 보편성에 대한 증거를 모두 찾아야 한다는 것이다. 그러한 증거가 발견되기까지, 도덕 발달 이론은 관련된 발달적 변화를 포함하여, 도덕 영역에 관한 개인적·문화적 개념의 차이점과 보편성을 모두 인정하고 설명해야 한다. 포괄적인 도덕 발달 이론은 발달의 특정 수준에서, 부적절한 개념이라고 여겨지는 이론을 지지하는 사람을 포함하여, 모든 문화권의 모든 사람들을 설명해야 한다.

넷째, 다원주의적인 합리적 구성주의는 대칭적인 사회적 상호작용과 비대칭적인 사회적 상호작용을 구별한다. 근본적으로 도덕성의 사회적 본질은 종종 다음과 같이 제안된다. "도덕성은 오로지 사회적 상호작용의 맥락에서만 발달하기 때문에, 문화에 상대적이다" 그러나 대칭적인 사회적 상호작용과 비대칭적인 사회적 상호작용 사이의 구분은, 사회적 교류에 내재된 속성과 특정 문화의 특수한 속성 간의 유용한 구별을 제공한다. 비대칭적인 사회적 상호작용은 개인적이고 문화적인 가치를 전달하는 권위자^{authority}를 포함한다. 이러한 방식의 상호작용은 도덕적 다양성의 원천이 될 수 있다. 이와는 대조적으로 대칭적인 사회적 상호작용은 지식, 권위, 영향력에 있어서 동등하다고 인식되는 개인들 사이의 대화, 담화, 협력, 상호 존중으로 이루어진 이상적인 영역이다(Habermas, 1990). 대칭적인 사회적 상호작용은 특히 상호작용하는 행위자들 간의 사회적 관계에 대한 자율적인 성찰을 장려할 수 있으며, 동시에 사회적이고 합리적인 도덕성을 구성하기 위한 맥락이 될 수 있다. 심지어 대칭적인 사회적 상호작용은 문화 전반에 걸쳐 공통적인 속성을 가질 수 있기 때문에, 도덕적 보편성의 구성을 위한 기초로 작용할 수 있다. 아동과 청소년 간의 동료 상호작용은 대칭적인 사회적 상호작용이라는 이상에 가까우며, 따라서 도덕 발달에 있어 특별한 역할을 할 수 있다(Kruger, 1992, 1993; Moshman, 1995b; Piaget, 1932/1965; Walker, Hennig, & Krettenauer, 2000; Youniss & Damon, 1992).

마지막으로, 규칙에 대한 성찰은 그러한 규칙을 설명하고 정당화하는 원칙을 만들며, 더 나아가 그러한 규칙의 재구성으로 이어질 수 있다. 도덕성과 관련하여, 도덕적 규칙은 권위로부터 학습될 수 있고 특정 문화의 가치를 강하게 반영할 수 있다. 도덕 발달의 방향은 성찰의 출발점을 구성하는 특정 규칙에 따라 어느 정도 달라질 수 있다. 그러나 동료 상호작용의 맥락에서 도덕적 성찰이 발생할수록, (합리적으로 정당화 가능할 뿐만 아니라 어떠한 경우에는 문화 전반에 걸쳐 보편적인) 공동으로 구성된 도덕 원칙이 산출될 수 있다.

그렇다면 다원주의적인 합리적 구성주의는 콜버그의 이론보다 도덕적 다양성에 대해 보다 많은 가능성을 제공해 주면서도, 급진적 맥락주의와 상대주의에 빠져 도덕성의 개념 자체를 훼손시키는 문제를 피하게 한다:

> 보편주의자에게 문화 간의 차이는 도덕 발달의 방향과 단계가 지닌 문화 간의 근본적인 공통점에 비하면 피상적인 문제일 뿐이다. 그렇다면 문화 간 연구의 요점은 모든 문화

권의 개인이 동일한 순서로 동일한 단계를 거쳐 발달하는 것을 보여주는 것이다. 어떤 사람은 다른 사람들보다 더 발달할 수 있고 이러한 측면에서 문화 간 차이는 발생할 수 있지만, 연구의 주요 초점은 개인이 단계를 건너뛰어 발달하지 않고, 단계의 순서에는 역전이 없으며, 어느 한 단계에 부합하지 않는 도덕 추론의 형태는 존재하지 않는다는 것을 보여주는 것이다.

이와는 대조적으로, 다원주의자들에게 문화 간 연구는 도덕 추론과 이해의 새 구조를 발견할 수 있는 기회를 제공한다. 다원주의자는 서로 다른 도덕성을 프로크루스테스의 침대Procrustean bed, 즉 특정 이론의 위계적 단계에 억지로 끼워 맞추려는 보편주의자의 노력을 경계한다. 동시에 다원주의자들은 사람들이 그들의 문화가 가르치는 것이라면 무엇이든지 단순히 배우기만 한다는 우연적 결정론의 관점도 거부한다. 다원주의자는 또한 문화 간 비교는 합리적 근거를 가질 수 없다고 주장하는 상대주의적 견해도 거부한다. 다원주의자들의 노력은 도덕 영역을 위계적으로 정렬된 몇 개의 도덕적 구조로 제한하지 않고, 도덕적 합리성의 수준을 구별하는 것이다. (Moshman, 1995b, p. 276)

이를 염두에 두고, 조녀선 하이트의 다섯 가지 기반 이론을 다시 한번 검토해 보자(Graham, Haidt, & Jose, 2009; Haidt & Graham, 2007; 6장 참고). 하이트는 내집단/충성심, 권위/존중, 순수함/신성함을 피해/돌봄, 공정함/호혜성이라는 표준적인 도덕 기반에 추가했다. 우리는 이제 두 가지 잠재적 주장을 구분해야 한다. 첫째, 다섯 가지 사항 모두가 인간의 도덕 기능에 깊은 영향을 미친다는 심리학적 주장이 있다. 둘째, 다섯 가지 사항 모두가 온전히 그리고 동등하게 도덕적이라는 도덕적 주장이 있다. 심리학적 주장은 의심의 여지없이 사실이다. 그러나 도덕적 주장은 면밀한 검토가 필요하다.

예를 들어, 1994년에 일어난 르완다 대량 학살을 내집단/충성심과 권위/존중과 관련하여 생각해 보자. 르완다는 수세기 동안 소수의 투치족이 지배했는데, 이들은 다수인 후투족을 착취해왔다. 그러다가 1890년대부터 1960년대 초까지, 유럽 식민 세력은 투치족을 매개로 르완다를 지배했다. 이후 르완다는 다수인 후투족이 통치하는 독립 국가가 되었다. 1990년대 초, 정당 활동을 넘어 정부와 주요 언론을 장악한 후투 파워^{Hutu Power} 운동은 스스로가 르완다의 후투 국가를 대표한다고 여겼다. 온건파(반 후투 파워) 후투족은 투치족도 르완다인이며, 따라서 그들도 민주적인 르완다에 동등하게 참여해야 한다고 주장했다. 하지만 우간다로 망명한 투치족 군대가 공격해오자, 후투 파워는 투치족이 자신들과는 다른 북쪽의 이방인이고 유럽인들이 식민 지배를 하기 수세기 전에 르완다를 점령했으며, 이제 그들이 다시 르완다를 빼앗으려 한다며 정치적으로 선동했다.

1994년 4월 대통령 전용기가 공중에서 격추되자, 르완다에서는 100일간의 학살이 시작됐다. 후투족은 지역 당국의 명령과 국가 당국의 권고에 따라, 후투 파워 이데올로기와 선전이 지시하는 대로, 50만 명 이상의 투치족을 살해했다. 대량 학살 초기에, 그들은 자신들의 집단을 배신한 것으로 여겨졌던 수천 명의 온건파 후투족을 살해했다. 내집단/충성심과 권위/존중이라는 기반은 후투족 살인자들이 지닌 생각, 즉 투치족과 그 협력자들로부터 르완다를 구하기 위해 해야 할 일을 하고 있다는 생각을 설명하는 데 도움을 준다. 그러나 우리는 내집단/충성심과 권위/존중에 의해 움직였던 그들의 행동을 도덕적이었다고 말할 수 있는가? 후투족 살인자들의 행동은 피해/돌봄과 공정성/호혜성에 기초하여 투치족을 옹호하였던 온건파 후투족만큼 도덕적이었는가? 보다 일반적으로 말하자면, 자신의 집단을 대표한다고 생각하면서 대량 학살을 저지르라는 명령을 따른 사람들은 피해자를 옹호했던 사람들만큼 도덕적이었는가?

혐오감에 뿌리를 둔다고 여겨지는 순수함/신성함에 대해 생각해 보자. 일부 사람들은 서로 다른 인종의 두 사람이 성관계를 하거나 결혼한다는 생각에 혐오감을 느낀다. 일부는 동성인 두 사람이 성관계를 하거나 결혼한다는 생각에 혐오감을 느낀다. 일부는 여성의 생식기 절단에 혐오감을 느낀다. 일부는 고문에 혐오감을 느낀다. 이러한 고려 사항들은 누군가에게는 판단을 위한 기초가 될 수 있으며, 심지어 도덕적 기초로도 보일 수 있다. 그러나 혐오감에 대한 우리의 주관적 반응이 객관적으로 부도덕함을 만드는가? 혐오감의 진화론적 기초는 도덕성에 대한 임의적 기초라고 볼 수 있는 육식이라고 가정되고 있다. 도덕적이라고 알려진 혐오감은 사람들이 어떻게 행동해야 하고 어떤 대우를 받아야 할지에 대한 합리적 판단에 동기를 부여하고 그것을 인도할 수 있다. 그러나 무엇이 도덕적인지를 결정하는 것은 혐오감이 아니라 합리적 판단이다.

나는 피해/돌봄과 공정성/호혜성이 정당화 가능한 도덕성의 핵심을 나타내기 때문에 개인, 문화, 이론가 전반에 걸쳐 사실상 보편적이라고 제안하는 바이다. 나머지 3개 기반들은 일부 상황에서의 문화와 일부 개인들에게는 도덕적이라고 여겨질 수 있는 추가적인 가치와 덕을 나타낸다. 그러나 도덕 영역에 대한 어떠한 개념이 다른 개념만큼 좋다고 가정할 이유는 없다. 도덕 영역의 본질과 범위에 대한 메타 윤리적 주장을 포함한 모든 도덕적 주장은 비판적인 검토를 받아야 한다. 도덕성에 대한 일부 개념은 다른 개념보다 일관되고 정당한 것으로 판명될 수 있으며, 일부는 옹호할 수 없는 것으로 판명될 수 있다.

요약하자면, 다양한 사람, 문화, 이론가들의 중첩되는 견해는 공정, 호혜성, 권리, 정의, 피해, 돌봄, 그리고 복지의 문제(간단히 말하면, 정의와 배려)가 합리적인 사회적 행동과 이해의 보편적 영역을 구성한다는 점을 시사한다. 모든 것을 고려해볼 때, 이것을 도덕성이라고 부르고 그것의 발달을 연구할 충분한 이유가 있다.

결론

칸트주의적 도덕 철학을 반영하는 콜버그의 주요 초점은 보편화 가능한 정의의 원칙에 의해 규정되는 엄격한 의무와 금지에 있었다. 대부분의 심리학자들은 다른 사람들의 권리나 복지에 대한 고려에 기초하여, 의무이거나 바람직한, 혹은 바람직하지 않거나 금지된 것으로 간주되는 행동을 포괄하는 도덕성에 대한 보다 넓은 개념을 선호한다. 그러나 도덕 발달에 대한 포괄적인 설명은 어떤 사회에서의 특정 발달 수준에 있는 어떤 개인이 예리한 구분 없이 도덕 영역을 덕, 명예, 의무, 순종, 배려, 연민, 자비, 용기, 인성, 책임, 진실성, 충성심, 연대, 순수함, 신성함 등을 모두 포함하는 확장된 어떤 것이라고 해석할 수도 있음을 인정해야 한다(Campbell & Christopher, 1996b; Carlo, 2006; Haidt & Graham, 2007; Haidt, Koller, & Dias, 1993; Hart, 1998; Lapsley, 1996; Moshman, 1995b; Walker & Hennig, 1997; Walker & Pitts, 1998).

콜버그 학파의 이론과 연구는 최소한 몇몇 사람에게는 진보된 도덕적 개념의 구성이 청소년기를 거쳐 성인기에도 계속된다는 믿음을 뒷받침하는 강력한 근거를 제공한다. 비록 콜버그의 이론이 원칙에 입각한 정의 개념의 발달에 상당한 통찰을 제공해 주지만, 우리는 돌봄, 연민, 책임, 인성, 덕, 직관, 그리고 정서와 같이 정의와 동등하게 중요한 도덕성의 또 다른 측면이 있을 수 있다는 점을 명심해야 한다. 콜버그의 이론은 이러한 측면들에 대해 적절하게 언급하고 있지 않다.

발달적 변화의 과정과 관련하여, 동료 상호작용은 대부분의 이론적 관점에서 도덕성의 사회적 성격을 강조하는 관점과 합리적인 도덕 행위자의 자율적 성격을 강조하는 관점을 포함하는 근본적인 발달적 맥락으로 나타난다. 동료 상호작용은 분명 개인적이기보다는 사회적이고, 더 나아가 내용의 단순한 주입보다는 잠재적으로 볼 때 합리적 성찰의 맥락과 관련이 있다. 따라서 동료 상호작용에 대한 강조는 도덕성이 다른 사람들과의 상호작용을 통해 형성되지만, 다른 사람들로부터 단순히 내면화되는 것은 아니라는 점을 확인시켜 준다. 문화적 주입 및 개인적 성찰과는 별개로, 동료 상호작용은 사회적인 동시에 합리적인 도덕성의 구성을 가능하게 한다.

발달에 대한 우리의 핵심적인 논의와 일관되게, 도덕성에 대한 현재의 설명은 더 높은 수준의 도덕적 합리성을 향한 진보를 강조해 왔으며, 이에 걸맞게 도덕적 추론과 이해를 강조해 왔다. 청소년들의 도덕성에 대한 온전한 설명은 다양한 사회적 맥락에서의 직관, 정서, 동기, 그리고 습관적 행동의 복잡한 상호 관계를 포함해야 한다(Carlo, 2006; Carlo, Koller, Disenberg, Da Silva, & Frohlich, 1996; Cushman et al., 2006; Gibbs, 2010; Graham et al., 2009; Grotevant, 1998; Haidt, 2001; Haidt & Graham, 2007; Haidt et al., 1993; Nucci, 2001; Pizarro & Bloom, 2003; Turiel, 2002, 2006a; Uhlmann, Pizarro, Tannenbaum, & Ditto, 2009; Walker, 2000). 그러나 도덕적 반응, 감정, 동기, 그리고 행동에서의 탈바꿈과 변주는 예정된 진보를 위한, 따라서 발달적인 것으로 확인되기 위한 합리적 근거를 가져야만 한다.

3장에서 제안된 합리성에 대한 메타 인지적 개념을 상기하자. 도덕 발달의 합리적 본질에 초점을 맞춘다는 것은 도덕적 행위자의 관점에서 도덕적 탈바꿈의 이유를 고려하면서, 도덕적 변화를 분석해야 함을 의미한다. 이러한 작업은 도덕적 인지 구조에 대한 분석을 포함할 수 있지만(예를 들어, 콜버그식의 단계들), 또한 그들 자신만의 도덕성, 관계, 그리고 사회에 대한 사람들의 메타 인지적 태도를 고려할 것을 요청한다. 이상적인 도덕적 행위자는 다양한 도덕적 역량을 갖추고 있을 뿐만 아니라, "비판 의식"을 갖고 사회 세계와 그들이 맺고 있는 관계를 해석한다. 여기서 비판 의식이란 "도덕적 행위자가 자신의 문화적, 사회적, 정치적 환경으로부터 벗어나 책임감을 가지고 비판적인 도덕적 대화에 참여하며, 사회적 현실에서 자신의 위치를 구축하고 자신의 존재 방식에 있어서 내적 일관성을 발전시키고자 적극적으로 노력하는 성향"을 말한다(Mustakova-Possardt, 1998, p. 13).

비판 의식이라는 개념은 도덕적 동기화와 관련하여 몇 가지 의문점을 불러일으킨다. 왜 어떤 사람들은 일상적으로 도덕적인 측면에서 사회적 쟁점들을 해석하는가? 왜 그러한 쟁점들에 대해 도덕적 판단을 내리는가? 그리고 왜 그러한 판단에 기초하여 행동하는가? 반면에 이러한 사람과 동등한 수준에서 진보된 도덕 추론을 할 수 있는 또 다른 어떤 사람들은 왜 자신의 추론을 일상의 삶에 적용하려는 경향이 보다 적은가? 한 가지 흥미로운 가능성은 어거스트 블라지^{Augusto Blasi}와 여타의 학자들에 의해 제기되었는데(13장을 참고), 그들은 개인의 자아감에 도덕성이 얼마나 중심적인 위치를 차지하느냐에 따라 도덕적인 행동의 산출 여부가 달려 있다고 주장한다(Arnold, 2000; Bergman, 2002, 2004; Blasi, 1984; Colby & Damon, 1992; Frimer & Walker, 2009; hardy & Carlo, 2005, 출판 중; Hart, 2005; Hart & Fegley, 1995; Lapsley, 1996; Moshman, 2005; Mustakova-Possardt, 1998; Walker & Hennig, 1997; Walker & Pitts, 1998). 만일 도덕성이 당신에게 중요하지 않다면, 당신은 당신이 내린 도덕 추론을 일상생활에서 잘 적용하지 않을 것이고, 당신의 도덕 판단에 따라 행동할 가능성도 적을 것이다. 그러나 만일 도덕적인 것이 당신이 누구인지에 대한 깊은 감각의 중심에 있다면, 당신은 도덕적 측면에서 쟁점을 해석하고, 당신이 해야 할 일에 대해 깊이 성찰하며, 당신이 도덕적으로 옳다고 간주하는 것을 행할 가능성이 높다. 그러한 방식으로 행동하지 않는 것은 당신 자신을 배신하게 되는 것이고, 따라서 당신은 자신에 대한 진실성의 결핍으로 인해 스스로 부과되어지는 정서적 결과를 경험하게 된다. 따라서 행동의 선택과 이와 관련된 감정의 측면에서, 도덕성에 대한 질문은 우리를 정체성에 대한 질문으로 이끈다.

3

정체성의 형성

자아 개념self-conception은 일생동안 변화하며, 이러한 변화 중 일부는 발달적이다. 어린이에게서는 볼 수 없는 합리성의 수준을 보여주는 청소년과 성인은 보통 "정체성들"이라고 불리는 일종의 성찰적 자아 개념을 구성한다. 에릭 에릭슨Erik Erikson은 "정체성"이라는 용어를 이러한 방식으로 처음 사용하면서, 정체성이 어떻게 발달하는지에 대한 이론을 제공한 학자 중 한 명이다.

9장

◀◀◀

에릭슨의
정체성 형성 이론

> 캐터필러: "너는 누구냐? … 너 자신에 대해 설명해 봐!"
>
> 앨리스: "선생님, 유감스럽게도, 제 자신을 설명하지 못하겠어요.
>
> 전 제 자신이 아니기 때문이에요. 보시다시피."
>
> 캐터필러: "안 보이는데"
>
> — 루이스 캐롤
> (1865/1949, p. 60)

어린 시절부터 우리는 우리 자신에 대해 궁금해 하고 걱정한다. 일반적으로 어린 아동들은 이름, 가정, 가족, 신체적 특징, 능력 등으로 자신을 정의하고 바라본다. 그러나 사람들은 발달의 과정에서 점차 성격, 이데올로기, 그리고 그 밖의 추상적인 특징들로 자신을 정의하기 시작한다(Garcia, Hart, & Johnson-Ray, 1997; Harter, 2006; Nucci, 1996). 더 나아가 많은 사람들은 청소년기를 거치면서 점차 정체성을 스스로 만들어낼 수 있고 만들어 내야 하는 것으로 바라본다. 청소년들에게 정체성은 자신이 누구인지를 결정하는 문제인 동시에, 앞으로 어떤 사람이 될 것인지를 결정하는 문제이다.

일반적으로 정체성identity은 자아self와 관련이 있는 것으로 간주되지만, 두 용어 모두 정의하기가 쉽지 않고 두 개념 간의 관계 역시 명확하지 않다(Ashmore

& Jussim, 1997; Côté, 2009). 자의식에 대한 심리학적 이론화는 이 주제에 대해 무려 111쪽의 분량을 할애한 윌리엄 제임스^{William James}의 고전적인 저서인 『**심리학의 원리**(1890/1950)^{The Principles of Psychology}』에서부터 찾아볼 수 있다. 그러나 청소년의 정체성 형성에 초점을 맞춘 심리학적 이론과 연구들은 보다 최근에 진행되어 왔으며, 통상 에릭 에릭슨(1902-1994)의 연구에서 비롯된 것으로 여겨진다. 이번 장에서는 우선 정체성 개념에 매우 큰 영향을 미친 에릭슨의 성격 발달 personality development 이론을 요약하고, 정체성 개념의 재구성에 대한 제임스 마샤 James Marcia의 주장을 검토할 것이다. 그리고 이어지는 장에서는 1970년대 이후 정체성 형성에 관한 이론과 연구가 어떻게 발전되어 왔는지 검토할 것이다.

에릭슨의 성격 발달 이론

청소년기에 나타나는 정체성 형성이 전 생애에 걸친 발달의 중심이라는 주장은 에릭슨(1968)이 주창한 성격 발달 이론의 핵심적인 통찰이다. 에릭슨의 이론은 성격 발달에 관한 지그문트 프로이트^{Sigmund Freud}(1923/1960)의 정신분석이론 psychoanalytic theory의 영향을 많이 받았다. 하지만 두 이론은 세 가지 측면에서 중요한 차이를 보이고 있다.

첫째, 생물학과 섹슈얼리티^{sexuality}를 강조한 프로이트와는 대조적으로, 에릭슨은 발달에서 사회적·문화적 맥락의 역할도 함께 강조했다. 예를 들어 에릭슨은 그의 고전적 저서인 『**아동기와 사회**^{Childhood and Society}』(1950/1963)에서 아메리카 원주민 부족(중서부의 오글라라 수^{Oglala Sioux} 부족과 태평양 연안의 유로크^{Yurok} 부족)의 아동 발달을 생물학적 힘(프로이트가 일반적으로 말한 심리성적^{psychosexual} 단계들)과 사회적 힘(특정 부족이 지닌 특유의 문화적 역사와 상황)의 상호작용으로 설명했다. 요컨대 그가 주장한 8단계의 발달 과정은 프로이트의 생물학적·성적 고려 사항들을 통합하고 있지만, 일반적으로 **심리성적** 측면보다는 **심리사회적**psychosocial 측면으로 해석된다.

둘째, 프로이트가 무의식적이고 비합리적인 힘의 역할을 강조한 반면에, 에릭슨은 의식적인 해석과 적응적 선택 역시 발달에서 중요한 역할을 한다고 믿었다. 비록 프로이트가 (**원초아**id로 대표되는) 생물학적 충동과 (**초자아**superego 또는 양심으로 내면화된) 문화적 제약 간의 중재자로서 **자아**ego의 역할을 인정했지만, 그는 전형적으로 자아를 통제할 수 없는 심리적 힘을 관리하기 위해 필사적으로 노력하는 것으로 묘사했다. 에릭슨은 이러한 주장이 갖는 부분적인 타당성을 부인하지 않으면서도 성격의 의식적이고 합리적인 조정자로서의 위상을 갖는, 자아에 대한 보다 긍정적인 개념을 제시했다. 따라서 에릭슨 버전의 정신분석이론은 프로이트의 이론에 비해 인간을 합리적이고 도덕적인 행위자로 보는 피아제 학파와 콜버그 학파의 개념을 수용할 수 있는 여지가 더 크다.

마지막으로 프로이트는 성격이 주로 아동기 초기에 형성된다고 믿었지만, 에릭슨은 성격 발달이 평생에 걸쳐 계속된다고 믿었다. 그는 아동기와 관련이 있는 4개의 단계, 청소년기와 관련이 있는 1개의 단계, 그리고 성인기와 관련이 있는 3개의 단계로 구성된, 총 8개의 발달 단계를 가정했다.

에릭슨이 제시한 각 단계는 발달의 위기 또는 발달의 전환점으로 제시된다. 유아기 초기infancy에 나타나는 첫 번째 단계는 세상에 대한 기본적인 신뢰감을 발달시키거나 혹은 발달시키지 못하는 것과 관련된다. 유아기toddlerhood에 나타나는 두 번째 단계는 자율적인 행위자로서 자신에 대한 감각의 발달과 관련이 있다. 미취학 아동기와 관련된 세 번째 단계는 주도성과 포부에 대한 감각의 발달을 포함한다. 초등학교 시기와 관련된 네 번째 단계는 근면성과 역량에 대한 감각의 발달을 수반한다.

에릭슨의 도식에 따르면, 청소년들은 아동기의 발달이 순조롭게 진행된 정도만큼, 상대적으로 안전한 세상에서 자율적이고 능동적이며 역량을 갖춘 자아감을 가지고 정체성을 형성해가는 다섯 번째 단계에 접근한다. 그리고 처음 네 단계 중 하나 이상에서 발달적 문제가 발생한 정도만큼, 청소년은 **불신감**(신뢰의 부족), **수치심**과 **의구심**(자율성을 대체), **죄의식**(주도성을 대체), 그리고 **열등감**과 **무가치함**futility(근면성을 대체)에 의해 방해를 받게 된다. 정체성의 형성은 최상의 상황에서도 달성하기 어려운 과정이다. 즉, 발달 초기에 나타나는 문제들은 정체성 형성을 더욱 어렵게 만들고, 긍정적인 결과를 가져올 가능성을 감소시킬 수 있다.

더 나아가 에릭슨은 성인기와 관련된 세 가지 추가적인 단계를 제시했다. 그의 관점에서 볼 때, 성인기 초기에 완수해야 할 중심적인 과제는 친밀한 관계를 형성하기 위한 능력을 발달시키는 것이다. 성인기 중기는 미래 세대에 대한 헌신을 의미하는 생산성의 발달에 초점을 둔다. 마지막으로 성인기 후기 단계는 자신의 삶에 대한 통합적인 감각을 형성하는 것과 관련이 있다. 이를 달성하지 못할 경우, **고립감**(친밀감의 반대), **침체감**(생산성의 반대), **절망감** 혹은 **혐오감**(통합성의 반대)이라는 부정적 결과를 경험하게 된다. 그 어떤 것도 성인기의 긍정적 발달 결과를 보장할 수 없지만, 에릭슨은 청소년기에 형성된 강한 정체성이 사람들을 올바른 길로 인도한다고 믿었다.

에릭슨은 세대 간의 관계와 관련하여 성인기 단계와 아동기 단계의 중요한 관련성에 주목했다. 특히 발달의 초기 단계에서 긍정적인 결과를 얻기 위해서는 자신의 자녀는 물론, 미래 세대에 관심을 갖고 지원하는 생산적인 성인이 필요하다. 에릭슨(1950/1963)은 보다 추상적인 수준에서의 분석을 통해 다음과 같이 지적하였다.

친절하게도 웹스터 사전Webster's Dictionary은 이와 같은 대략적인 생각을 순환 방식으로 완성하는 데 도움을 준다. 이 사전에 따르면, (우리가 획득해야 하는 자아 가치 중 첫 번째인) 신뢰는 우리들이 지녀야 할 마지막 가치인 "타인의 진실함에 대한 보증된 의존"으로 정의된다. 나는 웹스터가 이 단어를 정의할 때, 아이들보다는 비즈니스를, 믿음보다는 신용을 염두에 두었다고 생각한다. 그러나 이러한 형식화는 성인의 통합성과 유아의 신뢰감 간의 관계를 표현하는 데에도 유효하게 적용된다. 즉, 성인들이 죽음을 두려워하지 않을 만큼 충분히 통합적인 상태라면, 그들의 건강한 아이들도 삶을 두려워하지 않을 것이다. (p. 269)

에릭슨의 청소년기 정체성 형성 이론

여러 저서를 통해 정체성의 본질에 대해 논의한 에릭슨은 『**정체성: 청년과 위기**Identity: Youth and Crisis』(1968)라는 책에서 정체성이 정확히 무엇을 지칭하는 것인지 알기 어렵다는 점을 인정했다.

나는 지금까지 거의 의도적으로 정체성이라는 용어를 다양한 의미로 사용해보았다(나는 생각하는 것을 좋아한다). 어떤 때는 개인의 고유성에 대한 의식적인 감각을, 또 어떤 때는 경험의 연속성을 유지하기 위한 무의식적인 노력을, 또 다른 경우에는 집단이 공유하는 이상과의 연대를 의미하는 용어로 사용했다. 어떤 면에서 이 용어는 구어적이고 순진한 말투처럼 보이기도 했고, 또 어떤 면에서는 정신분석학 및 사회학에서 사용하는 기존 개념들과 관련이 있었다. 그리고 한 번 이상, 그 단어는 설명을 위해 사용된 것이라기보다는 어떤 것을 친숙하게 보이도록 하는 습관처럼 슬쩍 끼어들어 사용되기도 했다. (p. 208)

어거스트 블라지Augusto Blasi와 킴벌리 글로디스Kimberly Glodis(1995)는 에릭슨이 제시한 정체성의 다면적인 측면을 아래의 12가지 요소와 그것들의 다양한 상호 관계에 의해 구성된 것으로 요약했다.

(a) 정체성은 '나는 누구인가?'라는 질문에 대한 명시적인 혹은 암묵적인 대답으로서, (b) 자신의 과거와 미래에 대한 기대 사이의 새로운 통합을 달성하는 것으로 구성되며, (c) 동일성과 연속성에 대한 근본적인 감각의 근원을 제공한다. (d) 정체성에 대한 질문의 답

은 자신과 자신의 과거를 현실적으로 평가함으로써 얻을 수 있는데, (e) 이는 자신의 문화, 특히 이데올로기 및 사회가 자신에게 기대하는 바를 고려함으로써, (f) 그리고 동시에 문화와 사회의 타당성, 타인이 자신에 대해 가지고 있는 인식의 적절성에 의문을 제기함으로써 가능하다. (g) 이러한 통합과 질문의 과정은 미래의 직업, 섹슈얼리티sexuality, 종교, 정치적 이상과 같은 근본적인 영역에서 발생해야 한다. (i) 그것은 객관적인 관점에서 사회로의 생산적 통합을, 그리고 (j) 주관적으로는 기본적인 충성심과 충실함뿐만 아니라, (k) 뿌리 깊은 잠재의식, 행복, 자존감, 자신감, 목적감을 보장하는 (h) 유연하면서도 지속적인 헌신으로 이어져야 한다. (l) 정체성은 청소년기에 가장 민감하게 발달하지만, 일생 동안 그 윤곽이 더 명확해지고 연령에 따라 특유의 표현을 획득할 수 있다.

(pp. 405-406)

요컨대 에릭슨의 관점에 따르면, 정체성을 탐색하는 청소년들의 노력은 이상적으로 개별성individuality에 대한 감각, 사회적 역할, 시간에 따른 영속성 경험, 이상에 대한 헌신을 가져온다. 현대 학술 심리학의 기준에 비추어 볼 때, 에릭슨의 형식화는 모호하고 체계적이지 않으며, 그가 제시한 증거들 역시 대체로 입증되지 않았다. 그럼에도 불구하고 정체성 형성이 청소년기의 핵심이라는 에릭슨의 주장은 많은 후속 연구들을 불러일으켰다. 그리고 제임스 마샤(1966)는 에릭슨의 관찰과 성찰을 명확하고 검증 가능한 이론으로 탈바꿈시키는 데 큰 역할을 하였다(Kroger, 1993; Kroger & Marcia, in press; Marcia, Waterman, Matteson, Archer, & Orlofsky, 1993).

마샤의 정체성 형성 이론

마샤 이론의 핵심은 **정체성 헌신**identity commitments이라는 개념이다. 그의 관점에서 성숙한 정체성은 직업, 섹슈얼리티, 종교, 정치적 이데올로기와 같은 문제에 대해 강하고, 자의식적이며, 자기 선택적인 헌신을 갖는 것과 관련된다.

마샤는 청소년기에 접어든 사람들은 전형적으로 정체성 혼미와 정체성 폐쇄라는 두 가지 정체성 지위identity status 중 하나에 속한다고 주장한다. **정체성 혼미**identity-diffused 지위에 있는 사람은 강한 헌신이 없으며 어떤 것도 추구하지 않는다. 그러한 사람들은 하루하루를 살아가는 것에 만족하며, 삶이 그들을 어디로 데려갈지에 대해 단순하게 생각한다. 대조적으로 **정체성 폐쇄**foreclosed 지위에 있는 사람은 분명한 헌신을 가지고 있다. 그리고 그러한 헌신은 부모나 여타의 문화적 행위자들로부터 내면화되었다. 하지만 그들이 지닌 헌신은 여러 대안들이 진지하게 고려되지 않았다는 점에서 자기 선택적이지 않다.

이러한 정체성 지위 중 하나에 놓인 사람은 다른 지위로 이동할 수 있다. 청소년기가 진행됨에 따라 정체성이 혼미한 사람은 직업, 섹슈얼리티, 종교, 또는 정치적 문제와 관련하여 가까운 타인의 생각을 받아들일 수 있다. 진정성 있는 일련의 대안들이 의도적으로 탐색되지 않은 채 타인으로부터 받아들인 헌신들이 충분히 강해질 경우, 사람들은 이제 폐쇄된 정체성을 갖게 된다. 폐쇄된 정체성을 형성한 사람들은 시간이 지날수록 자신이 지닌 헌신에 대해 점점 더 의구심을 갖게 되지만, 이러한 헌신을 다른 것으로 대체하는 데 거의 또는 전혀 관심이 없을 수 있다. 그리고 정체성 헌신에 대한 관심의 감소는 정체성 혼미로의 전환을 가져올 수 있다.

그러나 정체성 폐쇄 혹은 정체성 혼미 지위에 있는 사람은 **정체성 위기**identity crisis를 경험할 수 있는데, 마샤는 이를 **정체성 유예**moratorium라고 불렀다. 정체성 폐쇄 지위에 있는 사람들의 경우, 정체성 유예는 자신이 배운 특정 헌신에 의문을 제기하고, 선택 가능한 대안들을 진지하게 고려하며, 자신만의 새로운 헌신을 구성하고자 하는 노력을 수반한다. 그리고 현재 대체할 헌신이 없는 정체성 혼미 지위에 있는 사람의 경우, 정체성 유예로의 전환은 여러 가능성들을 고려하고 그 중 중심적인 헌신을 형성하기 위한 적극적인 노력을 가져온다. 즉, 정체성 유예는 (그것에 도달하는 방법에 상관없이) 현재 정체성 헌신이 없는 상태이지만, 그러한 헌신을 탐색하고자 하는 상태이다.

기약 없이 지속될 수 있는 정체성 혼미와 정체성 폐쇄와는 달리, 정체성 유예는 비교적 불안정한 상태이다. 사람들은 두 가지 중 한 가지 방식으로 자신의 정체성 위기를 해결할 가능성이 큰데, 각각은 긍정적 결과와 부정적 결과를 수반한다. 긍정적 결과를 가져오는 해결 방식은 헌신을 갖게 되는 것이며, 이는 **정체성 성취**identity-achieved라고 알려진 지위로 이어진다. 부정적인 결과를 가져오는 해결 방식은 정체성에 대한 탐색을 포기하고 다시 정체성 혼미로 되돌아가는 것이다. 그러나 마샤의 공식화에 따르면, 사람들은 정체성 유예에서 정체성 폐쇄 지위로 돌아갈 수는 없다. 일단 대안적인 정체성을 고려하게 되면, 정체성 폐쇄는 더 이상 가능하지 않다. 즉, 사람들은 정체성 유예 상태에서 헌신을 갖게 되어 정체성을 성취하거나, 아니면 헌신을 갖는 것에 실패하고 정체성 혼미 지위로 되돌아간다.

정체성 성취는 비교적 안정적인 상태이다. 주 단위로 혹은 월 단위로 새로운 헌신을 갖게 되는 사람은 진정한 정체성 헌신을 지니고 있는 게 아니며, 따라서 정체성 성취 지위에 있는 것으로 고려되어서는 안 된다. 그럼에도 불구하고 정체성 성취 지위에 있는 사람은 자신의 헌신에 의문을 제기하고, 대안들을 진지하게 고려함으로써 다시 정체성 유예 지위에 돌아가는 것이 가능하다. 이는 중년기에 나타나는 정체성 위기의 핵심 요소일 수 있다. 또한 정체성 헌신이 활력을 잃어 정체성 혼미 상태로 이어질 수도 있다. 네 가지 정체성 지위들은 단순히 발달의 단계가 아니다. 이것들의 잠재적 상호관계는 매우 복잡하다. 여러 연구들에 따르면, 정체성 형성이 가장 활발한 시기는 청소년기부터 성인기 초기까지이다(Kroger, 1993, 2003; Kroger & Marcia, in press; Marcia et al., 1993; Meeus, Iedema, Helsen, & Vollebergh, 1999; Whitbourne & VanManen, 1996).

[그림 9.1]은 마샤가 주장한 네 가지 정체성 지위들을 연결하는 잠재적 발달 경로를 보여준다. 당신은 아마 각 화살표가 의미하는 바를 고려하면서, 이 그림

을 설명하기 위해 정체성 전환의 예를 생각해보고자 할 것이다. 이때 특정 경로를 나타내는 화살표가 없다는 점에 주목해야 한다. 특히 정체성 유예를 거치지 않고서는 정체성 성취 지위에 도달할 수 없으며, 일단 정체성 유예 지위에 진입한 후에는 정체성 폐쇄 지위로 돌아갈 수 없다는 점에 유의해야 한다. 정체성 폐쇄와 정체성 성취 간의 차이는 개인적 헌신의 내용(개인이 헌신하는 구체적인 생각, 목표, 가치 등)이 아니라, 그러한 헌신이 다양한 가능성들을 진지하게 고려하는 정체성 위기에 따른 결과인지와 관련이 있다.

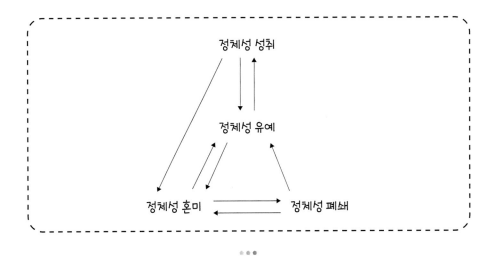

그림 9.1 정체성 형성의 발달 경로

[그림 9.2]는 개인의 정체성 지위가 어떻게 결정되는지를 보여준다. 이 그림에서의 화살표는 [그림 9.1]의 화살표와는 달리 발달 경로를 나타내는 것이 아니라, 결정의 절차적 측면을 보여준다. 정체성 지위 중 두 가지는 헌신과 관련이 있고, 다른 두 가지는 그렇지 않다. 그리고 각각의 경우에서 두 가지 지위를 구별하는 것은 헌신에 대한 능동적 탐색을 포함하느냐 혹은 그렇지 않느냐와 관련이 있다(Marcia et al., 1993).

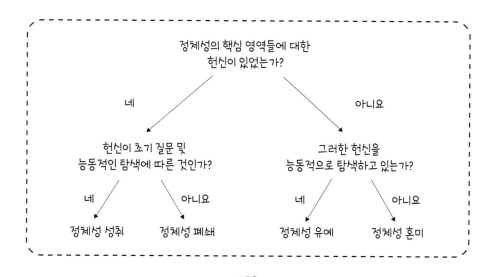

정체성의 핵심 영역들에 대한
헌신이 있었는가?

네   아니요

헌신이 초기 질문 및   그러한 헌신을
능동적인 탐색에 따른 것인가?   능동적으로 탐색하고 있는가?

네   아니요   네   아니요

정체성 성취   정체성 폐쇄   정체성 유예   정체성 혼미

그림 9.2 정체성 지위에 대한 결정

정체성 지위에 대한 연구

청소년과 성인이 네 가지 정체성 지위로 분류될 수 있으며, 이러한 분류가 그들의 심리적 특성 및 발달을 이해하는 데 유용하다는 마샤의 주장은 광범위한 연구들에 의해 지지되고 있다(Årseth, Kroger, Martinussen, & Marcia, 2009; Côté, 2009; Kroger & Marcia, in press; Marcia et al., 1993; Schwartz, Zamboanga, Weisskirch, & Rodriguez, 2009). 정체성 연구의 주된 관심은 네 가지 지위 각각이 어떤 성격적 특성들과 관련이 있느냐는 것이었다. 제인 크로거Jane Kroger(1993)는 이러한 연구들을 검토한 후, 연구 결과를 다음과 같이 요약하였다.

정체성 성취에 도달한 사람들은 자아 발달, 도덕 추론, 내적 통제 소재, 자기 확실성 self-certainty과 자존감, 스트레스 상황에서 개념 획득 과제에 대한 성과, 대인관계에서 의 친밀감에서 가장 높은 수준을 보였다. … 정체성 유예 지위에 있는 청소년들은 비록 자아 발달, 도덕 추론, 자존감에서 높은 수준을 유지하였지만, 여러 정체성 지위들 중 성 공에 대한 불안 및 두려움과 가장 강하게, 그리고 일관되게 관련이 있었다. … 또한 정체 성 유예는 친밀한 대인관계를 유지할 가능성이 가장 높았다. … 정체성 폐쇄 지위에 있 는 청소년은 권위주의, 사회적으로 정형화된 사고, 권위에 대한 순종, 외적 통제 소재, 중 요한 타인과의 종속적 관계에서 가장 높은 수준을 보였다. 그들은 또한 가장 낮은 수준의 불안을 보였다. … 정체성 혼미 지위에 있는 청소년은 보다 혼합된 결과를 보였지만, 일반 적으로 자아 발달, 도덕적 추론, 인지적 복잡성cognitive complexity, 자기 확실성, 그리 고 협업 능력에서 낮은 수준을 보였다.   (p. 9)

마샤가 제시한 도식은 청소년의 정체성 형성을 이해하기 위한 유용한 토대 로 널리 알려져 있다(Årseth et al., 2009; Berzonsky & Adams, 1999; Kroger, 2003; Kroger & Marcia, in press; Waterman, 1999). 그러나 마샤의 접근 방식을 수정 하거나 넘어서야 할 필요성에 대해서도 어느 정도의 공감대가 형성되어 있다 (Bosma & Kunnen, 2001; Côté, 2009; Crocetti, Rubini, Luyckx, & Meeus, 2008; Grotevant, 1998; Kunnen & Bosma, 2003; Luyckx, Goossens, Soenens, Beyers, & Vansteenkiste, 2005; Meeus et al., 1999; Schwartz, 2001; van Hoof, 1999a, 1999b).

학자들에 의해 제기된 일련의 문제 중 하나는 정체성 헌신의 토대가 되는 다 양한 영역들에 대한 근거와 관련이 있다(Grotevant, 1987; Schwartz, 2001). 이러 한 영역에는 직업, 종교, 섹슈얼리티, 민족성, 도덕성, 정치적 이데올로기, 가족 에서의 역할 등이 포함될 수 있다. 그런데 이러한 영역들에서 동시에 발생하는 발달을 우리는 어떻게 다룰 수 있는가? 즉, 직업 선택과 관련하여 정체성 성취에 도달한 사람, 정치적 이데올로기와 관련하여 정체성 혼미를 보이는 사람, 그리고 종교와 관련하여 정체성 폐쇄 지위에 있는 사람을 우리는 어떻게 분류할 수 있는가? 마샤가 제시한 개념 틀은 특정 개인이 가장 중요하다고 간주하는 영역을 기반으로 정체성 지위를 정의함으로써 다양한 영역들 간의 불일치를 다룰 수 있다(Blasi & Glodis, 1995). 그럼에도 불구하고 영역 간의 차이는 개인의 정체성 지위를 결정하고 분류하는 문제를 복잡하게 만든다.

또 다른 문제는 네 가지 지위들의 개념화와 관련이 있다. 마샤가 제시한 네가지 범주를 활용하여 청소년들을 구분할 수 있다 하더라도, 이러한 범주들을 정확히 어떻게 정의하고 식별해내야 하는가? 미우스Meeus(1999)는 문헌 검토와 종단 연구 결과를 토대로 네 가지 지위 모두에 대한 재개념화를 제안했다. 정체성 형성을 연구하는 대부분의 이론가들이 재개념화의 필요성에 동의하겠지만, 무엇을 어떻게 재개념화해야 하는지에 대한 합의는 아직 없다.

재개념화와 관련된 복잡한 문제 중 하나는 특정 정체성 지위 내에 있는 사람들이 마샤가 제안한 도식만으로는 전혀 이해할 수 없는 방식으로 상이할 수 있다는 것이다. 다양한 연구자들은 정체성 폐쇄(Kroger, 1995; Valde, 1996), 정체성 혼미(Luyckx et al., 2005), 혹은 정체성 유예(Crocetti et al., 2008)와 관련하여 보다 차별화된 범주화가 필요하며, 이것들을 적어도 두 가지 구별 가능한 지위로 나눌 수 있다고 제안하였다. 이러한 제안은 네 개의 표준적인 지위 중 하나를 두개로 나누어 다섯 개의 정체성 지위로 만들자는 구체적인 주장으로 이어졌다. 하지만 어느 지위를 두 개로 나누어야 하는가? 이에 대해 합의된 바는 아직 없다. 그리고 이론적 합의 없이는 고전적인 네 가지 지위를 넘어서려는 노력이 단순히 정체성 지위의 숫자를 늘리는 것에 그칠 수 있다. 더 많은 지위를 상정할수록, 각각의 지위는 더 동질해지겠지만 전체 체계의 간결성은 떨어지게 된다. 간결성은 정확성 못지않게 좋은 이론이 갖추어야 할 중요한 기준이다.

경험적 근거를 토대로 정체성 지위를 명확하게 설정하기 위해 군집 분석cluster analysis을 활용한 두 개의 연구(Crocetti et al., 2008; Luyckx et al., 2005)가 수행된 바 있다. 군집 분석은 복잡한 다변량 데이터 세트를 분석하기 위해 사용되는 정교한 통계적 기법이다. 이 기법은 피험자들을 최대한 구별해내기 위해 상대적으로 동질한 군집으로 분류함으로써 데이터의 패턴에서 직접 파생된 분류 체계의 기초를 제공한다. 하지만 군집 분석이 정체성 지위의 개수와 본질에 대한 이론적 질문에 완벽하게 객관적인 답을 제공하는 것은 아니다. 우선 데이터 그 자체는 무엇을 어떻게 측정할지에 대한 연구자의 결정을 반영한다. 따라서 군집 분석을 활용하여 수집된 데이터는 정체성 형성에 대한 연구자 자신의 이론을 부분적으로 반영하고 있다. 또한 군집 분석은 일반적으로 정확성(보다 동질적인 다수의 범주)과 간결성(덜 동질적인 소수의 범주)의 균형을 고려하여 다양한 해결책을 제공한다. 따라서 연구자의 합리적인 결정에 따라 채택되는 최상의 해결책이 달라질 수 있다. 마지막으로 설정된 군집의 개수와 상관없이, 연구자는 각 군집에 이름을 부여하고 그것들을 이론적으로 해석해야 한다. 이것 또한 연구자 간의 합리적인 차이를 가져오는 판단의 문제이다. 그럼에도 불구하고 마샤가 에릭슨의 저작들로부터 네 가지 정체성 지위를 이론적으로 도출한 것과는 대조적으로, 군집 분석은 데이터를 기반으로 정체성 지위를 체계적으로 식별해낸다는 점에서 의미가 있다.

코엔 루익스[Koen Luyckx]와 동료들(2005)은 탐색과 헌신을 강조한 마샤의 이론을 확장하기 위해 정체성 형성 개념에 기초하여 군집 분석을 수행하였다. 다양한 이론가와 연구자들의 선행 연구를 검토한 후, 루익스와 동료들은 (a) 최초에 헌신을 갖는 것, 그리고 그 이후 자신과 그 헌신을 동일시하는 것 간의 차이, (b) 대안적 사항들에 대해 폭넓게 탐색하는 것, 그리고 특정 사항에 대해 깊이 있게 탐색하는 것 간의 차이를 구분할 것을 제안했다. 더 나아가 그들은 자신들의 이론적 개념에 기초하여 헌신 갖기, 헌신과 동일시하기, 폭넓은 탐색, 깊은 탐색, 그리고 성격과 적응에 대한 다양한 척도들을 평가할 수 있는 일련의 측정 도구를 개발하였다. 그 후 이 측정 도구를 활용하여 벨기에의 네덜란드어 사용 지역인 플랑드르[Flanders]에서 565명의 대학생들(대부분 심리학과 교육학을 전공하는 여성)

을 대상으로 조사 연구를 수행하였다. 조사 결과를 토대로 수행된 군집 분석은 채택 가능한 여러 군집 세트를 생성해냈는데, 이 중 가장 좋은 해결책으로 간주된 것은 마샤가 제시한 네 가지 정체성 지위를 포함한 다섯 개의 군집이었다. 특히 정체성 혼미는 상대적으로 구별되는 두 학생 집단, 즉 정체성 결핍으로 고민하는 집단과 그것에 대해 무관심한 집단으로 나뉘었다.

엘리사베타 크로세티Elisabetta Crocetti와 동료들(2008)은 코웬 루익스의 연구와는 다소 다른 이론적 가정을 토대로 군집 분석을 수행하여 약간 다른 결과를 도출해냈다. 우선 그들은 신 에릭슨학파neo-Eriksonian의 개념화에 기초하여 헌신, 깊은 탐색, 헌신에 대한 재고로 구성된 정체성 형성 과정 모형을 제안한 후, 이 모형을 기반으로 일련의 측정 도구를 개발하였다. 그리고 이 측정 도구를 활용하여 1952명의 네덜란드 청소년들(10세~19세의 소년과 소녀)을 대상으로 조사 연구를 수행하였다. 조사 대상 중 333명은 모로코, 터키, 수리남과 같은 비서구권 국가의 청소년들이었다. 이 연구에서도 마샤의 네 가지 정체성 지위를 포함한 다섯 개의 군집이 최상의 해결책으로 제안되었다. 하지만 차별화가 필요한 정체성 지위는 정체성 유예인 것으로 분석되었다. 이는 정체성 유예의 이중적인 측면, 즉 정체서 유예가 정체성 위기의 시기이자 정체성에 대한 긍정적 탐색의 시기라는 점을 보여준다. 요컨대 군집 분석을 활용한 연구들은 정체성 지위에 대한 마샤의 주장을 경험적으로 지지하면서도 약간의 수정이 필요하다는 흥미로운 제안을 제공하지만, 지위의 개수와 본질에 대한 결정적인 결론을 제공하지는 않는다.

정체성 형성과 관련된 문제들은 정체성 지위에 대한 의문점에 국한되지 않는다. 이론가들은 훨씬 더 근본적인 수준에서 정체성이 무엇을 의미하는지에 대해 지속적으로 질문을 던져왔다(Blasi & Glodis, 1995). 특히 그레고리 발데Gregory Valde는 정체성의 본질에 대하여 다음과 같이 언급하였다.

에릭슨을 주의 깊게 읽다보면 정체성에 대한 다소 역설적인 이해를 갖게 된다. 정체성은 달성해야 하는 것이지만, 결코 끝낼 수는 없다. 정체성을 갖는 것은 정체성이 혼란한 것보다는 선호되지만, 혼란이 전혀 없거나 혹은 정체성에 대한 완전한 감각을 갖는 것은 이상적이지 않다. 정체성은 자신의 관점을 제한하고 좁히는 동시에 자신의 관점을 확장하고 개방하는 것에 달려 있다. 끊임없이 재평가되는 능동적인 긴장 상태로서의 정체성은 대체로 조작화operationalization를 거부한다. 그러나 현대의 과학적인 검증 방법을 적용하려면 정체성을 조작해야 한다. (p. 252)

문제는 더 깊어진다. 탐구와 헌신에 대한 에릭슨과 마샤의 강조에도 불구하고, 많은 이론가들은 이 전통 안에서 수행된 연구들이 우리가 한 정체성 지위에서 다른 정체성 지위로 어떻게 이동하는지에 대해 알려주는 바가 별로 없다는 점을 지적하고 있다(Bosma & Kunnen, 2001; Côté, 2009; Grotevant, 1987; LaVoie, 1994). 그러나 다음의 질문이야 말로 가장 근본적인 질문일 수 있다. 정체성을 구성하는 것과 관련된 발달적 과정이란 무엇인가?

결론

에릭슨—마샤 전통에서의 연구들은 확장된 데이터를 기반으로, 보다 발달된 측정 도구 및 방법론을 활용하여, 지속적으로 이론적인 개선을 수행하고 있다. 하지만 정체성과 관련된 모든 현상을 몇 개의 정체성 범주에 동화시키는 것은 우리가 보고, 측정하고 이론화한 것을 제한한다. 어떤 이들은 마샤가 측정한 것보다 훨씬 더 풍부한, 에릭슨이 처음에 주장한 정체성 개념으로 돌아가야 한다고 말한다(Côté, 2009). 뿐만 아니라 어떤 이들은 완전히 다른 정체성 개념이 있다는 것을 상기시킨다(11장 참고).

우리가 1장에서부터 4장까지 살펴보았듯이, 형식적 조작에 대한 피아제의 개념은 청소년기에 나타나는 인지에 대한 일반적인 이론으로서가 아니라, 더 큰 그림의 중요한 부분인 청소년기 초기의 메타논리적 발달 이론으로서 여전히 중요하다. 이와 유사하게 도덕성 발달에 관한 장에서 보았듯이, 콜버그 이론은 도덕 기능에 대한 일반적인 이론으로서가 아니라, 도덕성의 가장 핵심인 정의라는 개념에 대한 발달 이론으로서 여전히 중요하다. 이와 동일하게 에릭슨—마샤 전통 속에서 수행된 연구와 이론은 그 기원을 넘어 점점 더 확장되어가는 정체성에 관한 발달적 문헌의 핵심을 형성한다. 그러나 이러한 발달적 문헌들은 거대하고 빠르게 증가하고 있는, 인문학과 사회과학을 포함한 정체성 관련 문헌들의 일부일 뿐이다. 1980년대 이후 발달 이론가와 연구자들은 정체성의 본질과 발달에 대한 보다 완전한 그림을 제공하기 위해 점점 더 많은 시도를 해왔다. 이제 우리는 이러한 작업들에 대해 살펴볼 것이다.

10장

◀◀◀

자아 이론으로서의
정체성

> 도대체 나는 누구인가? 아, 그것은 위대한 수수께끼구나!
>
> – 앨리스
> (캐롤, 1865/1949, p. 19)

> 표준적인 정체성 측정에서 누락된 것으로 보이는 것은
> "나는 누구인가?"라는 정체성에 대한 기본적인 질문이다.
>
> – 어거스트 블라지
> (1988, p. 228)

마샤는 정체성 형성에 대한 에릭슨의 작업을 확장시킴으로써(9장 참고) 다소 산만한 정신분석학적 개념을 경험적 연구를 위한 유용한 기반으로 전환시켰다(Berzonsky & Adams, 1999; Kroger, 2003; Kroger & Marcia, in press; Waterman, 1999). 그러나 1980년대 이후 청소년의 정체성 형성을 연구하는 이론가들은 마샤가 제시한 정체성 지위가 에릭슨의 정체성 개념을 완전히 포괄하지 못한다는 점, 그리고 이론적 혹은 대중적 담론에서 마샤가 개념화한 방식대로 정

Part 3 정체성의 형성

체성 개념을 사용하지 않는 점을 지적하기 시작하였다(Bosma & Kunnen, 2001; Grotevant, 1998; Kunnen & Bosma, 2003; Meeus, Iedema, Helsen, & Vollebergh, 1999; Schwartz, 2001; van Hoof, 1999a, 1999b). 정체성을 해석하고 확장하려는 노력은 **정체성**이 의미하는 것 혹은 의미해야 하는 것에 대한 다양한 주장들을 만들어냈다.

어느 누구도 **정체성**이라는 용어가 어떻게 사용되어야 하는지에 대한 확답을 내릴 수 없다. 그럼에도 불구하고 정체성이 이 용어를 사용하거나 접하는 모든 사람들에게 완전히 다른 의미로 받아들여진다면, 이론가, 연구자, 실무자 및 일반 대중 간의 의사소통은 실패하게 될 것이다. 모든 사람이 정체성을 정확히 같은 의미로 사용하지는 않지만, 다행스럽게도 이 용어의 다양한 용례 사이에는 상당한 중첩이 존재하는 것으로 보인다. 나는 이번 장에서 공통된 의미의 핵심을 포착하는 정체성 개념을 제안하고자 한다. 그 후 정체성이 구성되는 다양한 영역들을 간략하게 살펴보고, 인지의 범위를 넘어서는 정체성의 측면에 주목하고자 한다.

자아 개념의 발달

정체성이란 무엇인가? 이 질문에 대한 대답은 정체성을 정의하는 방식에 대한 이론가들 간의 차이, 그리고 다양한 자아 개념에 대한 개인 내 차이와 개인 간의 차이로 인해 복잡해진다. 정체성에 대한 어떠한 정의 방식도 보편적으로 받아들여지지 않고 있으며, 앞으로도 그럴 것 같다. 그럼에도 불구하고 현재까지 여러 문헌에서 제시하고 있는 다양한 정의들과 개념들을 고려하면서, 대부분의 현대 이론가들이 강조하고 있는 대부분의 요소들을 포착하고, 더 나아가 청소년기의 정체성 구성을 다루기 위한 유용한 개념 틀을 제공하기 위해 정체성을 다음과 같이 간략하게 정의하고자 한다. **정체성이란, 적어도 부분적으로는, 한 인격체**person**로서 자신에 대한 명시적인 이론**explicit theory**이다.** 지금부터 이것이 무엇을 의미하는지 설명하고자 한다.

자신에 대한 개념으로서의 정체성

정체성 이론가들은 정체성이 자아self와 관련된 어떤 것이라는 점에 보편적으로 동의한다(Ashmore & Jussim, 1997; Blasi, 1988). 예를 들어 어거스트 블라지와 킴벌리 글로디스(1995)는 정체성이 정당하게 정의되기 위해서는 자아에 대한 주관적인 의식을 인정해야 한다고 주장했다.

> 정체성에 대한 설명의 핵심은 다음과 같은 특징을 지닌 자아에 대한 특별한 경험이라고 말할 수 있다. 자신에게 근본적인 것이 무엇인지를 포착하고자 하는 자기 자신에 직접적인 관심, 자신에게 참되고 실제적이며 진정한 것이 무엇인지에 대한 깨달음, 즉 어떤 측면은 자아에 대한 감각sense of self에 없어서는 안 되는 것이지만, 다른 어떤 측면은 주변적이고 피상적이라는 경험, 마지막으로 그러한 깨달음에 의해 생성된 통합성unity에 대한 주관적인 경험. (pp. 406-407)

자아에 대한 개념은 발달의 과정에서 점점 더 정교해진다. 정체성의 출현과 변형은 부분적으로 이러한 변화의 관점에서 설명될 수 있다(Garcia, Hart, & Johnson-Ray, 1997; Harter, 2006). 예를 들어 래리 누치(1996)는 아동기, 청소년기, 성인기 초기에 걸쳐 점점 더 진보되어 가는 자아 개념을 반영하고 있는 개인적 쟁점들을 다섯 가지 수준으로 제안했으며, 이러한 쟁점들은 발달 속도와 정도에 상당한 개인차가 있다고 주장했다.

1. **자아와 타자에 대한 구체적인 구별 설정.** 사람들은 개인적 영역을 관찰 가능한 신체, 그리고 구체적인 사물과 활동들로 개념화한다. …

2. **행동 방식 설정** … 사람들은 일련의 특징적인 행동들로 정의되는 성격personality에 대한 관념을 포함하기 위해 개인적 영역을 확장한다. …

3. **자아를 고유한 일련의 아이디어나 가치의 측면에서 정의된 개인으로 설정.** 사람들은 내적인 인지 과정의 측면에서 자아를 정의하기 시작한다. …

4. **자존감 조정.** 사람들은 개인적 영역 내에서 사건들을 통제한다. 개인적 영역은 자아에 대한 모든 측면을 내적으로 일관된 전체로 조정하는 데 필수적이다. 의식conscious-ness은 깊이를 지닌 것으로 이해된다. 사람들은 의식의 중심에서 자아 체계가 구성되는 불변의 본질을 인식한다. …

5. **불안정한 자아로의 변형.** 사람들은 자아를 본질적인 것으로 보는 대신 불안정한 것으로, 자신의 개인적 결정에 의해 끊임없이 진화하는 산물로 바라보게 된다. …

(p. 55)

그러나 정체성은 단순히 자신에 대한 개념이 아니다. 심지어 어린 아동들도 그들 자신에 대한 개념을 가지고 있다(Garcia et al., 1997; Harter, 2006; Nucci, 1996). 적어도 에릭슨의 **자아 정체성**ego identity 혹은 **개인적 정체성**personal identity의 관점에서 볼 때, 정체성은 일반적으로 아동기에는 볼 수 없는 진보된 유형의 자아 개념이다.

자신에 대한 이론으로서 정체성

그렇다면 정체성은 자신에 대한 정교한 개념일 것이다. 한 걸음 더 나아가 많은 이론가들은 정체성이 자신에 대한 **이론**theory이라고 주장하고 있다(Berzonsky, 1993; Garcia et al., 1997; Grotevant, 1987). 마이클 버존스키Michael Berzonsky는 정체성을 "세상에서 상호작용하는 자아와 관련된 상정, 가정, 그리고 구성으로 이루어진 개념적 구조"라는 의미로 받아들였다(1993, p. 169).

이론에 대한 두 가지 특성이 정체성과 특별히 관련이 있다. 첫째, 이론은 체계적이고 (적어도 이상적으로) 일관성이 있다. 자신의 정체성이 자신에 대한 이론이라고 말하는 것은 그것이 단지 자신에 대한 신념들의 집합체가 아니라, 통합된 개념을 생성하기 위해 조직되었다는 것을 의미한다. 둘째, 이론은 설명적 explanatory이다. 자신의 정체성이 자신에 대한 이론이라는 것은 그것이 단순히 자신에 대한 묘사가 아니라 자신을 설명하려는 시도라는 것이다. 즉, 정체성은 자아에 대한 이해를 향상시키는 방식으로 구성된 자아 개념이다. 정체성은 단지 그 사람이 보이는 전형적인 행동을 **묘사**하려는 시도가 아니다. 정체성은 그 행동을 **설명**하는 핵심적인 신념과 목적에 대한 해명이다.

자신에 대한 명시적 이론으로서 정체성

심리학자들은 어린 아동들이 자신에 대한 구조화된 지식을 포함하여, 고도로 구조화된 지식을 가지고 있다는 점을 오래전부터 인지해왔다. 보편적으로 심리학자들은 지식의 구조를 이론으로 언급함으로써 지식의 구조화된 본성을 강조하고 있다. 예를 들어 일반적으로 **4세 아동의 마음 이론**4-year-olds' theories of mind 이라고 불리는 것과 관련하여 광범위한 연구들이 수행되고 있다(Doherty, 2009; Wellman & Gelman, 1998). 여러 문헌들을 검토해보면, 4세 아동은 심리학자들이 마음 이론이라고 부르는 것을 사용하기는 하지만, 아동 자신은 자신의 이론을 **이론**으로 의식하지는 못한다. 개인의 정체성이 적어도 부분적으로 명시적이라고 말하는 것, 즉 자아에 대한 명시적 이론은 단순히 심리학자가 사람들의 행동을 설명하기 위해 추리하는 것을 말하는 것이 아니다. 오히려 그것은 자기 자신에게 알려진 이론이다.

또한 이것은 개인의 정체성이 다양한 암묵적 가정, 무의식적 성향, 정서적 반응, 사회적으로 부여된 역할과 깊숙이 연결되어 있다는 점을 부정하는 것이 아니다(Kristjánsson, 2009). 이러한 가정, 성향, 감정 및 역할은 에릭슨의 폭넓은 관점에서 볼 때 사람들의 정체성의 일부로 간주될 수 있다. 그러나 정체성의 핵심에 자아에 대한 명시적인 이론이 있지 않는 한, 그러한 가정, 성향, 감정, 그리고 역할은 정체성을 구성하지 않는다.

자아를 인격체로 해석하기

정체성을 갖는다는 것은 단지 자신에 대한 명시적인 이론을 갖는다는 것만을 의미하지는 않는다. 이론은 자신을 인격체^{person}로 볼 수 있게 해주는 것이어야 한다. 그리고 적어도, 인격체는 합리적 행위자를 의미한다.

합리적 행위자로서 자아를 해석하기

자신의 정체성이 **인격체로서** 자신에 대한 명시적 이론이라고 말하는 것은 정체성이 자아를 합리적 행위자로서 해석하는 이론이라고 말하는 것과 같다(Rovane, 2004). 더 나아가 자신을 합리적 행위자로 바라본다는 것은 자신을 단일하고 연속적인 존재로 바라본다는 것을 의미한다. 지금부터 이에 대해 좀 더 자세히 설명하면서, 행위 주체성^{agency}, 합리성^{rationality}, 단일성^{singularity}, 연속성^{continuity}의 본질과 그러한 특성을 가지고 있다고 자신을 해석하는 것이 무엇을 의미하는지에 대해 살펴보고자 한다.

행위자는 행동하는 사람, 행동에 참여하는 사람, 따라서 세상에 영향을 미치는 (적어도 영향을 미치려고 시도하는) 사람이다(Blasi, 1988, 2004; Blasi & Glodis, 1995; Côté & Levine, 2002). **합리적 행위자**는 자신의 행동에 대한 이유를 가지고 있는 사람이다(3장 참고, 특히 3.1). 따라서 합리적 행위자는 자율성과 책임을 지니고 있다(Audi, 1997, 2001). 저명한 철학자인 이사야 벌린Isaiah Berlin에 따르면 합리적 행위자가 된다는 것은 다음과 같다.

> 합리적 행위자가 된다는 것은 객체가 되는 것이 아니라 주체가 되는 것, 외부에서 나에게 영향을 미치는 원인 때문이 아니라 이유에 의해, 나 자신의 의식적인 목적에 의해 움직이는 것을 말한다. 나는 그 누군가도 아닌, 나 자신이 되기를 희망한다. 이미 결정되어 있지 않은 행위자, 스스로 결정하는 행위자, 외적 특성에 영향받지 않는 행위자, 마치 나를 사물이나 동물, 인간의 역할을 할 수 없는 노예인 것처럼 여기는 타인에 의해 영향을 받지 않는 자기 주도적인 행위자가 되기를 원한다. 이것은 적어도 자신이 합리적이라고 말할 때 그것이 의미하는 바의 일부이며, 인간으로서 나를 세상의 나머지 것들로부터 분리하는 이유이다. 무엇보다도 나는 내 선택에 대한 책임을 지고 내 생각과 목적을 참조하여 설명할 수 있는 내 자신, 즉 사고하고, 의지를 지닌, 능동적인 존재로서 내 자신을 의식하고 싶다. (p. 131)

물론 정체성의 내용이 되는 생각과 목적은 사람마다, 문화마다 다를 것이다. 그러나 정체성이 합리적 행위자로서 자신에 대한 명시적 이론이라고 말하는 것은, 벌린이 설명한 것과 매우 유사하게, 정체성이 필연적으로 자신에 대한 개념을 중심으로 구축된다는 것을 의미한다. 이러한 의미에서 볼 때, 정체성이 결여되어 있다는 것은 자아 개념이 결여되어 있다는 것을 의미한다. 더 나아가 합리적 행위자에 대한 의식은 정체성 형성에 대해 논의한 많은 문헌들이 제시하고 있는 두 가지 추가적인 특성, 즉 단일성과 연속성을 수반한다.

단일성

합리적 행위자는 자신의 행동을 결정하고 그것에 책임을 진다. 정체성을 갖는다는 것은 자신을 합리적인 행위자, 즉 자신의 행동을 결정하고 그것에 대해 책임을 지는 자아로 개념화하는 것이다(Craig, 1997). 만약 당신이 당신의 행동에 대한 책임을 여러 다른 자율적 행위자들에게 돌린다면, 당신은 정체성이 없는 것이다. 정체성을 갖는다는 것은 자신을 단일한 존재로 보는 것이다.

단일한 자아 개념은 정당화될 수 있는가? 자아에 관심을 가지고 있는 연구자들과 이론가들은 통합성과 다양성에 관한 쟁점을 오랜 기간 동안 논의해 왔다(Ashmore & Jussim, 1997; Harré, 1998; Harter, and 2006). 일반인들은 단일한 자아로 해석될 수 있는 맥락에서 충분한 정도의 행위 일관성을 보여주는가? 또는 행동이 상황에 따라 매우 가변적이기 때문에, 우리 각자는 다중 자아를 지니고 있는 존재로 해석되어야 하는가? 일관성과 가변성 모두에 대한 증거가 있기 때문에, 자기 자신에 대해 이해하려고 노력하는 개인 혹은 발달의 과정에 대해 이해하려고 노력하려는 이론가들에게 제공할 수 있는 간단한 해결책은 없는 것 같다.

그러나 일부의 사람들은 "유럽계─미국인, 유대─기독교인, 계몽주의 이후의 문화적 서사에 대한 표준적 관심사"(Proulx & Chandler, 2009, p. 261)로 간주될 만한 것들을 아래와 같이 제시한다.

> 어떤 사람도 두 얼굴을 좋아하지 않는다. 세 개 이상의 얼굴은 말할 것도 없다. 오히려 우리는 안팎이 하나인 얼굴이 되어야 한다. 즉, 그렇지 않으면 해결되지 않는 고통 속에서, 우리는 각자 일관성 있는 자아가 되어야 하고, 시간적으로 연속적일 뿐만 아니라, 우리 자신이 속해있다고 생각하는 어떤 맥락에서도 통일되어야 한다. 만약 우리가 시내로 외출을 나가서 당신에게 5달러를 빌려주었다면, 우리는 집에 다시 돌아와서 당신에게 당신은 더 이상 돈을 빌린 그 사람이 아니므로 우리에게 빚진 것이 한 푼도 없다는 소식을 듣고 싶어 하지 않을 것이다. (pp. 261-262)

청소년들을 대상으로 자아 통합self-unity에 대한 개념을 연구한 트래비스 프롤Travis Proulx과 마이클 챈들러Michael Chandler(2009)는 13세에서 25세 사이의 캐나다 고등학생 및 대학생 120명에게 로버트 루이스 스티븐슨Robert Louis Stevenson(1886/2003)의 소설 『지킬 박사와 하이드씨의 기이한 사례The Strange Case of Dr. Jekyll and Mr. Hyde』를 간략하게 엮은 만화책을 읽게 했다. 그 후 그들은 (고등학생을 대상으로 한 인터뷰와 대학생을 대상으로 한 설문지를 활용하여) 이 만화책에 나타난 좋은 행동과 나쁜 행동을 고려해 볼 때 지킬과 하이드가 "동일한 한 사람"으로 간주될 수 있는지, 만약 그렇다면 이 이야기의 결론이 어떻게 정당화될 수 있는지에 대해 물었다. 설문지에는 자신, 그리고 자신이 알고 있는 타인의 자아 통합과 관련된 질문이 함께 제시되었다. 정체성에 대한 에릭슨의 이론이 주장한 바와는 대조적으로, 이 연구에서는 자아를 단일한 것으로 바라보는 경향이 발견되지 않았다. 일반적으로 청소년들은 자신을 다양성을 지닌 존재로 여겼으며, 이러한 경향은 나이가 들면서 증가했다. 아마도 우리는 정말로 다양성을 지니고 있고, 더나아가 그것을 올바르게 인식하고 있는지도 모른다.

그렇다면 나는 여전히 시내로 외출을 나갔던 그 사람과 동일한 사람인가? 어떤 자아도 완벽하게 일관되지는 않는다. 정체성 형성은 이미 존재하는 통합성에 대한 발견이 아니며, 완전히 일관된 자아를 확립하는 것 역시 가능하지 않다. 그렇다고 해서 이 말이 일관성, 지속성, 그리고 통합성이 정체성 형성과 무관하다는 것을 의미하지는 않는다. 정체성은 그 정의상, 우리가 가질 수 있는 것 중 하나만을 갖는 것이다. 정체성 형성은 자아의 단일성을 정당화하기 위해 충분한 정도의 일관성을 식별 혹은 생성해내려는 노력이다(Schachter, 2002). 정체성의 구성은 완전히 단일한 자아로 시작하거나 끝나는 것이 아니며, 자신이 따라야 할 이상으로의 통합을 추구한다.

연속성

더 나아가 단일성 혹은 단일한 자아에 대한 헌신은 시간의 흐름에 따른 연속성을 수반한다. 블라지와 글로디스(1995)가 관찰한 바와 같이, "자아 경험의 통합성은 자신의 성격의 다양한 요소들을 하나로 모으려는 시도, 그리고 과거와 현재의 사건뿐만 아니라 미래에 대한 기대가 일관성 있는 전기biography로 통합되는 단순하거나 혹은 복잡할 수 있는 원칙principle을 찾으려는 시도에 반영되어 있다"(p. 417). 나 자신을 합리적 행위자로 바라보는 것은 내가 한 일과 앞으로 할 일에 대해 책임을 지는 것을 포함한다. 이것은 과거와 현재를 거쳐 미래로 확장되는 나 자신의 개념에 대한 헌신을 수반한다(Chandler, Lalonde, Sokol, & Hallett, 2003; Côté, 2009; Craig, 1997; Erikson, 1950/1963, 1968; Lalonde & Chandler, 2004).

세기가 바뀌면서, 자아 개념의 연속성에 관심을 가진 연구자와 이론가들은 자아를 정의하는 것으로 여겨지는 개인적 삶의 역사, 일명 **서사적 정체성**narrative identity에 점점 관심을 갖기 시작했다. 인격체로서의 자신에 대한 이론은 시간을 넘어 확장되는 연속적인 자아에 대한 서사를 가정하고 포괄한다(Grotevant, 1993, 1998; Habermas & Bluck, 2000; Hammack, 2008; McAdams, in press; McLean, Breen, & Fournier, 2010; Pasupathi, Mansour, & Brubaker, 2007; Sarbin, 1997). 정체성의 서사적 측면은 자신의 과거와 자아에 대한 이론을 연결하는 자전적 설명, 즉 **삶의 이야기**로 개념화되었다(Pasupathi et al., 2007).

그러나 정체성은 단순히 우리의 삶에 대해 말하기 위해 우리가 선택한 옛날이야기가 아니다. 자아에 대한 이야기가 정체성으로서의 자격을 갖추기 위해서는 어느 정도의 이론적 일관성을 가져야 하며, 한 인격체로서 자신에 대한 감각을 제공해야 한다. 그것은 최소한 자신이 믿고 헌신하는 이야기여야 한다. 그러한 이야기는 어떤 것이든 가능하다. 하지만 모든 이야기가 그러한 것은 아니다(Neisser, 1994/2008; Schachter, 2002).

인격과 정체성

그동안 인격personhood의 네 가지 특징으로 행위 주체성, 합리성, 단일성, 연속성이 제안되어 왔다. 적어도 인격체는 시간을 넘어 다양한 맥락에서 자신의 이유에 따라 행동하고, 자신의 행동에 책임을 지는 합리적인 행위자이다. 인격이라는 개념을 규정하는 데 필요한 또 다른 특징들, 그리고 특정 사회·문화적 맥락에서 인격을 규정하기 위해 필요한 것으로 간주되는 추가적인 특징들이 있을 수 있다. 그러나 인격을 구성하는 것이 무엇이든 정체성을 갖는다는 것은 단지 자기 자신에 대한 명시적 이론을 갖는 것만이 아니라, 자신을 인격체로 해석하는 명시적인 이론을 갖는 것을 의미한다.

정체성의 영역

에릭슨과 마샤의 전통 속에서 수행된 연구들은 정체성이 네 가지 표준적인 영역, 즉 직업(Marshall, Young, Domene, & Zaidman-Zait, 2008), 섹슈얼리티(12장 참고), 종교(Hutnik & Street, 2010; Leak, 2009), 정치적 이데올로기(Yates & Youniss, 1998)의 영역에서 형성된다는 점을 강조해왔다. 여러 연구들은 이러한 네 가지 영역이 정체성 형성에 있어 모두 중요한 영역임을 보여주었지만, 이 영역들만이 청소년들로 하여금 가능성을 탐색하고, 헌신하며, 자신에 대한 이론을 구성하도록 하는 유일한 영역은 아니다. 추가적으로 제안되고 연구된 영역으로는 젠더 역할gender role, 민족성(11장 참고), 가치와 도덕성(13장 참고), 결혼, 육아, 우정(Kroger, 1993; Marcia, Waterman, Matteson, Archer, & Orlofsky, 1993; Schwartz, 2001)이 있다. 물론 정체성의 영역이 어디까지인지에 대한 확실한 목록은 없다.

뿐만 아니라 각 개인마다 탐색하는 영역이 다르고, 자신이 누구인지를 정의하는데 있어 다양한 영역의 상대적 중요성도 다르다는 것을 명심하는 것이 중요하다. 사실 청소년들은 어떤 헌신을 구성하는 것 외에도, 그러한 헌신의 토대가 되는 정체성 영역도 구성한다. 사람들은 자신이 인격의 중심이라고 생각하는 자아의 어떤 측면에 대하여 명시적인 자기 이론을 가지고 있는 만큼 정체성을 형성하고 있다. 그렇다면 정체성을 갖는다는 것은 심리학자들이 정체성과 잠재적으로 관련이 있다고 말한 모든 영역에서 헌신을 가져야 함을 의미하지는 않을 것이다. 오히려 정체성을 갖는다는 것은 자신이 인격의 중심이라고 생각하는 영역에 헌신하는 것, 그리고 이러한 헌신을 조정하는 최우선적인 자아 이론을 갖는 것을 말한다(Blasi & Glodis, 1995).

인지를 넘어

이론은 조직화된 형태의 지식이며, 따라서 그것은 인지적 실체들이다. 정체성을 자신에 대한 이론으로 정의하는 것은 정체성에 대한 인지적 이론을 주장하는 것이다. 그러나 이론이 전적으로 인지적이어야 한다는 것은 분명하지 않으며, 정체성이 전적으로 이론으로 구성되어야 한다는 것도 분명치 않다. 이 장에서 정의한 바와 같이 정체성이란 "적어도 부분적으로는" 이론이므로 인지적 요소를 포함하지만, 그보다 더 풍부하고 포괄적인 것일 수 있다. 정체성에는 무엇이 더 포함될 수 있는가?

한 가지 가능한 대답은 인지뿐만 아니라, 정서도 정체성의 중심이라는 것이다. 예를 들어 크리스티안 크리스티안손Kristján Kristjánsson은 자아와 관련된 다양한 정서들이 있으며, 그것들에는 **자아 구성적**self-constituting 정서, 즉 자신이 누구인지를 정의하는 정서"가 포함된다고 주장한다(p. 262). 서로 다른 정서는 서로 다른 개인에 대해 자아 구성적이다. 어떤 사람이 자아 구성적 정서를 만든다는 것은 "인생에서 자신의 핵심적인 헌신 중 일부를 예시하고, 진정한 정체성을 부여한다"(p. 262)는 것을 의미한다. 인기 있는 새로운 노래에 대한 나의 정서적 반응은 그 노래를 백 번 듣고 나면 바뀔 수 있지만, 나는 여전히 같은 사람일 것이고, 여전히 나 자신을 같은 사람으로 바라볼 것이다. 반면에 궁핍한 빈곤 상태에 있는 사람들에 대한 연민은 나의 자아 및 정체성의 중심이 될 수 있다. 이 경우 나는 그러한 연민이 결여되어 있는 가상적인 미래의 내 모습이 지금의 자아와는 근본적으로 다른 사람이라고 여길 것이고, 지금의 내가 더 옳다고 생각할 수 있다.

인지를 넘어, 정체성을 구성할 수 있는 것들에는 무엇이 있는가라는 질문에 대한 또 다른 대답으로 행위 주체성을 들 수 있다. 특히 어거스트 블라지(2004)는 자아가 발달적으로 인지나 성격에 뿌리를 두고 있는 것이 아니라, 행위 주체성에 대한 직접적인 경험에 뿌리를 두고 있으며, 이것이야 말로 정체성의 기반이 된다고 주장한다. 행위 주체성은 자율성, 자유에 대한 인식, 개인적 영역에서의 선택에 대한 개념과 강력하게 연결될 수 있으며, 이 모든 것은 어린 아동들에게서도 볼 수 있고 보통 아동기를 넘어서 계속 발달한다(Helwig, 2006b). 이러한 진보된 수준의 발달은 자신의 정체성을 구성하는데 핵심이 될 수 있다.

마지막으로 사회과학과 인문학에서 흔히 사용되며, 때때로 단순히 **정체성**이라고도 불리는 **사회적 정체성**social identity이 있다. 사회적 정체성이라는 의미를 담지하고 있는 정체성은 지금까지 논의한 개인적 정체성이라는 의미에서의 정체성과 같은 것이 아니다. 그렇다고 해서 이 둘이 완전히 다른 것도 아니다. 특정 민족 집단에 "속한다"는 것은 무엇을 의미하는가? 여기에는 우리의 정체성이 개인적으로 구성된다는 인지적인 측면도 있지만, 우리가 실제로 소속되어 있는 혹은 소속되어 있다고 인식하는 다양한 사회적 현실이 반영되어 있는 사회적인 측면도 있다. 이것이 바로 다음 장에서 논의할 주제이다.

결론

　지금까지 우리가 살펴본 바와 같이, 정체성 형성에 대한 발달적 연구들은 에릭슨과 마샤의 연구에서 다양한 방향으로 확장되어 진행되고 있다. 그중 이번 장에서 강조한 한 가지 방향은 인격체로서 자신에 대한 명시적 이론을 갖는 인지적 개념화와 관련된 것이었다. 자신을 인격체로 바라보는 것은 적어도 이상적으로 자신을 단일하고 지속적이며 합리적인 행위자로 바라보는 것이다. 다음 장에서 살펴보겠지만, 또 다른 방향으로는 민족 정체성에 대한 연구가 있으며, 이와 관련된 연구들은 발달적 전통 속에서 굳건히 자리 잡고 있다. 정체성에 대한 발달적 연구가 이 방향으로 이동함에 따라, 우리는 앞으로 보게 될 사회적 정체성에 대한 독립적인 (그리고 거대한) 문헌들과 마주하게 된다.

11장

◀◀◀

개인적 정체성과
사회적 정체성

블라디미르 [포조와 럭키의 첫 퇴장 이후]: "정말 많이 변했군!"

에스트라공: "누가?"

블라디미르: "그 둘. [...]"

에스트라공: "그럴 가능성이 크지. 그들 모두는 변해. 우리만 못 변하지."

블라디미르: "아마도! 확실해. 넌 그들을 못 봤니?"

에스트라공: "본 것 같은데. 하지만 난 그들을 몰라."

블라디미르: "그래 넌 그들을 알아."

에스트라공: "아니야 난 그들을 몰라."

블라디미르: "내가 말했듯이, 우리는 그들을 알고 있어.

넌 모든 것을 잊었어.

[잠시 후 독백.] 그들이 똑같지 않는 한 ...

[...] 그들이 똑같지 않는 한 ..."

– 사무엘 베케트
(1954, p. 32; 원본의 괄호 생략)

9장과 10장에서 정체성이라는 용어는 청소년과 초기 성인들의 발달에 관한 연구에서 사용되는 전형적인 방식으로 사용되었다. 그러나 정체성 형성에 대한 발달적 문헌들은 사회 심리학, 사회학, 철학, 그리고 문학 이론을 포함하여 사회 과학 및 인문학을 포괄하는 훨씬 방대한 정체성 관련 문헌들의 일부이다(정체성 연구에 대한 "가장 높은 수준"의 개요는 Côté, 2006 참고, 광범위한 통합에 대해서는 Hammack, 2008을 참고). 일반적으로 (a) 발달 심리학자들이 청소년의 정체성 형성에 대해 이야기할 때 염두에 두는 개인적 정체성과 (b) 그 밖의 대부분의 연구자와 이론가들이 염두에 두고 있는 사회적 정체성 간에는 차이가 있다. 정체성은 **나**에 관한 것이 아니라, **우리**와 **그들**에 관한 것이다. 이번 장에서는 개인적 정체성의 형성과 관련이 있는 사회적 정체성을 양자 모두와 관련된 문제를 중심으로 논의하고자 한다. 그리고 이 장의 나머지 부분에서는 민족 정체성^{ethnic identity}의 형성, 다양성과 보편성의 문제에 대해 다루고자 한다.

사회적 정체성

발달 심리학 분야 외에서 사용되는 정체성이라는 용어는 일반적으로 가장 핵심적인 사회 집단^{group}과 개인 간의 동일시를 의미한다(Appiah, 2005; Côté, 2006; Hammack, 2008; Maalouf, 2001; Postmes & Jetten, 2006; Sen, 2006). 이 용어는 종종 발달 문헌에서 말하는 **개인적** 정체성이라는 개념과의 구별을 위해 **사회적** 정체성이라고도 부른다. 사회적 정체성이라는 개념은 우리의 정체성이 본질적으로 그리고 근본적으로 사회적이라는 점을 상기시켜준다. 그러나 사회적 정체성은 발달 문헌에서 개인적 정체성이라고 부르는 개념을 유지하지 않고서는 해결할 수 없는 문제들을 지니고 있다. 지금부터 살펴보겠지만, 개인적 정체성과 사회적 정체성은 뚜렷하게 구분되는 유형이나 형식이 아니라 정체성을 설명하는 또 다른 측면으로 가장 잘 해석된다.

　사회적 정체성의 개념화에서 한 가지 중요한 문제는 사람들이 일반적으로 자신을 여러 집단과 동일시한다는 것이다(Appiah, 2005; Maalouf, 2001; Sen, 2006). 따라서 우리는 사회적 정체성이 자신과 동일시하는 **집단**에 의해 구성된다고 말할 수 있다. 그러나 자신을 여러 집단과 동일시하기 위해서는 상당한 조정이 필요하다. 사회적 정체성을 성찰적으로 조정하기 위해서는 합리적 행위자가 요구되며, 이는 우리의 관심을 다시 단일성과 개인적 정체성으로 되돌린다. 따라서 사회적 정체성이라는 개념은 우리가 우리 자신을 집단의 구성원으로 정의하는 정도를 이해하는 데 도움을 주지만, 개인적 정체성은 이러한 방식으로 자신을 정의하는 것이 결국 자율적인 개인이라는 점을 상기시킨다. 우리는 사회적 관계를 무시할 수 없다. 그러나 사회적 관계가 우리의 정체성을 결정하는 것은 아니다. 정체성의 구성은 사회적 맥락 내에서 발생하며 그것에 큰 영향을 받지만, 그것을 구성하는 것은 행동을 결정하고 결과에 책임을 지는 합리적 행위자이다. 따라서 정체성은 사회적 연결뿐만 아니라, 개체성과 자율성을 수반한다. 이와 함께 우리는 집단이 내부적으로 복잡하고 역동적이라는 점을 명심해야 한다(Turiel, 2002). 문화는 다양한 행위 주체들과 그들의 목소리로 구성된다. 우리는 다른 문화와의 접촉을 통해 문화가 변화한다는 것을 잘 알고 있지만, 집단 내의 지속적인 교섭에 의해서도 문화가 변화한다는 사실을 간과하는 경향이 있다. 사회적 정체성의 문화적 진화를 통해, 우리는 집단 내에서의 개체성과 자율성의 역할을 확인할 수 있다(Postmes & Jetten, 2006).

　어떤 집단은 사람들이 모여 있는 집합일 뿐이다. 그러나 우리의 삶에서 가장 중요한 집단 중에는 국가, 문화, 혹은 종교 등과 같은 추상적인 실체가 있으며, 그것들은 단순히 사람들이 모여 있는 집합과는 다르게, 주어진 시간 내에서 집단을 구성하는 개인들보다 더 오래 지속될 수 있는 잠재력을 가지고 있다. 따라서 그러한 집단과의 동일시는 지속성, 영속성, 그리고 의미의 측면에서 보다 심화된 감각을 제공한다. 결과적으로 우리는 우리의 사회적 정체성의 중심에 있는 추상적인 집단을 대표하여 행동하고자 하는 강한 동기를 부여받게 된다.

비록 사회적 정체성이 집단을 결속시키는 이점을 제공하기는 하지만, 그것은 또한 근본적인 것으로 간주되는 모든 범주에서 분열을 일으키기도 한다. 다면적인 사회적 세계를 "우리"와 "그들"이라는 별개의 범주로 나누는 것은 종종 고정관념, 의심, 두려움, 차별, 괴롭힘, 배제, 적대감, 폭력을 생성한다. 어린이와 청소년들은 점점 더 사회적 정체성과 관련된 무수한 도덕적 딜레마를 인식하게 되고 그것과 씨름하게 된다(Killen, Margie, & Sinno, 2006).

사회적 정체성의 가장 극단적인 표출은 대량 학살, 인종 청소, 테러리즘과 같은 집단 폭력과 관련이 있다(Maalouf, 2001; Moshman, 2004a, 2004c, 2007, in press-b; Sen, 2006). 집단 폭력은 집단과 집단 간의 행위이지만, 가해자는 결국 다른 개인들에게 행동하는 개인들이다. 사회적 정체성은 집단 폭력에 대한 심리적 수준의 설명과 사회적 수준의 설명을 연결한다. 특히 대량 학살 및 그 밖의 집단 폭력 행위는 일반적으로 네 가지 중첩된 단계의 순서대로 진행된다(Moshman, 2007, in press-b). 먼저 정체성에 대한 이분법적 구분이 이루어진다. 모든 사람은 "우리" 중 하나이거나 "그들" 중 하나이다. 그 후 "그들"은 도덕적인 고려의 대상에서 제거되기 위해 비인간화dehumanized된다. 이는 우리로 하여금 그들에게 자행하는 행동의 부도덕함을 부정할 수 있게 한다. 그리고 그들에 대한 폭력과 파괴를 가져온다. 끝으로 폭력과 파괴를 자행하기 이전부터 시작하여 그 이후에도 한참 동안 지속되는 부정의 과정은 행동의 부도덕함을 보여주는 모든 증거들에 맞서 가해자의 주관적인 도덕적 정체성을 보존한다(거짓된 도덕적 정체성false moral identity에 대한 논의는 13장을 참고). 요컨대 개인적 측면과 사회적 측면을 온전히 통합한 정체성 개념은 일상적인 경험에서 대량 학살에 이르기까지, 개인이 집단을 대표하여 타인에게 행동하는 방식을 이해하는 데 도움을 준다.

사회적 정체성이라는 개념은 우리가 심리학적 환원주의와 사회학적 환원주의라는 두 가지 위험 사이에서 방향을 잡는 데 도움을 준다(Postmes & Jetten, 2006). 지나치게 심리학적인 측면을 강조할 경우, 사회적 정체성은 단지 개인적 정체성의 또 다른 측면으로 해석된다. 사람들은 사회적 집단을 창조하는, 개별적으로 이미 존재하는 자율적 행위자로 간주된다. 반면에 지나치게 사회학적인 측면을 강조할 경우, 사회적 정체성은 개인이 단순히 집단의 일부가 되는 것과 관련된 문제로 해석된다. 집단은 구성원들의 정체성을 주조하는, 이미 존재하는 실체로 간주된다. 이에 대한 해결책 중 하나는 인간 집단에 대한 사회학적 현실을 개인적 정체성에 대한 심리학적 현실과 연결시키는, 사회적 정체성에 대한 보다 변증법적인 개념을 유지하는 것이다. 개인적 정체성의 관점에서 볼 때, 사회적 정체성이라는 개념은 인격체가 된다는 것이 사회적이라는 점, 그리고 자아를 정의하는 것으로 여겨지는 집단과 관련하여 자신을 개념화하는 것을 수반한다는 점을 상기시켜준다. 우리의 정체성은 우리의 사회적 역할과 타인과의 관계에 깊이 뿌리박혀있다. 따라서 인격체로서 우리 자신에 대한 우리의 개념은 적어도 부분적으로 우리의 사회적 소속에 대한 개념일 수밖에 없다. 그리고 사회적 정체성은 사람들을 (집단 내에서) 통합하고, (집단에 따라) 구분한다. 이것은 적어도 혼합된 축복이며, 아마도 정체성의 형성이 발달 과정인지의 여부에 대해, 그리고 어떤 측면에서 재고되어야 하는지에 대해 안내할 것이다(13장 참고).

민족 정체성

일반적으로 미국은 다수의 "백인"들과 다양한 "인종" 및 "민족"으로 구성된 소수 집단으로 구분되며, 1970년 이후 이들은 일반적으로 네 가지 범주, 즉 아프리카계 미국인, 아시아계 미국인, 히스페닉계 미국인, 아메리카 원주민(인디언)으로 분류되고 있다. 이와 같은 분류 방식은 생물학적이라기보다는 사회적·정치적이다. 즉, 인간이라는 종의 구성원들 사이에는 상당한 정도의 유전적 다양성이 있고 이러한 다양성은 다양한 계보와 관련이 있다. 따라서 인간이 제한된 수의 인종 범주나 여타의 생물학적 범주로 자연스럽게 분류될 수 있다는 주장은 경험적 근거에 의해 지지되지 않는다(Birman, 1994; Fisher, Jackson, & Villarruel, 1998; Garcia, Hart, & Johnson-Ray, 1997; Graves, 2001; Helms, 1994). 심지어 사회적 차원의 인종 범주와 명명 방식 역시 매우 부정확하다. 게다가 어떠한 방식으로 집단화하느냐와 상관없이, 대부분의 심리적 측정 결과들은 집단 내 개인들 간의 변동성이 집단 간의 변동성보다 훨씬 더 크다는 것을 보여준다(Fisher et al., 1998; Phinney, 1996). 그럼에도 불구하고 미국인들은 자기 자신과 서로를 다양한 인종 및 민족 집단의 구성원으로 인식하고 있으며, 이러한 인식은 정당하든 그렇지 않든 실제로 심리적인 결과를 초래한다. 어떤 사람이 자신을 정의함에 있어 민족 혹은 인종 집단과 자기 자신과의 관계를 중요하게 고려하는 만큼, 그 사람은 민족 또는 인종 정체성을 지니고 있다고 말할 수 있을 것이다.

민족 정체성 형성 분야의 주요 이론가이자 연구자인 장 피니[Jean Phinney](Ong, Fuller-Rowell, & Phinney, 2010; Phinney & Rosenthal, 1992)는 1980년대부터 여러 동료들과 함께 민족 정체성의 구성에 대해 연구해왔다(인종 정체성 연구에 대한 검토 및 통합에 대해서는 Burrow, Tubman, & Montgomery, 2006 참고). 피니는 다수의 백인 청소년들이 자신을 백인 혹은 다양한 특정 인종 집단(예: 이탈리아계 미국인 등)의 구성원으로 바라볼 수 있음을 인정했지만, 일반적으로 그러한 동일시가 정체성 형성에 거의 역할을 하지 않는다고 주장했다(Phinney, 1996; Phinney & Rosenthal, 1992; 또한 Grossman & Charmaraman, 2009; Schwartz, Zamboanga, Weisskirch, & Rodriguez, 2009 참고). 하지만 소수 민족 청소년의 경우, 이와는 사뭇 대조적이다.

소수 민족 집단 청소년의 경우, 정체성 형성의 과정은 동일시를 위한 대안적 원천들과 그들 자신의 민족 집단 및 주류 혹은 지배 문화에 대한 노출로 인해 추가적인 차원을 지니게 된다. 주류 문화의 가치관 및 신념이 그들 자신의 기원이 되는 문화 및 가치관과 크게 다른 사회에서 성장한 이 청소년들은 민족 정체성을 자아 정체성에 만족스럽게 통합해야 하는 과업에 직면해 있다. 이 과업의 용이함과 어려움은 여러 요인에 따라 달라진다. … 특히 소수 집단의 청소년들은 편견과 차별의 문제, 그들의 열망을 제한하고 성취를 방해하는 구조적 장벽, 그리고 다수와 구별되는 또 다른 특징들에 직면해야 할 수도 있다. 소수 집단의 청소년들이 강하고 긍정적이며 안정적인 자아 정체성을 구축하려면, 그들은 긍정적인 가치를 지닌 민족 정체성을 자아에 대한 감각에 통합할 수 있어야 한다.

(Phinney & Rosenthal, 1992, p. 145)

피니는 민족 정체성을 "어떤 민족 집단에 소속되어 있다는 감각, 그리고 그 소속감과 관련된 태도와 감정을 포함하는 자아의 지속적이고 근본적인 측면"이라고 정의한다(1996, p. 922). 이것은 어린이가 배울 수 있는 일종의 표식(예: "나는 흑인이다" 혹은 "나는 베트남계 미국인이다")보다 훨씬 더 많을 것을 의미한다. 오히려 민족 정체성은 정체성 형성의 보다 일반적인 과정으로, 청소년기 또는 그 이후에 부분적으로, 혹은 핵심적인 부분으로 구성된다.

사람들은 타인 또는 사회가 보이는 태도와 견해를 토대로 자신의 민족성을 당연시하는 초기 단계에서부터 발달한다. 집단에 대한 소속감의 의미와 함의를 탐색하는 기간을 거치면서, 사람들은 집단의 구성원으로서 자신에 대한 안전하고 자신감 있는 감각을 반영하고 있는 민족 정체성을 지니게 된다. 하지만 민족 정체성의 성취가 반드시 고정된 발달의 종착점은 아니다. 사람들은 평생 동안 자신의 민족성을 재검토할 가능성이 크다.

(Phinney, 1996, p. 923)

청소년과 젊은 성인들을 대상으로 수행된 연구에 따르면, 민족 정체성은 나이가 들면서 증가하는 경향이 있다(French, Seidman, Allen, & Aber, 2006; Lysne & Levy, 1997; Phinney, Ferguson, & Tate, 1997; Umaña-Taylor, Gonzales-Backen, &

Guimond, 2009; 또한 인종 정체성에 대해서는 Burrow et al., 2006 참고). 높은 수준의 민족 정체성은 자신과 타인의 민족 집단에 대한 보다 긍정적인 태도와 관련이 있다(Phinney, Ferguson, et al., 1997; Phinney, Jacoby, & Silva, 2007; Whitehead, Ainsworth, Wittig, & Gadino, 2009). 또한 민족 정체성 성취는 더 높은 수준의 자존감 및 심리적 웰빙과 관련이 있는 것으로 보인다 (Abu-Rayya, 2006; Burrow et al., 2006; French et al., 2006; Phinney & Alipuria, 1996; Phinney, Cantu, & Kurtz, 1997; Seaton, Scottham, & Sellers, 2006; Umaña-Taylor et al., 2009).

앞서 언급한 바와 같이, 소수 집단의 민족 정체성을 형성하는 이 도전적인 과업의 핵심은 '특정 민족 집단과 자신과의 관계', 그리고 '주류 문화와 자신과의 관계'를 조정하는 것이다(Birman, 1994; Hutnik & Street, 2010; Phinney & Rosenthal, 1992). 이와 관련하여 다양한 해결책이 제시될 수 있다. 예를 들어 아프리카계 미국인과 멕시코계 미국인 청소년에 대한 연구에서 피니와 데비치—나바로 Devich-Navarro는 대부분의 청소년들이 이중문화 정체성bicultural identities을 지니고 있으며, 이러한 정체성들은 다양한 형태를 취한다고 결론지었다.

부모가 다른 민족 혹은 다른 인종 집단에 소속되어 있는 다민족 또는 다인종 청소년의 경우, 조정의 과정은 잠재적으로 훨씬 더 복잡하다. 이 경우 일부 청소년들은 발달의 특정 시점에서 어려움을 겪을 수 있지만, 다민족적인 배경은 주변화marginalization, 낮은 자존감, 여타의 부적응적 징후와 특별히 관련이 있어보이지는 않는다(Phinney & Alipuria, 1996; Shih & Sanchez, 2005). 사실 정체성 헌신을 갖기 위해 보다 많은 대안들을 탐색해가는 유연성과 인지적 도전은 장기적인 측면에서 볼 때 개인의 발달을 향상시킬 수 있다.

또한 대부분의 경우, 민족 정체성의 형성은 자신의 집단에 대한 차별, 그리고 이와 관련된 억압감에 의해 많은 영향을 받는다(Fisher et al., 1998). 에릭슨(1968)은 "억압, 배제, 착취에 기초한 체제하에서 억압받고 배제되며 착취당하는 사람들이 지배하는 사람들에 의해 표상된 자신들의 사악한 이미지를 무의식적으로 받아들이는 슬픈 진실"(p. 59)을 한탄했다.

　이러한 부정적 자기 이미지의 내면화가 에릭슨이 생각한 것 보다는 덜 불가피할 지라도, 억압에 대한 경험은 또 다른 방식으로 피해를 줄 수 있다. 예를 들어 억압받는 소수 집단의 구성원은 백인들이 다니는 곳이라고 인식되는 학교에서 학업 성취를 실질적으로 방해하는 "대항적 정체성oppositional identity"을 형성할 수 있다(Ogbu, 1993). 더 나아가 사회적 억압은 억압하는 사람들의 정체성에도 문제를 일으킨다. 에릭슨이 지적했듯이, "지배적인 정체성이 지배적인 존재에 의존하는 곳에서는 지배적인 사람들에게 진정한 평등을 부여하기 어렵다"(1968, p. 264).

　샤리 클락Sharri Clark(1997)은 자기 자신에 대해 설명하면서 민족 정체성 형성의 복잡성에 대해 다루었다. 클락에 따르면, 자신은 자신의 혈통에 대해 알게 된 순서에 따라 아일랜드, 체로키족Cherokee, 촉토족Choctaw, 스코틀랜드, 프랑스, 독일 혈통을 지니고 있다(p. 36). 그녀의 주된 조상이 아일랜드인이고, 그녀의 계산에 따르면 자신은 아메리카 원주민보다는 백인에 가깝지만, 이러한 사실이 그녀의 정체성을 결정하지는 않았다. 1983년 체로키족이 자신의 땅에서 추방당해 이주하게 된 "눈물의 흔적Trail of Tears"에 대한 이야기를 아주 어린 시절부터 들어오면서, 그녀는 자신의 과거뿐만 아니라 자신의 민족이라고 여기는 사람들에 대한 역사를 토대로 자신에게 연속성을 제공하는 정체성을 구축해왔다. 그녀는 다음과 같이 썼다.

　아메리카 원주민이란 누구인가? 나인가? "아메리카 원주민"이라는 범주를 정의할 권한이 있는 사람은 누구인가? 나는 다수 집단과 동일시하는가? 소수 집단과 동일시하는가? 둘 모두와 동일시하는가? 아니면 둘 다 동일시하지 않는가? 한 가지 사실은 부인할 수 없다. 나는 아메리카 원주민의 후손이다. 나는 오클라호마 체로키족과 눈물의 흔적을 알고 있는 사람들의 정체성에 필수적인 요소인 혹독한 강제이주 생존자의 후손이다.　(p. 37)

종단 연구 결과에 따르면, 민족성에 대한 자아 동일시는 일반적으로 시간이 지남에 따라 변하게 되는데, 이는 아마도 청소년들이 점차 정체성 문제에 대해 숙고하기 때문일 것이다. 이러한 종단 연구 중 브리티시 컬럼비아British Columbia 대학생들을 대상으로 수행된 연구가 있다. 이 연구에서는 10년이 넘는 기간 동안 매년 자신이 "원주민 혈통aboriginal ancestry인지"를 묻는 질문을 포함하고 있는, 일련의 동일시 질문에 대한 대학생들의 응답을 분석하였다(Hallett et al., 2008). 적어도 한 번 이상 자신을 원주민과 동일시한 4,307명의 학생 중, 약 절반(51%)이 이러한 응답을 지속적으로 유지했다. 이들 중 일부(전체 학생 중 1396명)는 단한 번만 자신을 원주민과 동일시하였으며, 이는 응답 오류일 수도 있다. 하지만이 기간 동안 많은 학생들의 자아 동일시가 진정으로 변화된 것으로 보인다. 자신의 혈통을 전혀 밝히지 않은 상태에서 일관되게 선언하는 상태로 전환한 비율(전체의 15%)은 반대 방향으로 전환한 비율(약 496명)보다 훨씬 많았고, 나머지(17%)는 더 복잡한 변화 패턴을 보였다. 다른 종단 연구 결과 역시, 이와 유사하게 청소년기 동안 민족, 인종에 대한 자기 동일시의 변화가 흔하다는 것을 보여준다(Hitlin, Brown, & Elder, 2006).

한 가지 일반적인 결론은 정체성 형성이, 민족이나 인종에 상관없이, 자신이 정말로 진정으로 영원히 속할 수 있는 하나의 규정된 집단을 발견하는 것도 아니고, 단지 우연히 자신을 기쁘게 하는 자기 자신에 대한 개인적인 이론을 자유롭게 창조하는 것도 아니라는 것이다. 민족 정체성에 대한 연구는 개인적 정체성과 사회적 정체성이 항상 사회적·문화적 맥락에서 구성되지만, 그것에 의해 완전히 결정되는 것은 아니라는 사실을 상기시켜 준다.

젠더, 문화, 그리고 정체성

많은 요인들이 정체성에 영향을 미치는 것으로 알려져 있다. 젠더와 문화는 정체성에 대한 근본적인 비판의 기초가 되어 온 두 가지 요인이다. 패터슨[Patter-son], 소팅[Sochting], 마샤(1992)가 언급한 바와 같이, "연구자들은 정체성 구성을 여성에게 적용하는 것이 적절한지, 그리고 정체성 구성 그 자체가 관련성[relatedness]이라는 개념보다는 개인주의[individualism]라는 서구의 남성적 이상에 편향되어 있는 것은 아닌지에 대해 의문을 제기하여 왔다"(p. 14).

대부분의 연구자와 이론가들은 정체성이 개체의 일부 범주(예: 남성) 혹은 단지 특정 문화(예: 서구문화) 내에서만 구성된다는 견해에 회의적이다. 정체성이 다양한 문화권에서 여성과 남성 모두에게 구성된다는 것은 분명하다. 그럼에도 불구하고 정체성의 본질이나 정체성 형성의 과정이 여성과 남성, 혹은 문화권에 따라 다를 수는 있다. 나는 젠더의 영향이 문화마다 다르고 문화의 영향은 종종 젠더에 의해 매개된다는 점을 염두에 두면서, 먼저 젠더에 대해 살펴보고 그 후 문화에 대해 다루고자 한다(Cross & Madson, 1997; Rotheram-Borus & Wyche, 1994).

젠더 차이

많은 정체성 이론가들은 여성의 정체성이 남성의 정체성과 질적으로 다르다고 주장한다. 에릭슨(1968)은 남성의 경우 정체성 형성 이후에 나타나는 발달 단계인 친밀감이 여성의 정체성의 중심적인 측면이며, 따라서 여성의 정체성 형성에 결정적이라고 주장했다. 캐롤 길리건[Carol Gilligan](1982)은 에릭슨이 남성의 발달 순서를 인간 발달의 기본적인 단계라고 주장한 것에 대해 비판했다. 그러나 타인과의 상호연결이 전형적으로 여성의 정체성에 있어 근본적이지만, 남성의 정체성에는 그렇지 않다는 그의 생각에는 동의했다. 길리건은 여성의 경우, "정체성은 관계의 맥락에서 정의되고 책임과 배려라는 기준에 의해 판단된다"(p. 160)고 주장했다.

"자아 모델models of the self"에 대한 연구들을 폭넓게 검토하면서, 수잔 크로스Susan Cross와 로라 매드슨Laura Madson은 에릭슨보다 젠더 차이의 (생물학적 기반이 아닌) 문화적 기반을 더욱 강조했다. 그리고 젠더의 차이가 여성과 남성의 본질적인 특성의 차이를 반영하기보다는 특정 문화적 맥락에 따라 다를 수 있다는 점을 지적하면서, 길리건보다 신중한 입장을 취했다. 그럼에도 불구하고 크로스와 매드슨은 적어도 20세기 말까지 북미인들 사이에서 "사회적 요인은 … 남성과 여성들이 서로 다른 자기 해석을 생성하고 유지하는 데 영향을 미쳤다"(p. 8)고 결론지었다. 그들은 전형적으로 여성들이 타인과의 관련성을 강조하는 자아 표상이 반영된 **상호의존적 자기 해석**을 구성하는 반면에서, 남성들은 전형적으로 보다 자율적인 자아 표상에 토대를 둔 **독립적인 자기 해석**을 구성한다고 주장했다. 그러나 데이터를 면밀하게 조사해보면, 여성 간의 개인차와 남성 간의 개인차가 두 성별 간의 평균적인 차이보다 훨씬 크다는 것을 알 수 있다. 비록 크로스와 매디슨이 통계적으로 유의미한 차이를 보여주는 실질적인 증거들을 검토하기는 했지만, 이러한 차이는 에릭슨이나 길리건과 같이 젠더의 차이를 연구한 이론가들에 의해 제안된 범주적 결론이나 이와 동등한 수준에서 강력하게 제기된 주장들을 정당화할 만큼, 더 나아가 젠더의 차이에 따른 변동성을 비교할 수 있을 만큼 충분하게 실질적이지는 않다.

보다 일반적으로 말하자면, 정체성 형성과 관련된 문헌들은 젠더 간의 평균적인 차이가 존재하는 경우, 각각의 젠더 내에 존재하는 엄청난 변동성과 비교해볼 때 그 수준이 미미한 정도임을 지적한다. 다시 말해서 정체성 문제에 있어서 젠더는 청소년들이 보여주는 변동성에 놀라울 정도로 거의 영향을 미치지 않는다. 샐리 아처Sally Archer(1994)는 자신의 연구 결과를 다음과 같이 요약했다.

남성과 여성은 탐색과 헌신의 과정을 비교적 유사하게 사용한다. 정체성 관련 활동 시기는 남성과 여성 둘 다 비슷하다. 그들은 직업, 종교, 젠더 역할, 결혼, 육아 등을 포함하는 수많은 영역에서 정체성 관련 과업을 유사하게 다룬다. ⋯ 여성들은 섹슈얼리티, 우정, 결혼/경력에 우선순위를 부여하면서 정체성 활동에 관여하지만, 남성들은 여성보다는 정치적 이데올로기에 헌신할 가능성이 더 높았다.   (p. 4)

요약하자면, 이 연구는 특정 영역의 특정 정체성 헌신과 관련하여, 그리고 이러한 헌신들의 상호관계와 관련하여 젠더의 차이를 보여준다(Archer, 1994; Marcia, Waterman, Matteson, Archer, & Orlofsky, 1993). 그러나 여성과 남성이 근본적으로 다른 유형의 정체성을 형성하거나 혹은 남성과 여성이 질적으로 다른 정체성 형성 경로를 따른다는 범주적 주장을 확인하지는 못했다(Côté, 1996, 2009; Côté & Levine, 2002; Harter, 2006; Kalakoski & Nurmi, 1998). 여성과 남성은 각각 금성과 화성에서 온 것이 아니라, 모두 지구에서 왔기에.

문화적 차이

자아와 정체성의 문제에서 문화적 차이에 대한 증거는 서로 다른 문화권의 사람들이 질적으로 다른 유형의 자아 개념을 가지고 있다는 강력한 주장을 이끌어냈다. 앞서 논의한 젠더에 따른 차이와 유사하게, 이론가들은 (a) 개인적이고 독립적인 자아에 대한 서구인들의 자아 개념과 (b) 관계적이고 상호의존적인 자아라는 대안적 자아 개념을 문화에 따른 표준적인 차이로 구분한다(Shweder et al., 2006). 예를 들어 헤이즐 마커스Hazel Markus와 시노부 기타야마Shinobu Kitayama(1991)는 정체성의 문화적 차이를 다음과 같이 설명했다.

서로 다른 문화권의 사람들은 자아, 타인, 그리고 이 둘의 상호의존성과 관련하여 현저하게 다른 해석을 가지고 있다. 이러한 해석은 인지, 정서, 그리고 동기를 포함하는 개인적 경험의 본질에 영향을 미칠 수 있으며, 많은 경우 개인적 경험을 결정하기도 한다. 많은 아시아 문화에서는 개인들이 서로에 대한 근본적인 관련성을 주장하는 개체성에 대한 뚜렷한 개념이 있다. 아시아 문화권에서는 타인에게 관심을 기울이는 것, 서로 어울리는 것, 조화로운 상호의존성을 강조한다. 미국 문화는 개인 간의 명백한 연결성을 가정하거나 혹은 그러한 연결성을 가치 있게 여기지 않는다. 이와는 대조적으로 개인은 자아에 주의를 기울임으로써, 자신의 고유한 내적 속성을 발견하고 표현함으로써 타인으로부터의 독립성을 유지하고자 한다. 여기에서 제안한 바와 같이, 이러한 해석은 이전에 상상했던 것보다 훨씬 더 강력하다. (p. 224)

그러나 다양한 문화권에서 얻은 증거들에 따르면, 이와 같은 범주적 견해는 지나치게 단순하다(Brewer & Chen, 2007; Li, 2006; Oyserman, Coon, & Kemmelmeier, 2002; Turiel, 2002, 2006a). 캐서린 래프[Catherine Raeff](2006, p. 106)는 "독립적인 행동과 상호의존적인 행동의 구조화에 있어 문화적 다양성은 인간의 분리와 연결이라는 보편적인 주제의 변이라고 볼 수 있다"라고 주장했다. 문화 다양성이라는 현실과 그 중요성을 부인하지 않으면서도, 많은 심리학자들과 인류학자들은 (a) 인간의 문화는 두 가지 범주로 깔끔하게 분류되지 않으며, (b) 문화의 영향은 미묘하고 복잡할 뿐만 아니라, (c) 특정 문화권 내의 사람들은 문화 결정론적 견해가 기대하는 것보다 훨씬 더 많은 가변성을 보여준다고 결론을 내렸다. 예를 들어 인류학자인 멜포드 스피로[Melford Spiro](1993)는 다음과 같이 주장했다.

비록 그것이 이상적인 형태라고 간주될지라도, 서구권과 비서구권이라는 두 가지 유형으로만 구성된 자아 그리고 문화적 개념에 대한 유형학은 너무 제한적이다. 분명히 일부 비서구권 자아들은 적어도 서구권 자아와 다른 만큼 서로 다르다. 요컨대 … 우리가 추정할 수 있는 비서구권 자아에는 훨씬 더 많은 분화, 개별화, 자율성이 있고, 서구의 자아에는 이러한 상반된 이항 분류 유형이 허용하는 것보다 훨씬 더 많은 상관성과 상호의존성이 존재한다. (p. 117)

이와 유사하게 문화 내의 이질성 및 개인차를 강조하면서, 엘리엇 튜리엘^{Elliot} Turiel(1996)은 다음과 같이 주장하였다.

> 문화는 응집성이나 동질성으로 적절하게 특징지어 지는 것이 아니라, 오히려 역동적이고
> 다면적이며, 많은 경우 서로 다른 가치를 추구하는 사람들 간의 투쟁과 분쟁을 수반한다.
> 문화 구성원 간의 다양한 이해관계와 목표는 특히 사회 계층에서 서로 다른 역할과 지위
> 를 가질 때 협력과 조화의 원천과 함께 갈등과 긴장을 유발할 수 있다. 문화는 종종 사회
> 제도와 공공 이데올로기에 대한 분석을 통해 응집력 있는 사회적 지향을 반영하고 있는
> 것으로 묘사되는 반면, … 개인의 도덕적, 사회적, 개인적 개념에 대한 분석은 … 문화 내
> 에서 사회적 지향의 이질성과 판단과 행동에 있어서의 개인적 다양성을 보여준다.
>
> (pp. 75-76)

문화 내의 다양성은 개인들 사이에서뿐만 아니라, 개인 내에서도 존재한다는 점을 강조할 필요가 있다. 개인적이면서도 상호의존적인 자신에 대한 명시적 개념은 일상적으로 개인의 마음속에서 공존한다. 정체성 형성은 문화가 개인에게 개인주의나 상호의존성을 부과한 결과도 아니고, 이들 간의 선택의 문제도 아니다. 오히려 정체성 형성은 두 자아 개념 간의 조화이다(Killen & Wainryb, 2000; Schachter, 2002; Shimizu, 2000).

정체성의 토대가 되는 다양한 잠재적 영역들과 관련하여, 문화가 제공하는 선택과 헌신의 기회는 다양하며, 정체성의 구성을 지원하는 일반적인 수준도 문화에 따라 다르다(Côté, 1996; Rotheram-Borus & Wyche, 1994). 정체성 구성을 적절하게 설명하고자 하는 이론은 "여성과 남성이 그들이 살고 있는 문화(들)의 기호, 상징, 목소리로 이루어진 광대하면서도 구조화된 장의 한가운데에서 사회에서 구성원으로서의 자격과 자신이 누구인지에 대한 감각을 갖기 위해 고군분투하는 다양한 방법들"을 반드시 고려해야 한다(Penuel & Wertsch, 1995, p. 90). 하지만 정체성 형성의 기본적인 과정이나 이에 따른 정체성의 근본적 특성이 문화

에 따라 차이를 보인다는 강한 주장을 뒷받침하는 증거는 거의 없거나 전혀 없다.

요약하자면 많은 연구들은 정체성 형성의 범주적 차이, 즉 남성과 여성 간의 차이나 몇몇 한정된 문화 간의 차이에 대한 주장을 지지하지 않는다. 오히려 정체성에 대한 성찰적 구성은 영역의 탐색, 가능성의 고려, 신념의 구축, 헌신의 수행 측면에서 개인적 차이와 문화적 차이의 복잡한 패턴과 함께, 다면적인 문화적 맥락에서 이루어지는 것으로 보인다.

결 론

사회적 정체성에 대한 우리의 고려는 민족 정체성과 다양성의 문제에 대한 세심한 검토로 이어졌고, 이러한 검토는 우리를 개인적 정체성의 결정적인 중요성은 물론 개인적 정체성과 사회적 정체성 간의 불가분성으로 다시 안내한다. 지금까지 논의한 풍부한 정체성 개념을 토대로, 이제 우리는 정체성이 어떻게 구성되는지에 대한 발달적 질문으로 넘어가려고 한다.

12장

정체성의 구성

넌 칼을 들어올리고, 넌 변화를 만들어 내며

넌 내가 제정신이 될 때까지 나를 재조정해주지

넌 문을 잠그고 열쇠를 던져버렸지

내 머릿속에 누군가가 있지만 그건 내가 아니야

- 핑크 플로이드
(Brain Damage, 1973)

한 남자가 **나**me라고 부르는 것과

그가 단순히 **내 것**mine이라고 부르는 것 사이에

선을 긋는 것은 어렵다.

- 윌리엄 제임스
(1890/1950, Vol. 1, p.291)

정체성은 어떻게 발달하는가? 어떤 발달 과정이 인격체로서 자신에 대한 명시적 이론의 출현을 설명할 수 있는가? 이번 장에서는 우선 일반적인 수준에서의 정체성 형성 과정을 살펴본 후, 보다 구체적으로 성 정체성^{sexual identity}이 어떻게 형성되는지 검토해보고자 한다.

발달적 과정

마샤의 접근 방식이 여전히 정체성의 형성에 관한 연구를 지배하고 있을 당시, 해롤드 그로테반트^{Harold Grotevant}(1987)는 "정체성 지위와 관련된 대부분의 연구들은 … [발달의] 과정보다는 정체성 지위들 간의 상관관계에 초점을 맞추고 있다"(p. 204)라며 불만을 토로했다. 즉, 연구자들은 네 가지 정체성 지위 각각에 놓여있는 사람들이 어떻게 다른지를 설명하고자 하는 연구에 집중함으로써 정체성이 어떻게 성취되는지에 대한 근본적인 질문을 다루는 데에는 대체로 소홀했다는 것이다. 그로테반트는 "정체성 지위에 대한 연구는 정체성 형성과 관련된 두 가지 핵심적인 과정, 즉 대안의 **탐색** 및 선택에 대한 **헌신**의 중요성을 지적했다"(p. 204)라고 말하면서, 발달의 과정에 보다 집중하기 위한 기반을 언급했다.

그로테반트는 이를 출발점으로 삼아, 그가 **정체성 형성 과정 모형**^{process model of identity formation}이라고 부르는 것을 제안했다. 그가 제안한 모형에서 탐색^{exploration}은 정보를 수집하고 자신, 자신의 역할, 자신이 맺고 있는 관계에 대한 가설을 검증하는 과정을 의미한다. 그리고 다양한 가능성과 결과에 대한 숙고^{consideration}는 이상적으로는 의식적이며 장기적인 헌신으로 나타나는 선택으로 이어진다.

그로테반트는 정체성 형성에 영향을 미치는 다양한 개인적 요인과 맥락적 요인에 대해 자세하게 논의했다. 그의 주장에 따르면, 정체성 형성의 범위와 성공은 (a) 유연함, 자존감, 자신의 행동을 신중하게 관찰하는 경향, 경험에 대한 개방성과 같은 성격적 요인, (b) 가능성을 고려하고, 적절한 추리를 도출해내며, 다양한 관점을 조정하는 인지적 역량, (c) 개인의 선택을 존중하는 문화적 지원, 가족 간의 의사소통 방식, 또래들의 반응, 교육 및 직업 선택의 기회, 다양한 대안 및 관점에의 노출과 같은 사회·맥락적 특성, (d) 개인의 삶의 특정 시점에서 정체성 탐색 및 헌신에 적극적으로 참여하고자 하거나 회피하려고 하는 개인의 일반적인 성향에 달려있다.

그로테반트가 제시한 모형은 연구자들의 관심을 정체성 형성의 과정에 집중시키는 데 성공했다. 하지만 그의 주장은 정체성 형성 과정 그 자체보다는 이 과정에 영향을 미치는 요인들에 대해 훨씬 더 많은 것을 이야기하고 있다. 이에 마이클 버존스키(1993, 2004, 출판 중)는 정체성 구성의 내적 역학을 보다 강조하기 위해 그로테반트가 주장한 정체성 형성 과정을 확장한 모형을 제시했다. 버존스키는 자아 이론으로서의 정체성 개념을 정교화하면서, 개인을 자아에 대한 이론화theorizing 과정에 참여하는 **자아 이론가**self-theorist로 바라볼 것을 제안했다. 그는 구성주의적 관점을 토대로 이론화가 단순히 자료를 수집하고 요약하며 검증하는 문제가 아니라고 주장했다. 오히려 이론화는 자신의 경험을 해석하고 새로운 경험을 생성하는 적극적인 과정을 포함한다.

버존스키는 자아 이론가를 세 가지 유형, 즉 **과학적인 자아 이론가**scientific self-theorists, **교조적인 자아 이론가**dogmatic self-theorists, **임시 변통적인 자아 이론가**ad hoc self-theorists로 구분했다.

> 과학적 자아 이론가들은 자아 성찰적이고, (경직된) 자아 구성에 회의적이며, 자아 관련 정보에 개방적인 경향이 있다. … 이와 같은 정보 지향적인 개인은 자아와 관련된 정보를 의도적으로 찾고, 처리하고, 평가함으로써 개인적 결정과 정체성 문제를 다룬다. (p. 173)

대조적으로 교조적인 자아 이론가들은 "(부모를 포함하여) 자신에게 중요한 타인의 기대와 그들이 소중하게 여기는 가치에 따르고자 한다.

> 여기에는 자아 구성에 대한 잠재적인 위협을 방어하기 위한 … 자기본위적self-serving 노력이 포함된다. 이러한 보호주의적 접근 방식을 자아 이론화에 활용하는 사람들은 권위주의적 견해를 지지하고, 경직된 자아 구성 체제를 지니며, 절대적인 가치 및 신념과 관련된 새로운 정보에 폐쇄적인 것으로 알려져 있다. (p. 174)

마지막으로 임시 변통적인 자아 이론가는 다음과 같은 특징을 지니고 있다.

> 임시 변통적인 자아 이론가들은 상황적 요구에 지속적으로 반응한다. 잘 조직되지 않고, 파편화된 자아 이론은 개인적 갈등과 결정을 미루고 피하도록 한다. 너무 오래 기다림으로써, 결국 상황적 요구와 결과가 행동 반응을 결정하게 될 것이다. … 상황 특수적인 조절은 정체성 구조를 장기적으로 안정화시키기 위한 것이라기보다는, 단기적이고 일시적인 행동적 혹은 언어적 순종일 가능성이 높다. (p. 174)

마샤가 특성화한 네 가지 정체성 지위의 관점에서 볼 때, 과학적 자아 이론가는 정체성 유예 혹은 정체성 성취 지위에 있을 가능성이 가장 높고, 교조적인 자아 이론가는 정체성 폐쇄 지위에, 그리고 임시 변통적인 자아 이론가는 정체성 혼미 지위에 있을 가능성이 크다. 버존스키(1993)는 이와 같은 관계를 정확하게 보여주는 여러 연구들을 요약하여 제시하였고, 후속 연구들은 그의 분석을 뒷받침하고 확장했다(Berzonsky, 2004, 2008, in press; Berzonsky & Ferrari, 2009; Berzonsky & Luyckx, 2008; Good, Grand, Newby-Clark, & Adams, 2008; Seaton & Beaumont, 2008). 결국 버존스키의 이론은 대체로 마샤의 초기 연구와 연속선상에 있으면서도, 그로테반트가 강조한 바와 같이 다양한 정체성 지위의 특성으로부터 정체성 구성 과정의 본질로 연구의 초점을 전환한 것으로 보인다.

1990년대 이후의 이론과 연구들은 그로반테스와 버존스키의 연구에서 볼 수 있는 정체성 형성에 대한 구성주의적 접근을 확장해가고 있다(Berman, Schwartz, Kurtines, & Berman, 2001; Habermas & Bluck, 2000; LaVoie, 1994; Schwartz, 2002). 그러나 우리가 앞서 살펴본 바와 같이, 구성주의는 다양하고 특유한 이론을 야기할 수 있는 메타이론적 지향이다(자세한 논의는 14장 참고). 정체성과 관련하여 일부 이론가들은 구성적인 과정의 창조적 본성을 강조한 반면에, 또 다른 이론가들은 구성적 과정에 대한 엄격한 심리적 모형을 고안하려고 노력해왔다. 예를 들어 사빈Sarbin(1997)은 우리의 삶에 대한 이야기의 창조적 구성을 강조했다. 그는 소설, 연극, 영화 및 기타 예술 형식을 통해 우리가 만나는 다양한 이야기가 우리 자신의 이야기를 구성하기 위한 줄거리 구조를 제공한다고 주장했다. 이와는 대조적으로 케르펠만Kerpelman, 피트먼Pittman, 그리고 람케Lamke(1997)는 즉각적인 자아 인식self-perceptions과 정체성을 구성하는 자아 정의self-definitions를 지속적으로 비교하는 사이버네틱 "제어 이론control theory"을 제시했다. 일반적으로 부조화는 행동의 변화를 통해 해결되지만 그러한 변화가 반복적으로 부적절한 경우, 사람들은 정체성 그 자체의 근본적인 변형에 관여함으로써 평형화를 회복할 수 있다. 정체성 형성에 대한 구성주의 이론은 계속해서 풍부해지고 다양화되어 가고 있다(Kunnen, 2006; Kunnen, Bosma, & van Geert, 2001; Luyckx, Goossens, & Soenens, 2006; Luyckx, Schwartz, & Goossens, in press).

발견 혹은 창조

정체성 형성의 구성주의적 관점에 대한 주요 비판은 아마도 정체성 형성을 발견discovery의 과정으로 보는 사람들에 의해 제기될 수 있을 것이다. 이와 관련하여 앨런 워터먼^{Alan Waterman}(1992; 또한 2004, 출판 중 참고)은 다음과 같이 제안했다.

정체성에 대한 탐색은 "참된 자아^{true self}"에 해당하는 잠재력을 확인하려는 노력이다. 여기에서 사용된 정체성 발달에 대한 은유는 … 구성의 과정 중 하나가 아니라 발견의 과정 중 하나이다. 발견이라는 은유에 따르면, 각각의 사람들에게는 비록 인식되지는 않았지만 이미 존재하는, 그 사람이 만족스러운 삶을 살기 위해 실현되어야 하고 그에 따라 행동해야 하는 잠재력이 있다. 정체성 위기와 관련된 스트레스에서 볼 수 있는 것처럼, 많은 사람들에게 있어서 이러한 잠재력을 인식하고 그에 따라 행동하는 일은 쉬운 일이 아니다. 행복감 혹은 개인적 표현력은 정체성 요소가 잘 선택되었는지를 평가하기 위한 기준이 될 수 있다. 그러한 감정의 존재는 정체성 선택이 개인의 잠재력과 일치한다는 신호로 사용될 수 있으며, 따라서 자기충족적 기초를 제공할 수 있다. (p. 59)

이와 유사한 맥락에서 블라지와 글로디스는 정체성 형성이 "어떤 사람이 틀림없이 그리고 필연적으로, 특정한 유형의 사람이라는 '발견'"으로 구성된다고 주장했다(1995, p. 412; 또한 Waterman, 2004 참고). 그러나 워터먼이 자신의 글 첫 번째 문장에 등장하는 **참된 자아**라는 용어에 무시무시한 따옴표를 붙였다는 점, 그리고 블라지와 글로디스도 **발견**이라는 용어에 따옴표를 붙였다는 점은 주목할 만하다. 우리는 어린 아이가 소파 밑에 숨겨진 공을 찾는 것과 같은 간단한 방법만으로 우리의 "참된 자아"를 발견하지 못할 것이다. 실제로 시어도어 사빈^{Theodore Sarbin}(1997)은 우리가 어떤 의미에서든 과연 참된 자아를 발견할 수 있을지에 대해 의문을 제기했다. 그는 자신의 책 제목이 『정체성의 시학^{The Poetics of Identity}』인 이유를 다음과 같이 설명했다.

원래 이 책에 처음으로 붙인 제목은 "정체성에 대한 내러티브 구성"이었다. 이 제목은 내가 전달하고자 하는 일반적인 의미를 담고 있다. 하지만 "구성"이라는 용어의 사용은 건축가와 목수가 재료를 정밀하게 조작하는 뉘앙스를 준다. 보다 적절한 은유는 다차원적인 **이야기들을** 창조하고 형성하며 주조하는 사람의 이미지를 불러오는 단어인 "시학"이다.

(p. 67, 원본 이탤릭체)

따라서 사빈에게 있어 정체성은 발견되는 것이 아니라 창조되는 것이다.

이론가와 일반인 모두에게 어려움을 제기할 수 있음을 인정함에도 불구하고, 제임스 마샤는 정체성 형성이 발견과 창조 모두를 포함한다고 본다. 마샤는 버존스키(1993)의 글에 대해 다음과 같이 논평했다.

내가 보기에는 모습을 드러내는 듯한 느낌을 주는 특성을 가진 요소들이 있는 것 같다. 마치 이곳이 딱 맞는 곳이라는 느낌이 들고, 그러한 상황에서 벗어나기 시작하면 무언가와 조화를 이루지 못하는 것처럼 느껴지는 곳으로 움직이는 나 자신을 발견할 수 있는 몇 개의 홈이 있다. 이제 무언가가 완전히 구성되었든 그렇지 않든, 어떤 부분이 주어졌든, 나에게는 그저 주어진 것 같은 성질이 있다. 그리고 나서 어떤 방식으로든 정체성을 구성해야 하는 추가적인 과업이 있는데, 이는 틀에 박힌 한 사람의 삶의 질을 설명한다. 그래서 나는 구성에 크게 의존하지만 구성만으로는 설명할 수 없는, 내 경험을 밀어 붙이는 것처럼 보이는 것들을 허용하는 일종의 혼합 모형을 가지고 있다.　　　　　　(p. 189)

나는 정체성 이론가들 간에 나타나는 진정성 있고 흥미로운 차이점을 부인하지 않으면서도, 이 논쟁에서 부각되고 있는 문제의 일부가 구성주의적 관점을 취한다는 것이 무엇을 의미하는지에 대한 애매모호함에서 발생한다고 생각한다. 서론에서 논의한 바와 같이, 구성주의는 **생득주의적 관점** 및 **경험주의적 관점**과 그것이 어떻게 다른지를 비교함으로써 가장 잘 이해된다. 정체성 형성에 대한 생득주의적 관점은 우리의 정체성이 선천적으로 주어진다고 주장할 것이다. 즉, 생득주의적 관점에서 볼 때, 정체성은 비록 임신 당시에는 존재하지 않을지라도 출생 이후의 경험과는 상관없이 유전적 프로그래밍에 의해 결정된다. 이와는 대조적으로 경험주의는 우리의 정체성이 우리를 둘러싼 환경에 의해 우리에게 부과된다고 주장할 것이다. 즉, 정체성은 문화적 맥락에서 우리의 특정 경험에 의해 형성된다.

현대의 정체성 이론가들은 위와 같은 주장 중 어떤 것도 적절하지 않다는 점에 동의하고 있다. 적어도 정체성은 유전적 요인과 환경적 요인의 복잡한 상호작용 결과로 나타난다. 하지만 구성주의적 관점은 사람들이 행동, 해석, 성찰 및 조정을 통해 자신의 정체성을 생성하는 데 적극적인 역할을 한다고 주장하면서, 이와 같은 관점을 넘어서고자 할 것이다(Lerner, Freund, De Stefanis, & Habermas, 2001). 이러한 입장의 극단에 서있는 급진적 구성주의자는 실제적 자아real self의 성립 가능성을 부정할 것이며, 따라서 정체성의 창조를 자유의지에 따른 제약 없는 행동으로 바라볼 수 있다.

그러나 발달 심리학 분야의 대부분의 구성주의자들은 내가 **합리적 구성주의**라고 부르는 입장을 취하고 있다(8장 참고). 합리적 구성주의자들은 우리의 구성된 인지 밖에 실재reality가 존재한다고 가정한다. 비록 그러한 실재가 우리의 인지를 결정하지는 않지만, 어떠한 구성들은 실제로 다른 것들보다 더 정당화된다. 버존스키(1993)는 다음과 같이 말했다.

> 우리는 … 비록 실재를 직접적으로 이해할 수 있는 방법을 가지고 있지 않더라도, 실재를 구성하는 것과는 별개로 존재하는 객관적인 실재 내에서 살고 행동한다. … 객관적 실재는 우리가 생성하는 구성 또는 이론의 유용성과 실행 가능성을 제약한다. 우리는 어떤 "이야기"를 단순히 창작하여 계속 사용할 수 없다. (p. 170)

나는 자아 및 정체성과 관련하여, 우리의 밖에 있는 실재와 복잡한 관계를 맺고 있는 우리 안의 실재가 있다고 주장한다. 정체성을 구성하려는 우리의 노력은 외부의 사회적 요인뿐만 아니라, 우리 자신에게 진실해야 할 필요성에 의해서도 제약을 받는다(Kristjánsson, 2009; Schwartz, 2002; Waterman, 2004, 출판 중). 그러나 우리 밖의 실재에 대해 알 수 없는 것처럼, 우리는 직접적이고 단순한 방식으로 우리 자신에 대해 알 수 없고, 우리 자신의 최종적인 의미에 대해서도 알 수 없다. 우리는 우리가 누구인지에 대한 이해를 **구성**하는 것 외에는 다른 선택의 여지가 없다. 우리가 대안을 식별하고 자율적으로 해석하며 그것에 헌신하는 것에 초점을 맞출 경우, 그러한 구성은 창조의 과정처럼 보이고 느껴진다. 반면에 우리가 이미 존재하지만 희미하게 인식되는 자아와 정체성의 필연적인 관계에 초점을 맞출 경우, 그러한 구성은 발견의 과정처럼 보이고 느껴진다. 실제로 정체성이 구성되는 과정은 때때로 창조의 측면을 더 많이 수반하기도 하고, 때로는 발견의 측면을 더 많이 수반할 수 있지만, 일반적으로 두 가지 요소를 모두 포함한다. 그렇다면 정체성은 구성되는 것이지만, 우리 밖의 실재와 우리 안의 실재 모두에 의해 제약을 받는 구성의 산물이라고 말할 수 있다(Schachter, 2002).

나는 정체성의 구성을 결정하지는 않지만 제약하는 실재적 자아의 존재를 제안하면서도, 그것이 그 사람에게 본래 갖추어져 있는 변경될 수 없는 부분으로 간주되어서는 안 된다는 점을 서둘러 덧붙이고자 한다. 자아 그 자체는 변화될 수 있다. 정체성의 구성은 자신의 행위로 드러나는 행위 주체성, 합리성, 단일성, 연속성의 수준을 높이는 성찰과 조정의 과정을 포함할 수 있다. 메타인지와 형이상학의 경계 어딘가에는 나의 정체성을 구성하고 또 재구성하는 것과 관련된 성찰과 조정이 내가 생각하는 나뿐만 아니라 **실제로**really **존재**하는 나를 변화시킬 수 있는 가능성이 놓여있다.

성 정체성

섹슈얼리티sexuality는 발견과 창조라는 이분법이 반영되어 있는 특별한 영역이다. 이 영역에서는 정당화될 수 없고 오해를 불러일으키는 가정들이 과학적인 이해를 방해하곤 한다. 그 이유 중 일부는 다분히 정치적이다. 게이gay의 권리를 옹호하는 사람과 반대하는 사람들은 모두 게이의 권리가 본래부터 주어지며 불변하는 특성인 성적 지향sexual orientation에 달려있다고 가정하는 경우가 많다. 만약 성적 지향이 유전적으로 결정된다면, 이는 게이에 대한 차별을 금지하는 법을 정당화하는 강력한 논거가 된다. 반면에 성적 지향이 특정 행동에 관여하고자 하는 자유로운 선택에 따른 것이라면, 게이의 권리를 지지하는 주장은 약화된다. 널리 알려진 이와 같은 가정을 고려해볼 때, 게이의 권리를 옹호하는 일부 사람들은 성적 지향이 유전적으로 결정된다는 강력한 주장의 근거로 이와 관련된 빈약한 증거를 수용한다. 반면에 게이의 권리에 반대하는 사람들은 종종 특별한 근거 없이, 동성애 행위를 하거나 이성애자가 되는 것은 개인의 선택에 달려있다고 주장한다. 사실 게이의 권리를 옹호하는 대다수의 사람들은 **성 정체성의 형성**을 타고난 성적 지향의 발견으로 간주한다. 반면에 게이의 권리에 반대하는 많은 사람들은 성 정체성의 형성을 사회적, 도덕적, 종교적으로 허용 가능한 일련의 선택, 즉 창조로 바라본다.

그러나 게이의 권리와 유전적 결정론 간의 연관성은 의심스러운 부분이 있다. 우리는 보통 피부색과 같이 타고난 특성에 따라 사람들을 차별하는 행동을 금지한다. 이것은 사실이다. 하지만 유전적으로 결정되는 특성이 차별에 반대하는 모든 사례의 핵심적인 측면이라는 점은 사실이 아니다. 예를 들어, 정치적 혹은 종교적 헌신이 유전적으로 결정된다고 믿는 사람은 거의 없지만, 거의 모든 사람들이 개인적 신념, 종교적 관행 또는 정치적 활동을 근거로 사람을 차별하는 것이 잘못이라는 데에는 동의한다. 마찬가지로 인종이 생물학적 사실이 아닌 일련의 사회·정치적 범주일지라도, 우리는 인종 차별을 충분히 반대할 수 있다. 따라서 성적 지향과 정체성의 발달에 관한 과학적 결론은 사람들에게 게이의 권리 문제에 대하여 특별한 입장을 요구하지 않는다.

그렇다면 과학적 문제로 돌아가서, 성 정체성의 발달에 대해 말할 수 있는 것에는 어떤 것들이 있는가? 성 정체성은 성적 지향에 의해 제약을 받는 것처럼 보이지만, 결정되지는 않는다. 성적 지향의 발달에서 성 정체성의 구성으로 눈을 돌리는 것은 이를 이해하기 위한 유용한 틀을 제공한다.

발달을 연구하는 대부분의 심리학자들은 복잡한 심리적 특성들이 거의 항상 (a) 유전적 영향, (b) (문화를 포함한) 환경적 영향, 그리고 (c) 개인의 행동, 해석, 구성 간의 복잡한 상호작용의 결과라고 확신한다. 생득주의자들은 유전자의 역할을 강조하고, 경험주의자들은 환경의 역할을 강조하며, 구성주의자들은 개인의 역할을 강조하지만, 대부분의 발달론자들은 이 세 가지 고려 사항이 모두 중요하다는 데 동의한다.

성적 지향의 발달이 이러한 일반적인 원칙의 예외라고 생각할 만한 이유는 없다. 유전적 변이가 성적 지향에 영향을 미친다는 증거가 있기는 하지만, 어떤 유전자 혹은 유전자 집합이 사람을 이성애자 또는 동성애자로 만드는지를 보여주는 명확한 증거는 없다(Bailey, 1995; Hershberger, 2001). 마찬가지로 환경적 요인이 성적 지향에 영향을 미칠 가능성이 있지만, 특정 사건이나 경험으로 인해 사람들이 동성애자나 이성애자가 된다는 점을 보여주는 증거도 없다. 마지막으로 어린 시절의 행동과 해석이 이후 섹슈얼리티의 출현에 어떤 역할을 하는 것으로 보이지만, 성적 지향이 단순히 선택의 문제가 아니라는 점은 분명해 보인다. 다릴 벰^{Daryl Bem}(1996, 2001)은 이러한 일반적인 관점과 일치하는 성적 지향 발달 이론을 아래와 같이 제시했다.

유전자, 태아기 호르몬, 뇌신경 구조와 같은 생물학적 변인은 성적 지향 그 자체를 규정 code하는 것이 아니라, 전형적인 혹은 비정형적인 성적 활동 및 또래에 대한 선호에 영향을 미치는 아동기의 기질을 규정한다. 이러한 선호는 어린이들로 하여금 이성 친구나 동성 친구들이 자신과 다르다고 느끼게 하고, 그들을 이질적이고, 낯설며, 색다르게 인식하도록 한다. 이것은 결국 동일한 부류의 이질적인 또래들에게 성적 자극을 느끼게 하는 특이하지 않은 고조된 자율적 각성을 생성한다. 즉, 색다른 것이 성적 자극을 주게 된다.

(1996, p. 320)

더 나아가 벰은 성적 지향이 젠더를 중심으로 조직되는 정도는 어린이의 발달에 영향을 미치는 문화가 젠더를 중심으로 조직되는 정도에 따라 달라질 수 있다고 덧붙였다. 벰의 이론을 비판하는 학자들은 성적 지향의 발달에 관한 다양한 이론적 가능성과 이 이론이 지닌 경험적 불확실성을 지적했다(Peplau, Garnets, Spalding, Conley, & Veniegas, 1998; 이에 대한 답변은 Bem, 1998 참고). 다양한 문화권의 어린이들은 아동기 동안 유전적, 환경적, 인지적 영향의 상호작용에서 비롯되는 다양하고 복잡한 패턴의 성적 성향과 욕구를 지닌 채로 청소년기에 진입하는 것으로 보인다(Carver, Egan, & Perry, 2004).

그러나 성적 지향이 성 정체성을 결정하지는 않는다. 오히려 청소년기와 그 이후 성 정체성의 구성은 성적 지향, 개인의 성적 성향 및 욕구에 대한 내적 실재뿐만 아니라, 이것들에 대한 문화, 그리고 문화적 태도들에 의해 만들어진 섹슈얼리티 범주에 의해 영향을 받는다(Floyd & Stein, 2002; Hammack, 2005). 게다가 섹슈얼리티 범주는 시간이 지남에 따라 변하고, 문화에 따라 크게 다르다(Bem, 1996; Hammack, 2005; Herdt, 2001; Jagose, 1996).

예를 들어 20세기 중반 미국에서는 정상이라고 해석되는 **이성애자**heterosexual와 병리학적으로 문제가 있다고 해석되는 **동성애자**homosexual간의 널리 수용되던 문화적 차이가 존재했다. 미국에서 동성애는 기껏해야 정신병으로 간주되었고, 최악의 경우에는 죄악으로 여겨졌다. 동성애 행위는 모든 주에서 불법으로 금지되었다. 이러한 상황은 그 자체로 성 정체성을 결정하지는 않았지만, 성적 지향이 "정상적인 이성애" 범주에 맞지 않는 사람들의 잠재적인 자아 개념을 제약했다.

그러나 1960년대와 1970년대에는 게이^{gay}라는 용어가 이전에 동성애자로 분류되던 사람들에게 점점 더 많이 받아들여졌다. 이것은 단순히 명명 방식의 변화를 의미하는 것이 아니다. 동성애자라는 용어가 여전히 중립적인 의미로 사용되었지만, 게이라는 용어는 동성애에 대한 보다 긍정적인 평가를 반영하면서 자신을 긍정적으로 정의하도록 하였다. 물론 단순히 자신을 게이라고 부르는 것이 긍정적인 성 정체성을 생성하는 것은 아니다. 그러나 "게이"라는 범주의 존재는 많은 사람들로 하여금 성적 인격체^{sexual person}로서 자신에 대한 긍정적인 이론을 구성하도록 할 가능성을 높이며, 따라서 성적 지향을 포괄하는 긍정적인 정체성을 구성하도록 한다.

그러나 이성애자와 게이라는 단순한 구별이 인간의 성적 다양성을 모두 포괄하지는 못한다. 예를 들어 게이인 여성들은 자신들이 별개의 집단임을 강조하기 위해 레즈비언^{lesbian}이라는 용어를 사용하는 경우가 많다. 이는 이성애자, 레즈비언, 남성 게이라는 잠재적인 세 가지 범주의 성 정체성을 산출한다. 그러나 일부의 또 다른 사람들은 이성과 동성 모두에게 성적 매력을 느낀다. 이에 1980년대에는 이성애자, 레즈비언, 남성 게이, 그리고 양성애자^{bisexual}라는 네 자기 범주가 설정되었다(Fox, 1995; Herdt, 2001). 뿐만 아니라 성전환자^{transsexual}, 복장도착자^{transvestite}, 그리고 이러한 범주에 동화될 수 없는 여타의 사람들도 있다. 그들은 1990년대 이후 트랜스젠더^{transgender}라고 불리는 다섯 번째 범주로 분류되고 있다. 이러한 범주들은 성 정체성을 결정하지는 않지만, 자신의 성적 성향 및 욕구 패턴에 보다 부합하는 자신에 대한 개념을 구성하려는 사람들에게 더 풍부한 대안을 제공한다.

그러나 다섯 가지의 범주를 사용한다고 해서 범주화의 문제가 모두 해결된 것은 아니다. 예를 들어 이성애자들이 보이는 성적 성향과 욕구는 매우 다양하다. 적어도 우리는 남성 이성애자와 여성 이성애자를 구분할 수 있다. 이성애자 범주 내에서의 추가 구분은 확실히 정당화될 수 있다. 또 다른 예로 양성애자는 여성과 남성 모두에게 매력을 느끼지만, 이것이 양성애자가 모든 사람에게 매력을 느낀다는 의미는 아니다. 우디 앨런Woody Allen이 양성애자에게는 두 배 더 많은 데이트 기회가 있다고 농담을 한 적이 있기는 하지만 말이다. 아마 양성애 성향은 젠더 이외의 특성에 의해 다양하게 구성될 수 있을 것이다. 사실 우리가 이해하기 어려운 다양한 차원의 성적 지향이 있을 수 있으며, 이는 표준적이라고 고려되는 성별 범주를 약화시킨다(Jagose, 1996). 트렌스젠더라는 범주는 이러한 복잡성의 일부를 보여주지만, 트렌스젠더리즘transgenderism 그 자체는 잠재적인 성적 범주의 다양성을 아우르는 우산 개념이라 볼 수 있다.

그것만이 다가 아니다. 설상가상으로, 많은 사람들, 특히 여성들은 청소년기와 성인기 초기에 자신을 규정하는 성적 범주를 바꾸기도 한다(Diamond, 2008). 그리고 많은 사람들, 특히 최근 몇 년 동안 젊은이들은 전통적인 성적 범주를 완전히 거부하면서, 자신을 "퀴어queer" 또는 "대체로 이성애자인 사람mostly straight"으로 정의하거나, 자신이 어떤 범주에도 속하지 않는다고 선언한다(Savin-Williams, 2005; Thompson & Morgan, 2008).

그렇다면 인간은 몇 개의 한정된 성적 범주에만 속하지는 않을 것이고, 자신이 누구인지를 정의하기 위해 그러한 일련의 범주들 중 하나를 선택하지도 않을 것이다. 성 정체성의 구성은 자신의 진정한 성적 자아를 발견하는 것도 아니고, 이상적인 성적 자아를 자유롭게 창조하는 것도 아니다. 오히려 그것은 (a) 개인의 성적 성향과 욕구, (b) 개인을 둘러싼 문화가 강조하는 섹슈얼리티 범주의 복잡한 상호관계에 의해 제약되는, 그러나 결정되지는 않는 창조적인 행위일 것이다. 비록 게이, 레즈비언, 양성애자라는 표준적인 범주가 정체성 발달에 여전히 영향을 미치기는 하지만(Russell, Clarke, & Clary, 2009), 우리는 그러한 범주들을 생물학에 직접적으로 귀속시키거나 시간이 흘러도 언제나 고정된 상태를 유지하는 것으로 기대해서는 안 된다.

소수 민족의 경우와 마찬가지로 성소수자의 경우에도 정체성 구성은 사회적 거부, 차별 및 억압으로 인해 더욱 복잡해진다(Rivers & D'Augelli, 2001; Savin-Williams, 1995, 1998). 비록 최근에 많은 성소수자 청소년들이 지지적인 환경에서 큰 어려움 없이 자신의 성 정체성을 구성하고 있기는 하지만(Cohler & Hammack, 2007; Savin-Williams, 2005), 성 정체성의 구성은 여전히 많은 사람들에게 중요한 도전으로 남아있다(Bos, Sandfort, de Bruyn, & Hakvoort, 2008; Busseri, Willoughby, Chalmers, & Bogaert, 2006). 부정적인 이미지의 내면화에 대한 에릭슨(1968)의 관찰을 확장하여 생각해보면, 성소수자는 "지배하는 사람들에 의해 표상된 자신들의 사악한 이미지를 무의식적으로 받아들일 수 있다"(p. 59). 어린이들이 자신의 섹슈얼리티를 깨닫기도 전에 동성애자에 대한 부정적 이미지를 내면화하는 경우가 많다는 사실을 토대로 미루어 볼 때, 이 문제는 악화될 가능성이 크다. 앤서니 데아우젤리Anthony D'Augelli(1994)가 언급한 것처럼, "다른 집단과는 대조적으로 레즈비언, 남성 게이, 양성애자들은 파괴적인 신화가 자신에 대한 것임을 깨닫기도 전에 그것들을 흡수하면 성장해간다"(p. 315).

대부분의 사람들은 긍정적인 성인 정체성adult identity을 구성하는 데 성공한다. 하지만 그러기 위해서는 특히 (성소수자들의 자살이 빈번하게 일어나는) 청소년기를 견뎌내야 한다(Hershberger, Pilkington, & D'Augelli, 1997). 자신의 성적 성향과 욕구에 대한 문화적 반응 때문에 일부 청소년들은 다른 청소년들보다 성 정체성 구성을 더 어렵게 느낀다. 심지어 어떤 청소년들은 성 정체성 구성이 불가능해 보이는 상황에 처하기도 한다.

결 론

　우리의 논의는 청소년이 어린이보다 질적으로 더 높은 수준에서 추론한다는 피아제의 주장(1장)은 물론, 정체성 형성이 청소년 발달의 중심이라는 에릭 에릭슨의 이론적 주장(9장) 이후로 많은 진전을 이루었다. 제임스 마샤의 작업은 정체성의 본질과 발달에 대한 경험적 연구를 생성하는 데 중심적인 역할을 하였다. 그러나 최근 정체성 관련 연구들은 여러 측면에서 마샤가 제시한 네 가지 정체성 지위를 넘어서고 있다. 지금까지 살펴본 바와 같이, 정체성 연구들은 발달의 과정에 점점 더 많은 관심을 기울이고 있다. 여전히 유지되고 있는 전통적인 고정관념과는 달리, 정체성 형성의 기본 과정과 결과는 다양한 문화적 맥락에서 여성과 남성에게 공통적으로 존재한다는 징후들이 강하게 나타나고 있다. 또한 정체성 형성에 관한 구체적인 사항들이 점점 더 많은 영역들에서 연구되고 있다.

　그러나 합리성 및 도덕성과의 상호관계를 고려하지 않고서는 정체성 형성을 완전히 이해할 수 없으며, 청소년기와 그 이후에 나타나는 합리성과 도덕성의 발달 역시 서로에 대한 참고와 정체성 형성에 대한 고려 없이는 완전히 이해될 수 없다. 이제 우리는 합리성, 도덕성, 그리고 정체성이 교차하는 곳으로 눈을 돌려, 청소년기 및 그 이후의 발달적 변화에 대한 보다 일반적인 이해에 다다르고자 한다.

4

아동기 이후의 발달

심리 발달에 대한 연구에서는, 기초적 발달과 진보된 발달을 구분하는 것이 유용하다. **기초적 발달**은 아동 발달로서, 인생의 첫 10~12세에 이루어지는 보편적이고 예측 가능한 발달을 말한다. 진보된 발달은 청소년기와 그 이후의 발달적 변화를 일컫는 것으로서, 보편적이지도 않고 나이와 연관되지도 않는 변화이다. 진보된 발달의 미묘한 성격에도 불구하고, 우리는 이 책의 첫 3개 장에서 아동기 이후의 합리성, 도덕성, 정체성의 발달적 변화에 대한 증거를 확인해 왔다. 이제 우리는 보다 일반적인 의미에서 진보된 심리적 발달의 본질과 과정(13~14장), 중등교육을 통한 장려(15장), 그리고 청소년기의 본질(16장)을 고찰하고자 한다.

13장

합리적인
도덕적 정체성

만일 당신이 내가 누구고 당신이 누군지 알았더라면, 당신은 나를 죽이지 않았을 것이다.

- Packer(2002, p. 140)
(르완다 냐마타의 카톨릭 교회 밖에 있는 표지판.
1994년 대량 학살 기간 중 단 하루 만에 이곳에서 10,000여 명이 살해당했다.)

모든 곳에서 정체성이라는 야수를 길들이는 최선의 방법에 대해 차분하면서도 철저한 성찰이 필요하다.

-아민 말루프
(2001, p. 157)

발달에 대해 이야기하려면, 먼저 진보를 구성하는 것이 무엇인지 명시해야 한다(Sen, 1999). 아동기 이후의 발달과 관련하여, 합리적인 도덕적 정체성이라는 개념은 이러한 목적을 위해 유용하게 활용될 수 있다. 그러나 합리적인 도덕적 정체성은 일부 혹은 모든 사람이 달성하는 성숙의 상태가 아니다. 오히려 그것은 진보된 수준에서 심리적 진전과 발전을 확인할 수 있게 해주는 발달적 이상이다.

합리적인 도덕적 정체성은 합리성, 도덕성, 정체성의 단순한 총합이 아니다. 이번 장의 처음 세 부분에서, 나는 도덕적 합리성, 합리적 정체성, 도덕적 정체성을 논의하고자 한다. 합리성, 도덕성, 정체성을 한 번에 두 가지씩 부분적으로 통합한 후, 합리적인 도덕적 정체성으로 논의를 이어갈 것이다.

도덕적 합리성

합리성은 콜버그 도덕 발달 이론의 핵심이며(Arnold, 2000), 틀림없이 모든 도덕성 발달 개념의 핵심이다(Moshman, 1995b; Turiel, 2006b; Rawls, 1971, 2001; Sen, 2009도 참고). 만일 도덕성이 사회 집단의 규범을 따르는 것에 지나지 않는다면, 도덕적 변화는 그것이 무엇이든 간에 단순히 그러한 규범의 학습을 의미할 것이다. 만일 도덕성의 합리적 측면이 있다면, 그것은 발달할 가능성이 있다(5장 참고).

관점 채택은 합리성(4장 참고)과 도덕성(7장 참고) 모두의 발달에 있어서 결정적인 것으로 널리 알려져 있다. 그리고 관점 채택은 특히 그 둘을 연결함에 있어서 중요한 것으로 강조되어 왔다. 합리적이라는 것은 자신의 관점을 초월하는 것이며, 도덕적이라는 것도 대체로 이와 같다. 따라서 관점 채택의 발달은 인지와 도덕 발달을 연결한다(Gibbs, 2010).

도덕적 합리성은 단지 어떤 행동이 옳고 그른지에 대한 합리적 판단만을 포함하는 것이 아니라, 도덕 판단의 근거와 정당화에 관한 **메타─윤리적 인지**meta-ethical cognition도 포함한다. 남편인 하인츠가 암에 걸린 아내를 위해 고가의 약을 훔쳐야 할지 고민하는 딜레마에 직면했을 때, 하인츠가 무엇을 해야 하는지에 대한 판단은 이유에 의해 뒷받침되는 한 (그러나 그 이유는 판단에 직접적으로 연결되어 있는 도덕적 이유이다) 합리적인 것으로 생각될 수 있다. 반대로, 메타 윤리적 인지는 도덕성 영역에 대한 인식론적 질문들을 다룬다. 도덕 영역을 인식론의 영역과 연결함으로써, 메타—윤리적 인지 발달에 관한 연구는 **도덕적 인식론**moral epistemologies의 발달을 다룬다.

토비아스 크레테나우어Tobias Krettenauer(2004)는 청소년기의 메타—윤리적 인지 발달을 가장 체계적으로 연구한 학자이다. 먼저 그는 문헌 연구와 일련의 예비 연구를 토대로, (a) 직관주의intuitionism, (b) 주관주의subjectivism, (c) 초주관주의transsubjectivism라는 세 가지 도덕적 인식론을 확인했다. 이것들은 인식론적 인지의 발달에 관한 연구 및 이론에서 확인된 보다 일반적인 인식론에 해당한다(3장 참고). **직관주의**는 객관주의의 보다 일반적인 입장에 해당하는데, 도덕적 옳음이나 그름이 진리를 결정하는 직접적인 지각과 유사한 역할을 하는 도덕적 직관에 의해 결정된다고 본다. **주관주의**는 도덕적 판단이 옳고 그름의 문제가 아니라 단순히 의견의 문제, 즉 진리의 의미와 가능성에 의문을 제기하는 보다 일반적인 주관주의적 인식론의 일부라고 주장한다. 마지막으로, **초주관주의**는 도덕적 판단이 정당화 가능하지만 오류가 있을 수 있다고 주장하는데, 이 입장은 진리와 허위의 판단에 관한 보다 일반적인 합리주의적 입장과 연결될 수 있다.

크레테나우어(2004)는 7, 9, 11, 13학년(각각 평균 연령은 13, 15, 17, 19세)의 독일 고등학생 200명을 대상으로, 메타—윤리적 인지를 평가하기 위해 반 구조화된 인터뷰 절차를 사용하여 연구를 수행하였다. 학생들은 초기 판단의 기초로서 도덕적 딜레마를 제공받았고, 자신이 내린 판단의 원천, 확실성, 정당성, 그리고 동등하게 정당화 가능한 대안들의 가능성에 대해 질문을 받았다. 크레테나우어는 학생들이 보인 응답들이 세 가지 도덕적 인식론과 관련하여 신뢰성 있게 분류될 수 있음을 발견했다. 그리고 개별 청소년들은 도덕 딜레마들 전반에 걸쳐 (완벽하지는 않지만) 자신들이 지닌 도덕적 인식론과 어느 정도 일관성 있는 반응을 보였다. 또한 연령의 차이에 따른 발달적 기대, 즉 나이가 증가함에 따라 직관주의에서 주관주의로 나아가는 일반적인 추세를 보였다. 초주관주의는 일부 나이 많은 학생들에게서 나타났고, 도덕 철학을 공부한 대학원생 비교 집단에서 지배적으로 나타나는 메타—윤리적 입장이 있었다. 도덕적 인식론은 일반적 인식론과 완벽하지는 않지만, 실질적인 상관관계가 있었다.

요컨대, 합리성은 도덕성에 있어 핵심이며 청소년들은 점점 더 이것이 어떠한 방식으로 이루어지는지 이해하게 된다. 그러나 합리성과 도덕성의 관계가 무엇이든지 간에, 왜 애초에 합리적이거나 도덕적이어야 하는가? 많은 이론가들은 그것이 도덕적인 성격을 지니든 그렇지 않든 간에, 정체성이야말로 자신의 이유를 공식화하고 이에 기초하여 행동하도록 동기를 부여하는 데 중요한 역할을 한다고 믿는다.

합리적 정체성

정체성 형성에 대한 구성주의적 견해는 모두 진보된 수준의 인지 능력에 토대를 둔 개인적 조작을 가정한다. 에릭슨(1968)은 형식적 조작이 정체성 형성을 위한 필요조건이기는 하지만, 충분조건은 아니라고 주장했다.

> 20대 초반에 발달하는 인지적 재능은 청소년이 달성해야 할 과업에 강력한 도구를 추가한다. 피아제는 10대 중반 청소년들이 '형식적 조작'에 이르는 것을 인지의 증가로 본다. 이것은 청소년이 이제 가설적인 명제를 조작하고 가능한 변수와 잠재적 관계를 생각할 수 있음을 의미하는 것이다. 이것은 이전에 필요했던 구체적인 실제적 점검과는 별도로, 그것들을 오로지 사고로만 접근할 수 있음을 의미하는 것이다. 제롬 브루너가 말했듯이, 아동은 "언제든지 존재할 수 있는 대안적 가능성의 모든 범위를 이제 체계적으로 생각해 낸다." 그러한 인지 지향은 정체성에 대한 감각을 발달시키고자 하는 젊은이들의 요구에

반대되는 것이 아니며, 그것을 보충한다. 왜냐하면 젊은이들은 가능하고 상상할 수 있는 모든 관계 속에서 개인적, 직업적, 성적, 이데올로기적 헌신들에 대한 범위를 점점 더 좁혀가는 일련의 선택을 해야 하기 때문이다. (p. 245)

1장에서 논의한 바와 같이, 형식적 조작은 가능성에 대한 개념 틀을 체계적으로 생성하는 능력을 포함하고 있다. 이는 단순히 주어진 현실을 직접적으로 확장하는 것이 아니라, 가설—연역적 추론을 사용하여 그러한 가설적인 가능성의 결과를 추론하는 것이다. 이에 상응하여 정체성의 형성도 다양한 잠재적 자아에 대한 고려, 그리고 자신의 특정 개념에 대한 헌신의 결과를 수반한다. 그렇다면 형식적 조작이 정체성 형성의 전제 조건이 될 것이라는 점은 그럴듯해 보인다. 많은 연구자들은 청소년기와 그 이후에 이루어지는 가능한 자아possible selves의 구성을 정체성 형성의 핵심이라고 본다(Marshall, Young, Domene, & Zaidman-Zait, 2008).

그러나 2장과 3장에서 보았듯이, 현재의 이론과 연구는 피아제의 형식적 조작 개념에서 예상된 것보다 훨씬 더 다양한 진보된 형태의 합리성을 포괄하는 복잡한 그림을 제공한다. 따라서 인지 발달과 정체성 형성의 관계에 대한 최근 연구는 정체성 형성과 관련된 구체적인 인지 능력을 확인하는 데 초점이 맞추어져 있다. 정체성의 구성이 자신에게 참인가에 대한 질문을 제기한다는 점을 생각하면, 지식과 진리라는 개념은 그러한 구성에서 중요한 역할을 할 것이라고 기대된다. 이를 염두에 두며 몇몇 연구자들이 정체성(Boyes & Chandler, 1992; Chandler, Boyes, & Ball, 1990; Krettenauer, 2005; Peterson, Marcia, & Carpendale, 2004)과 인식론적 인지의 관계를 조사했다(3장 참고).

예를 들어, 마이클 보이스Michael Boyes와 마이클 챈들러(1992)는 피아제의 단계, 인식론적 인지 수준, 그리고 마샤가 제시한 정체성 지위를 기준으로 61명의 고등학생들을 명확하게 분류하였다. 피아제의 단계를 기준으로 분류한 결과, 12

명의 학생들이 구체적 조작기로 분류되었고, 49명은 형식적 조작기로 분류되었다. 그리고 인식론적 인지 수준을 기준으로 분류한 결과, 22명의 학생들은 3장에서 객관주의라고 기술된 인식론적 지향을 보였고, 39명은 지식의 구성적 본질에 대한 명시적인 통찰을 포함하고 있는, 즉 3장에서 주관주의나 합리주의라고 기술된 보다 정교한 인식론적 지향을 보였다. 마지막으로 정체성 지위를 기준으로 분류한 결과, 28명이 정체성 혼미 혹은 정체성 폐쇄 지위(즉, 덜 진보된 정체성 지위)를 보였고, 33명은 정체성 유예 혹은 정체성 성취(즉, 보다 진보된 정체성 지위)로 분류되었다.

이 연구의 주요 관심은 (a) 정체성 지위와 피아제 단계, (b) 인식론적 수준과 피아제 단계, (c) 정체성 지위와 인식론적 수준 간의 상호관계였다. 피아제 단계와 정체성 지위를 비교한 결과, 형식적 조작 수준에서 사고하는 사람은 보다 성숙한 정체성 지위에 있을 가능성이 있지만, 그 관계는 통계적으로 유의하지 않았다. 그러나 나머지 두 상호관계는 명확하고 유의했다. 형식적 조작기의 사고는 더 높은 인식론적 수준과 강하게 관계가 있었고, 더 높은 인식론적 수준은 보다 진보된 정체성 지위와 강하게 연관되어 있었다. 좀 더 세밀하게 분석한 결과, 합리주의적 인식론은 정체성 성취와 강한 상관관계를 나타냈다.

이러한 결과는 인지 발달이 정체성 형성에 있어서 실제로 중요하지만, 구체적 조작기와 형식적 조작기 사이의 전통적인 구분이, 설령 관련 있을지라도, 이러한 관계를 충분히 설명하지는 못한다는 점을 보여준다. 인식론적 인지는 인지와 정체성 간의 관계에 있어서 중요한 연결 고리인 것으로 나타났다. 즉, 지식을 단순하고 절대적인 것으로 보는 학생들은 특별한 성찰 없이 부모나 그 밖의 문화적 행위자들로부터 내면화된 정체성을 지니거나(정체성 폐쇄), 정체성 형성에 무관심할 가능성이 높다. 반대로, 지식을 주관적 구성이라고 이해한 학생들은 일반적으로 정체성을 구성했거나 구성해 오고 있다. 특히 후자 집단 중, 지식의 주관적 본질에도 불구하고 합리적 판단의 가능성을 이해한 학생들은 정체성을 구성했을 공산이 가장 높았다.

정체성을 형성해 가는 청소년들의 서사에 대한 연구는 그들이 "좋은" 정체성에 대한 합리적 기준이라고 여기는 것에 기초하여 자신의 선택과 헌신을 제약하는 구성적인 과정을 보여준다. 예를 들어, 그들은 정체성이란 "일관성, 동일성, 연속성의 감각을 감안"해야 하고, "모든 의미 있는 동일시를 포함"해야 하며, "개인과 사회 간의 상호 인식을 고려"해야 하고, "진정성과 활력감을 참작"해야 한다고 주장할 수 있다(Schachter, 2002, p. 422).

또한 정체성의 합리적 구성을 강조한 마이클 버존스키(2004, 2008, 출판 중)와 동료들(Berzonsky & Adams, 1999; Berzonsky, Macek, & Nurmi, 2003; Berman, Schwartz, Kurtines, & Berman, 2001도 참고; Klaczynski, 2004; Schwartz, Mullis, Waterman, & Dunham, 2000)은 합리적 정체성 처리 지향rational identity processing orientations이 정체성 유예 지위에 있는 개인들의 전형을 보여주고 정체성 성취를 가능하게 하는 일종의 적극적인 탐색과 관련되어 있다는 점을 발견하였다.

> 정보—지향적 개인들은 자기와 관련된 정보를 적극적으로 처리, 평가, 활용하며 정체성 문제를 처리해 나간다. 그들은 자기 구성에 대해 회의적이며 자기 불일치 정보에 직면했을 때, 정체성 구조의 측면을 점검하고 수정하려는 의지를 갖고 있다. … 그들은 높은 수준의 노력이 필요한 자기 탐구, 자기 성찰, 개인적인 자기 인식에 참여하는 것으로 밝혀졌으며, 또한 인지, 문제 중심 대처, 인지적 복잡성, 경험에 대한 개방성과 관련된 높은 수준의 요구를 가지고 있는 것으로 나타났다. 정체성 지위 패러다임에 의해 정체성 성취나 정체성 유예 상태로 분류되는, 자기 탐구적 개인은 사회 인지적 지향에 의존적인 것으로 밝혀졌다.
> (Berzonsky & Adams, 1999, p. 579)

그러나 합리성의 일부 유형, 형태, 혹은 수준이 (에릭슨식의 정체성과 같은) 자아 개념의 유형, 형태 혹은 수준의 전제조건이라면, 결국 정체성의 구성이 자신의 신념과 행동에 점점 더 조직적이고 정당한 이유를 제공함으로써 합리성에 기여한다는 것도 동일하게 사실이다. 예를 들어, **자전적 추론**autobiographical reasoning을 가능하게 하는 (정체성의 서사적인narrative 측면인) **인생 이야기**의 역할을 생각해 보자.

> 인생 이야기는 보통 단편적인 방식으로 사용된다. … 우리가 자전적 추론이라고 일컫는 것을 통해서 말이다. 자전적 추론은 자기 성찰적 사고나 개인의 과거에 대해 이야기하는 과정이다. 이것은 개인의 과거와 현재를 연결시키려는 시도에서 삶의 요소와 자아 사이의 연결 형성을 포함한다. 자전적 추론은 구체적인 발달적 역사의 측면에서 개체성을 형성하는 전기적 관점의 진화를 나타낸다. 그것은 자전적 기억에 의존하지만, 사건들과 자아 사이의 통일성을 적극적으로 만들어 내는 과정을 통한 이해의 증진에 의해 자전적 기억 그 이상의 것이 되어간다. (Habermas & Bluck, 2000, p. 749)

비록 정체성이 이와 같은 방식으로 합리성을 향상시킬 수는 있지만, 정체성은 합리성에 대한 심각하고도 지속적인 위협이기도 하다. 폴 클라진스키Paul Klaczynski와 그 밖의 학자들은 자기 본위적 편향들이 우리의 믿음, 특히 우리의 정체성의 핵심이 되는 믿음과 일치하는 증거나 주장을 무비판적으로 받아들이고 축적하도록 하며, 더 나아가 우리의 믿음과 정체성을 위협하는 증거 및 주장을 비판적으로 면밀히 조사하여 기각하도록 한다는 것을 보여주었다(Klaczynski, 1997, 2000, 2004; Klaczynski & Fauth, 1997; Klaczynski & Gordon 1996a, 1996b; Klaczynski & Narasimham, 1998; Kuhn, Amsel, & O'Loughlin, 1988; Moshman, 2004a; Paul, 1990; Schauble, 1996; Stanovich & West, 1997). 따라서 정체성에 대한 헌신은 합리성을 훼손할 수 있으며, 가장 강력하게 형성된 정체성은 가장 심각한 문제를 야기할 수 있다.

그러나 만일 정체성이 문제를 야기한다면, 해결책도 제시될 수 있을 것이다. 우리 모두는 정도의 차이는 있지만, 자신을 합리적 행위자로 생각한다. 이것이 바로 우리가 우리의 행동을 우리 자신과 다른 사람들에게 설명하고 정당화하려는 이유이다(Stanovich, 2008). 당신이 누구인지를 설명할 때, 합리적인 행위자를 자신의 중심에 위치시키는 한, 당신은 **합리적 정체성**rational identity을 가지고 있다. 합리적 정체성은 좋은 추론을 보장하지는 않는다. 하지만 정보를 찾고 처리하는 데 있어 편견을 식별하고 극복하기 위해 신중하게 노력하는 등, 합리적으로 추론하고자 하는 노력에 동기를 부여한다.

정체성이 강하지만 합리성에 의도적으로 전념하지 않는 사람은 좋은 추론에 참여하지 못할 수 있다. 왜냐하면 그들은 현재 신념을 너무 강하게 자신과 동일시하기 때문이다. 철학자 제리 셀더블롬Jerry Cederblom(1989)이 말한 바와 같이, "나를 내 신념 체계와 동일시하는 것의 가장 큰 단점은, 이러한 관점이 나로 하여금 잘못된 신념을 나 자신의 결함으로 보게 한다는 데 있다. 이것은 나 자신의 신념과 상충되는 믿음을 받아들여야 할 좋은 이유가 있을 때조차, 그것을 거부하도록 하는 경향이 있다"(p. 149). 그는 더 나은 대안을 수용하는 것이 '신념 형성 과정'으로서 자아를 확인하는 것이라고 제안했다. 자신을 이런 식으로 보는 사람은 증거와 주장에 비추어 자신의 신념을 적절하게 바꿀 가능성이 더 높다. 왜냐하면 그들은 이러한 변화를 자신의 근본적인 결함을 인정하는 것으로 보지 않고, 자신이 합리적인 행위자임을 확인하는 것이라고 보기 때문이다.

그렇다면 엄격한 검토를 가치 있게 여기는 정체성을 가진 개인은 자신의 정체성에 대해 비판적으로 검토할 가능성이 높다. 이것은 정체성 폐쇄와 정체성 성취 사이의 중요한 차이점일 수 있다(Marcia, Waterman, Matteson, Archer, & Orlofsky, 1993; 9장 참고). 그러므로 정체성은 합리성을 훼손하거나 뒷받침할 수 있고, 둘 다 일수도 있다.

이제 우리는 합리적 정체성에서 도덕적 정체성으로 전환하고자 한다. 정체성은 우리가 자신을 합리적이라고 보는 정도뿐만 아니라, 도덕적이라고 보는 정도에서도 다를 수 있다.

도덕적 정체성

　도덕성에 관한 4개의 장을 마무리하는 8장은 다음과 같은 제안으로 끝났다. "우리는 무엇보다도 정체성을 연구해야 하는데, 왜냐하면 정체성은 도덕적 인식, 성찰, 그리고 행동을 동기화시키는 데 중요할 수 있기 때문이다". 확실히 정체성은 많은 것들에 동기를 부여할 수 있다. 물론 그들 모두가 도덕적으로 정당화 가능한 것은 아니다(Maalouf, 2001; Moshman, 2004a, 2004c; Sen, 2006). 그러나 많은 사람들은 자신을 도덕적 행위자로 해석하는 명시적인 이론들을 가지고 있다. 그리고 정도는 다르지만 일부 사람들은 도덕적인 행위자가 되는 것에 대한 헌신이 자아 개념을 조직함에 있어 핵심적이다. 어거스트 블라지(1984, 2004)와 다른 학자들은 그러한 사람들이 **도덕적 정체성**을 가진 것으로 이해되어야 한다고 제안했다(Arnold, 2000; Bergman, 2002, 2004; Colby & Damon, 1992; Frimer & Walker, 2009; Hardy, Bhattacharjee, Reed, & Aquino, 2010; Hardy & Carlo, 2005, 출판 중; Hart, 2005; Hart & Fegley, 1995; Lapsley, 1996; Moshman, 2004a, 2005; Mustakova-Possardt, 1998; Walker & Hennig, 1997; Walker & Pitts, 1998).

　도덕적 정체성을 갖는다는 것은 타인의 권리와 복지에 대한 존중 및 관심을 바탕으로 행동하는 행위자, 즉 도덕적 행위자로서 자신에 대한 명시적인 이론을 가지는 것이다. 이러한 정의 방식의 몇몇 측면은 정당한 설명과 정교화를 요구한다.

　8장에서 논의한 것처럼, 정체성을 갖는다는 것은 자신을 합리적 행위자로 보는 것이다. 여기서 합리적 행위자란 자신의 신념과 가치에 기초하여 행동하는 사람을 일컫는다. 심지어 당신의 신념과 가치가 명백하게 잘못되었거나 사악하더라도, 그러한 신념과 가치가 당신이 누구인지를 설명하는 데 근본적이라고 생각하기 때문에, 당신이 그것에 기초하여 행동하고자 의식적으로 헌신한다면 당신은 정체성을 가지고 있는 것이다.

도덕적 정체성을 갖는다는 것은 자신을 도덕적 행위자로 보는 것이다. 도덕적 행위자란 도덕적 신념과 가치에 기초하여 행동하는 사람을 일컫는다. 당신의 도덕적 신념이나 가치가 옳거나 정당화 가능한지와 상관없이, 개인적 특질의 핵심으로서 도덕적 신념 및 가치에 대한 당신의 근본적인 헌신은 도덕적 정체성을 구성한다. 만일 당신이 자신을 도덕적 쟁점에 대해 주목하고 성찰하며 행동하는 사람으로 본다면, 인식의 정확성이나 추론의 질 혹은 판단이나 행동의 정당성과는 상관없이 당신은 도덕적 정체성을 가지고 있는 것이다.

그러나 무엇이 도덕적 쟁점으로 간주되는가? 어떤 신념과 가치가 도덕 영역 안으로 들어오는가? 우리는 도덕적 인식, 추론, 판단에서의 개인과 문화적 다양성을 어떻게 조화시킬 수 있는가? 도덕성은 누군가가 '도덕'이라고 말하는 것과 같은가?

앞서 살펴본 것처럼, 특정 문화적 맥락과 관계없이, 인간들이 살아가는 정상적인 환경에서 자란 사람들은 어린 시절부터 타인의 권리 및 복지에 대한 존중과 관심을 포함하는 도덕 영역에 대한 개념을 구성한다는 실질적인 증거들이 있다(Gibbs, 2010; Moshman, 1995b; Nucci, 2001; Piaget, 1932/1965; Rest, Narvaez, Bebeau, & Thoma, 1999; Turiel, 2002). 도덕의 영역을 설명하는 일부 개념은 권리와 정의에 대한 존중을 가장 근본적인 것으로 강조할 수 있고, 일부는 타인에 대한 배려와 연민을 더 강조할 수 있다. 그리고 또 다른 일부는 도덕의 영역을 정의와 배려, 그리고 관련된 가치가 서로 깊게 상호 연결되어 있는 것으로 볼 수도 있다. 그러나 도덕의 영역을 객관적으로 구체화하고 정당화하는 데 있어, 다양한 아동, 청소년, 성인, 그리고 이론가들 사이에 도덕성의 의미에 관한 충분한 합의가 존재한다.

그러므로 도덕적 정체성을 갖는다는 것은, 타인의 권리와 복지에 대한 존중과 관심에 기초하여 체계적으로 행동하는 자신에 대한 명시적인 이론을 갖는 것이다. 이 정의는 특정 도덕적 신념, 가치, 규칙, 혹은 원칙에 대한 헌신을 요구하지 않으며, 따라서 도덕적 정체성을 강하게 형성하고 있는 사람들이 보이는 도덕적 다양성과 조화를 이룬다. 그러나 이는 자신이 가진 명시적 이론에 대한 헌신이 객관적으로 도덕적이어야 함을 분명하게 요구한다. 객관적으로 도덕적이어야 한다는 것은 도덕적으로 옳다는 의미가 아니라, 객관적으로 정의된 도덕 영역에 포함되어야 한다는 의미이다.

도덕적 정체성을 가진 사람과 그렇지 않은 사람을 깔끔하게 구분하는 것은 쉽지 않다. 도리어 사람들은 정도가 다양한 도덕적 정체성을 가지고 있다. 아마도 거의 모든 사람들은 어린 시절부터 다른 사람에 대한 헌신을 불러일으키는 도덕적 자아 개념을 가지고 있을 것이다(Nucci, 2004). 보통 수준의 도덕적 정체성을 형성하고 있는 사람의 경우, 타인에 대한 헌신은 자신의 명시적인 자아 이론의 중요한 측면이지만, 정체성의 다른 측면들(예: 직업 정체성 등)에 의해 영향을 받거나 손상될 수 있다. 이에 비해 강한 도덕적 정체성을 형성하고 있는 사람의 경우, 타인에 대한 헌신이 정체성의 다른 측면들을 지시하고 조정하는 데 매우 중요하다. 이러한 경우 도덕적 정체성은 정체성의 한 측면이 아니라 하나의 유형으로 볼 수 있다(Colby & Damon, 1992).

도덕적 정체성에 대한 여러 연구들은 위와 같은 설명과 일치하는 연구 결과들을 보여주고 있다(Frimer & Walker, 2009). 그럼에도 불구하고 도덕적 정체성의 본질과 발달에 대한 자세한 모습을 제공하기에는 아직 그 증거가 너무나도 빈약하다(이에 대한 검토는 Hardy & Carlo, 2005, 출판 중; Hart, 2005). 도덕적 자아 개념과 도덕적 행동이 발달의 과정에서 흥미롭고 다양한 방식으로 관련되어 있다는 점에는 의심의 여지가 없지만, 이와 관련된 증거들은 여러 방법론적, 실제적, 윤리적 이유로 인해 수집하기 어렵다.

래리 누치는 처음에는 도덕적 정체성이라는 개념에 동조했으나(2001) 나중에는 이 개념에 대해 회의적으로 바라보았다(2004). 그가 보기에 자기 일관성self-consistency을 유지하기 위해 행해지는 행동은 진정한 도덕성이 아니다. 오히려 진정한 도덕성은 타인에 대한 관심과 존중을 포함하고 있어야 한다. 만일 도덕성이 나에 관한 전부라고 생각하기 때문에 도덕적인 것을 선택한다면, 그것이 진정 도덕성인가? 도덕적으로 행동하고자 하는 동기는 타인의 권리와 복지에 관한, 도덕성의 객관적인 요구에 대한 우리의 이해에 내재되어 있는 것은 아닌가? 블라시(2004)와 도덕적 정체성 개념을 옹호하는 그 밖의 학자들은 진정한 도덕성은 도덕적 이해를 필요로 하며, 그러한 이해가 행동을 위한 기초가 된다는 점을 인정했다. 결국 아동들도 도덕적으로 행동한다. 그럼에도 불구하고, 그들은 청소년기와 그 이후의 도덕적 정체성 발달을 도덕적 동기화의 중요한 보조적 원천으로 보고 있다.

그러나 강한 도덕적 정체성을 가진 사람이라도 도덕적으로 행동하지 못할 수 있다. 우리가 타인의 권리나 복지라고 생각하는 것에 대한 강력한 헌신은 그러한 헌신에 기초하여서는 정당화될 수 없는 행동에 동기를 부여할 수 있다. 이론은 틀릴 수 있고, 여기에는 도덕적 행위자로서 우리가 가지고 있는 자신에 대한 명시적 이론도 포함된다. 즉, 우리는 **거짓된 도덕적 정체성**false moral identities을 가질 수 있다(Moshman, 2004a; Uhlmann, Pizarro, Tannenbaum, & Ditto, 2009).

거짓된 이론도 여전히 이론이고, 거짓된 도덕적 정체성도 도덕적 정체성이다. 만일 당신이 도덕적 행위자로서 자신에 대한 명시적인 이론을 가지고 있다면, 당신은 도덕적 정체성을 가지고 있는 것이다. 만일 당신의 이론이 거짓이라면, 즉 비록 당신이 그렇게 행동한다고 생각할지라도 타인의 권리와 복지에 대한 존중 및 관심에 기초를 두고 행동하지 않는다면, 당신은 거짓된 도덕적 정체성을 가지고 있는 것이다. 이는 도덕적 정체성이 어떻게 참일 수 있는지에 대한 질문을 제기하며, 도덕성과 정체성의 문제는 즉시 인식론과 합리성에 대한 질문을 불러일으킨다는 것을 우리에게 상기시켜 준다.

합리적인 도덕적 정체성

거짓된 도덕적 정체성의 현상은 정체성의 구성이 반드시 보다 진보된 형태의 합리성이나 도덕성으로 나아가지는 않는다는 점을 상기시켜 준다. 정체성 형성은 비합리적이고 편향된 헌신과 이데올로기를 확고히 하고 강화할 수 있다. 정체성의 진보가 단순히 더 강한 정체성 구조로의 진보를 의미한다면, 정체성 형성은 그 정의상 발달의 과정이다. 그러나 진보된 심리학적 발달의 광범위한 관점에서 볼 때, 정체성의 구성은 합리성과 도덕성을 훼손할 수 있으며, 따라서 늘 진보를 이루지는 않는다는 점이 분명하다. 예를 들어, 정체성은 집단 학살을 포함한 억압과 폭력을 유발할 수 있다(Maalouf, 2001; Moshman, 2004a, 2004c, 2007, 출판 중-b; Sen, 2006).

그렇다면 정체성의 발달은 단순히 당신이 아무렇게나 만들어 내는 정체성의 형성이 아니다. 정체성 형성의 발달적 측면은 우리 자신과 타인에게 자신을 설명할 수 있는 이론을 합리적으로 구성하는 것이다. 더욱이 설명해야 할 것의 대부분은 타인과의 관계 및 사회 제도 내에서의 우리의 역할과 관련이 있다. 그러므로 합리성과 도덕성은 정체성 형성에 있어서 본질적이며, 적어도 발달 과정에 한해서는 그러하다. 발달적 이상은 합리성과 도덕성에 뿌리를 둘 뿐만 아니라, 우리 자신을 합리적이고 도덕적인 행위자로 보게 만드는 정체성을 형성하는 것이다. 정체성 형성에 있어서 발달적 이상은 **합리적인 도덕적 정체성**rational moral identity 형성을 위한 자기규제적 구성이다.

여기서 합리적인 도덕적 정체성은 완숙의 상태가 아니라는 점을 분명히 해야 한다. 일부 혹은 모든 사람들이 도달하는 합리적인 도덕적 정체성의 단계는 없다. 자아 개념은 다면적인 측면과 다양한 정도에서 정체성으로서의 자격을 얻는다. 결과적으로 정체성은 합리성과 도덕성에 대한 헌신이 얼마나 강한지, 이러한 헌신을 얼마나 자각하고 있는지, 그리고 도덕적 헌신이 합리적인 근거를 갖기 위해 이러한 헌신이 얼마나 서로 얽혀있는지에 따라 다양하게 나타난다. 정체성 형성은 우리 자신에 대한 이론이 우리의 합리성과 도덕성을 점점 더 강조하고 동기를 부여한다는 점에서 진보적이다. 이는 합리적인 도덕적 정체성이 발달적 이상이라는 의미이다.

합리적인 도덕적 정체성이라는 개념은 합리성을 일련의 고급 인지 기술 이상의 것으로 해석하는 진보된 심리적 발달 개념들과 중첩된다. 하비 시겔Harvey Siegel(1988, 1997)과 다른 교육 철학자들은 **비판 정신**critical spirit의 관점에서 합리적 기능의 더 넓은 측면을 언급했다.

> "비판 정신"은 … 성향, 태도, 마음의 습관, 인성 특질의 복합체를 의미한다. 이는 다음과 같은 것들을 포함한다. … 판단할 때의 이유와 근거를 찾고, 그러한 이유를 신중하게 평가하는 성향 … 합리적 판단과 진실의 중요성에 대한 존중, 편파성과 독단성 및 자기에게만 유리한 진술, 부질없는 희망 사항에 대한 거부, … 이유를 찾고 평가하는 습관, 이유를 평가하는 원칙을 적절히 고려하는 참여 습관, 제시된 이유를 비판적으로 면밀히 조사하는 습관, 그러한 이유들을 공정하고 이기적이지 않게 고려하는 습관, 그리고 이 모든 것과 일치하는 인성 특질. 비판 정신을 가지고 있는 사람들은 좋은 추론을 가치 있게 여기고, 이에 기초하여 믿고 판단하며 행동하려는 경향이 있다.   (1997, pp. 35-36)

또 다른 학자들은 자율성의 발달을 강조해 왔다(Goossens, 2006; Helwig, 2006b; Silverberg & Gondoli, 1996). 자율적인 개인은 다른 사람의 영향을 절대 받지 않는 사람, 사고할 때 정서의 영향을 절대 받지 않는 사람, 관계와 친밀감의 필요성을 초월한 사람이 아니다. 오히려 자율적이라는 것은 자기 주도적이거나 자기 통치적이라는 것을 의미한다. 즉, 스스로 선택하고 그 결과에 책임을 지는 것이다. 이것이야말로 합리적이고 도덕적인 행위자가 된다는 의미의 핵심이다. 그리고 자율성은 자신에 대한 이 전망에 의식적으로 전념하는 만큼 향상된다.

결론

진보된 심리 발달은 인지 발달, 도덕 발달, 정체성 형성의 단순한 총합이 아니다. 또한 이러한 영역들의 하나 혹은 그 이상에서 성숙에 이르는 것으로 끝나는 것도 아니다. 아동기 이후의 발달은 도덕성의 합리적 측면을 포함하는 합리성의 발달과 합리성 및 도덕성에 전념하는 정체성의 발달을 포함한다. 하지만 합리성과 도덕성은 각각 다양한 형태로 나타나며, 다양한 정체성은 다양한 방식으로 이러한 이상에 헌신할 수 있다. 따라서 우리는 진보된 심리 발달의 메타 이론인 다원주의적 합리적 구성주의로 돌아가고자 한다.

14장

◀◀◀

다원주의적
합리적 구성주의

> 다원주의, 좋다.
> 급진적 상대주의, 싫다.
>
> -하비 시겔
> (1987, p. 159)

　　발달 이론은 발달 과정의 본질에 관한 메타 이론적 가정에 변함없이 의존한다. 서문에서 나는 보다 전통적인 직관주의와 경험주의의 관점과는 구별되는 메타 이론으로서 구성주의를 제시했다. 그 다음 장에서는 청소년 심리 발달의 다양한 측면을 설명하기 위해 구성주의적 접근의 유용성을 보여주었다. 그러나 우리가 살펴본 것처럼, 구성주의에는 다양한 이론과 관점이 존재한다. 그리고 그것들은 구성적 과정이 합리적으로 해석되는지의 여부와 그것의 결과가 보편적이라고 가정될 수 있는지의 여부에 따라 다양하다(Chiari & Nuzzo, 1996, 2010; Marshall, 1996; Overton, 2006; Phillips, 1997; Prawat, 1996). 이제 이러한 쟁점들을 다시 검토하자. 이 장에서는 합리성, 도덕성, 정체성의 발달에 관한 이론과 연구를 바탕으로, **다원주의적 합리적 구성주의**pluralist rational constructivism라고 명명하는 메타 이론적 관점을 규명하고 논의하고자 한다.

구성주의

역사적으로 볼 때, 구성주의는 본성―양육 논쟁의 맥락에서 제시되었다. 본성의 측면에서 생득주의는 발달이 우리 유전자에 의해 지시되는 인과 과정이라고 제안한다. 즉, 우리의 지식, 추론, 행동의 성숙한 형태는 우리 종의 발달을 지시하는 유전적 요인에 의해 결정된다. 양육의 측면에서 경험주의는 발달이 우리의 환경에 의해 형성되거나 환경으로부터 학습되는 장기적 과정이라고 제안한다. 그러므로 지식, 추론, 행동은 문화적이고 다른 환경적 영향에 의해 결정된다.

발달론자들은 일반적으로 유전적 요인과 환경적 요인이 모두 발달에 중요하며, 각각의 영향은 서로에게 의존한다는 점에 동의한다. 따라서 일부 발달론자들이 유전적 고려 사항을 더 강조하고 또 다른 발달론자들은 환경적 고려 사항을 더 강조하더라도, 대부분은 생득주의에서 경험주의로 이어지는 연속선의 어딘가에 위치한 상호작용주의적 입장을 취한다.

그러나 우리가 살펴보았듯이, 구성주의자들은 상호작용주의적 입장으로는 충분하지 않다고 믿는다. 구성주의 메타 이론은 개인이 자신의 지식과 추론을 구성하고 행동을 생성하는 데 적극적인 역할을 한다고 가정한다. 우리가 살펴본 것처럼, 청소년들은 합리성, 도덕성, 정체성의 구성에 적극적인 역할을 한다는 실질적인 근거들이 존재한다. 그러므로 본성과 양육, 그리고 둘의 상호작용 모두 청소년기 심리 발달을 설명하기에 충분하지 않은 것으로 보인다. 오히려 우리는 본성―양육의 연속선을 벗어나, 개인의 능동적인 역할을 인식하는 차원으로 이동해야 한다.

만일 우리가 [그림 14.1]의 삼각형의 세 모서리를 단일 유형의 발달적 요인(유전자, 환경, 혹은 개인적 구성)만 인식하는 이론을 나타내는 것으로 생각한다면, 각 모서리에 해당하는 현대 이론은 거의 없다고 말할 수 있다. 대부분은 이러한 잠재적 영향 중 적어도 두 가지를 긍정적으로 가정한다. 예를 들어, 애넷 칼미로프

스미스Annette Karmiloff-Smith(1992)는 삼각형의 생득주의—구성주의 측면의 중간에 적합할 수 있는 이론을 제안했다.

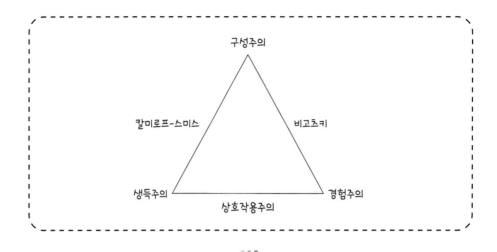

그림 14.1 생득주의, 경험주의, 구성주의

　그녀는 유전이 피아제가 인정한 것보다 인지에 대한 보다 실질적인 출발점을 제공한다고 주장했다. 그러나 그 이상의 발달은 피아제가 주장한 대로 적극적이고 구성적인 과정이다. 이에 대한 대안적 관점으로는 비고츠키Lev Vygotsky(Penuel & Wertsch, 1985)의 발달 이론이 있는데, 이 이론은 개인과 문화의 능동적인 역할을 강조한다는 점에서 삼각형의 경험주의—구성주의 측면 중 어느 곳에 배치될 수 있다. 세 가지 잠재적 고려 사항들의 역학을 포함하는 이론은 삼각형 내부 어딘가에 속하게 되겠지만, 세 가지 고려 사항들을 진정으로 통합하는 것은 말처럼 쉽지 않다.

　구성주의는 유전이나 환경의 역할을 부정하지는 않지만, 개인이 자신의 발달에 있어 능동적인 행위자라고 주장한다. 그리고 이 세 번째 발달적 요인은 유전, 환경 혹은 둘의 상호작용으로 축소될 수 없다고 본다. 구성주의자가 주장하는 발달적 변화는 적어도, 부분적으로는, 발달하는 사람의 관점에서 이해되어야 한다.

합리적 구성주의

만일 개인이 자신의 지식과 인지 과정을 구성한다면, 각 개인은 그러한 구성의 적절성을 평가할 정당한 근거 없이 자신만의 독특한 신념과 처리 방식을 구성하는 것처럼 보일 수 있다. 급진적 구성주의자는 우리의 개념, 도덕성, 정체성이 실제로 자유로운 창조물이고, 우리가 믿기로 선택한 것이나 생각하기로 선택한 것의 적절성을 평가할 수 있는 중립적인 기준은 결코 있을 수 없다고 주장한다.

그러나 급진적 구성주의는 진보로서의 발달 개념의 근본을 약화시킨다(Chandler, 1997; 서문 참고). 발달론적 구성주의자들은 일반적으로 내가 **합리적 구성주의**라고 명명한(8장과 12장) 관점을 유지한다. 합리적 구성주의는 지식과 추론의 구성을 정당화 가능한 결과를 생성하는 합리적인 과정으로 이해한다. 예를 들어 도덕 발달의 특정 단계에 도달한 개인이 있다고 가정해볼 때, 그 단계와 관련된 도덕 추론의 잠재적인 재구성은 그 사람이 보다 옹호할 수 있는 도덕적 개념 틀을 제공하는지의 여부, 예컨대 보다 폭넓은 범위의 도덕적 쟁점을 해결할 수 있는 관점을 제공하는지와 관련하여 평가될 수 있다. 발달하는 개인은 그들 자신의 구성에 대해 그러한 판단을 내린다. 따라서 그들은 자신만의 관점 및 도덕적 진보를 제시하는 도덕 이론가들의 외부 관점 모두에서 비롯된 개념에 대해 점점 더 전념하게 된다. 그러므로 도덕적 변화는 그러한 변화를 본질적으로 발달적인 것으로 만드는 합리적인 고려에 의해 제약된다.

합리적 구성주의자들은 성찰, 조정, 동료 상호작용을 핵심적인 발달 과정으로 강조한다. 예를 들어 추리 과정에 대한 성찰은 논리적 필연성에 대한 추상화를 가능하게 할 수 있다(Smith, 1993). 자신의 신념 및 행동에 대한 성찰은 우리로 하여금 자신의 정체성의 한 측면으로 바라보게 하는 공통 유형에 대한 추상화를 가능하게 할 수 있다(Erikson, 1968). 두 가지 사회적 관점에 대한 조정은 개인으로 하여금 두 관점 모두를 조절하는 도덕적 이해의 구조를 구성하도록 할 수 있다(Piaget, 1932/1965, 1995). 동료 상호작용은 2명 이상의 개인이 개별적으로는 구성할 수 없었던 일련의 추론을 구성하게 할 수 있다(Moshman & Geil, 1998). 비록 그러한 과정에 대해 배워야 할 것이 훨씬 더 많지만, 그것들이 발달적 진보를 가능하게 하는 방식으로 우리의 구성을 제약한다는 것은 그럴듯해 보인다(Piaget, 1985, 2001).

다른 메타 이론과 마찬가지로, 합리적 구성주의는 다양한 장점과 한계를 가지고 있다. 장점과 한계의 상대적 균형은 설명되어야 할 현상에 따라 달라진다. 특히 합리적 구성주의는 더 높은 수준의 이해와 추론을 구성하는 데 있어서 합리적 행위자의 적극적 역할에 관심을 집중시킨다. 이 책의 전반에 걸쳐 제안된 바와 같이, 이는 청소년기와 초기 성인기의 합리성, 도덕성, 정체성에 있어 진보된 형태의 발달을 설명하는 데 매우 중요할 수 있다. 또한 합리적 행위자에 대한 관심은 (다른 고려 사항들과 함께) 다양한 사회적·문화적 맥락에서 생애 초기 및 후기의 발달을 포함한 심리 발달의 다른 측면을 설명하는 데 있어 도움이 될 수 있다. 그러나 합리적 구성주의 접근은 (a) 유전자에 의해 강하게 인도되는 해부학적 혹은 생리학적 성숙 과정, (b) 합리적 선택을 우회하거나 훼손하는 사회적 영향이나 문화적 주입 과정을 설명할 때는 도움이 되지 않거나 심지어 오해를 야기할 수도 있다.

합리적 구성주의의 또 다른 한계는 보편적인 발달의 순서를 찾고자 하는 노력이 개인적·문화적 다양성이라는 현실과 조화를 이루지 못한다는 데 있다. 그러나 8장의 분석을 자세히 설명하면서, 이제 그러한 한계가 합리적 구성주의에 내재된 것이 아니라는 필자의 제안으로 돌아가고자 한다.

다원주의적인 합리적 구성주의

합리적 구성주의 이론은 전통적으로 보편적인 발달의 순서를 가정해왔다. 1장에서 살펴본 바와 같이, 예를 들어 피아제는 특정 논리적 구조(형식적 조작기)가 청소년과 성인들이 지닌 인지의 기초라고 믿었다. 그의 견해에 따르면, 이 구조의 구성은 구체적 조작기 이후로 가는 유일한 길이다. 유사하게 콜버그는 여섯 가지 가능한 도덕 추론의 구조가 있으며, 이는 고정된 순서로 발달한다고 믿었다(5장 참고). 예를 들어, 사람들은 콜버그가 명명한 5단계 도덕 추론의 형태를 구성함으로써만 4단계 도덕 추론의 형태를 초월할 수 있다.

그러나 합리적 구성주의 관점에서는 발달의 보편적 경로나 심리적 성숙의 보편적인 형태를 고수할 것을 요구하지 않는다. 예를 들어 구체적 조작기를 초월하는 2개 이상의 정당화 가능한 논리적 구조가 있을 수 있다. 합리적 행위자는 둘 중 하나를 구성하거나 둘 다를 구성할 수 있다. 마찬가지로 우리는 콜버그의 4단계에 있는 일부 개인이 4단계보다 명백하게 우수하지만, 콜버그 5단계의 개념과는 다른 도덕 이해의 형태를 구성할 수 있다는 가능성을 배제할 수 없다. 다원주의적인 합리적 구성주의는 보편주의적인 합리적 구성주의와 함께, 합리성에서의 진보를 만들어 내는 정당화 가능한 재구성에 대한 발달적 전망을 공유한다. 그렇지만 발달의 경로 및 결과의 다양성에 대한 가능성을 강조한다는 점에서 차이가 있다([그림 14.2] 참고).

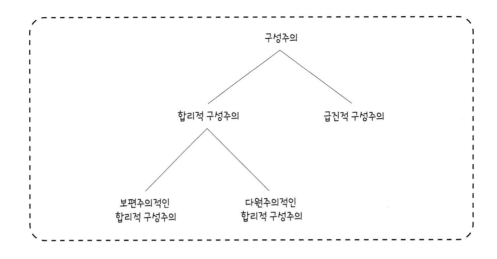

그림 14.2 구성주의 메타 이론들

예를 들어 토마스 비델$^{Thomas\ Bidell}$과 그의 동료들(Bidell, Lee, Bouchie, Ward, & Brass, 1994)은 문화 다양성 수업 과정에 참여한 젊은 백인들이 지닌 인종차별 개념이 발달해가는 5단계 순서를 제안했다. 그들이 제안한 순서는 점점 더 차별화되고 조정된 개념을 향한 진보를 포함하며, 각 개념은 이전의 것보다 더욱 정당화 가능하다. 따라서 그들은 합리적 구성의 발달 과정을 가정했다. 그럼에도 불구하고, 그들은 제안한 순서가 모든 사람이나 상황에 걸쳐 보편적이라는 주장을 하지 않았다. 반대로 그들은 다음과 같이 주장했다.

개인이 인종차별과 같은 문제를 이해하는 방법을 통해 구성의 순서를 결정하고자 하는 연구자들은 연구에 참여하고 있는 개인이 주어진 문제를 해석하려고 시도하는 맥락을 주의 깊게 정의해야 한다. 한 맥락에서 관찰된 동일한 이해의 순서가 다른 맥락에서도 나타날 것이라고 가정해서는 안 된다. 예를 들어, 현재 우리가 제시한 모형은 주로 백인을 대상으로, 부유한 대학 캠퍼스에서 진행된 문화 다양성 수업 과정이라는 특정한 맥락 내에서의 개념 발달 설명으로 엄격하게 제한되어 있다. 우리가 설명한 것과는 다른, 즉 문제에 대한 다른 개념을 이끄는 다른 발달 경로도 가능하며 발생할 가능성도 높다. 예를 들어, 문화 다양성 수업 과정의 맥락에서 중산층·중상위층의 백인 대학생들이 구성한 인종차별에 대한 일련의 사고 단계들이 이들과는 다른 상황에 처해 있는 젊은 백인 성인들이 구성한 인종차별에 대한 생각, 특히 부족한 사회적 자원으로 인해 경쟁이 발생하여 인종적 긴장이 악화된 노동자 계급이 모여 사는 동네의 젊은 백인 성인들이 구성하고 있는 것과 동일할 것이라고 가정하는 것은 실수이다.   (pp. 189-190)

문화적으로 주류인 캐나다 청소년들과 캐나다 원주민 청소년 모두를 대상으로 실시한 캐나다 청소년들의 정체성 형성 연구에서도 다양성과 보편성은 모두 두드러지게 나타났다. 마이클 챈들러와 그의 동료들(Chandler, Lalonde, Sokol, & Hallett, 2003; Lalonde & Chandler, 2004)은 정체성이 다양한 문화적 맥락에서 중요하며, 시간에 따른 연속성의 쟁점을 보편적으로 포함하고 있다는 점(10장 참고)에 대해 의심할 여지가 없다는 것을 발견했다. 그러나 그들은 개인적 연속성을 확립하는 두 가지 뚜렷하게 구분되는 접근 방식을 확인하였는데, 각각의 접근 방식은 발달 수준의 계층 구조를 지니고 있었다. **연속성에 대한 본질주의적 설명** essentialist accounts of continuity은 자아를 시간의 영향을 받지 않는 본질적 존재로 해석한다. 반면에 **연속성에 대한 서사적 설명**narrative accounts of continuity은 사람들의 삶의 이야기이다. 시간에 따른 연속성에 대한 설명 중 일부는 (근본적 본질을 가정하든 삶의 이야기를 가정하든) 다른 것들에 비해 보다 추상적인 자의식을 보인다. 그러므로 연속성에 대한 두 가지 접근은 두 개의 병렬적 발달 경로로 간주될 수 있다.

우리는 반드시 하나의 경로만을 채택해야 하는가? 반드시 그런 것은 아니다. 실제로 챈들러와 동료들 등(Chandler et al., 2003)은 일부 청소년이 두 가지 경로를 모두 채택하고 있음을 발견했다. 그러나 개인 및 문화에 따른 차이도 있었다. 캐나다 원주민 청소년들은 자신의 연속성에 대해 서사적 설명을 제시할 가능성이 훨씬 높았던 반면, 주류 캐나다 청소년들은 본질주의적 설명을 선호하는 경향이 있었다. 그러나 각 문화 범주 내에서도 예외들이 있었다. 즉, 흔하게 발견되어왔던 것처럼, 개인 내, 개인 간, 문화 간 다양성에 대한 증거가 발견되었다. 이에 대해 찰스 헬윅(1995b)은 다음과 같은 관점을 지지했다.

일반적인global 단계 이론과 최근 떠오르는 맥락주의 관점 사이의 중간 지점을 도표로 만들어 보아라. 사회적 인지에서의 사회적 맥락의 역할은 추상성, 즉 탈맥락화된 추론의 일반적인 구조나, 혹은 개인을 본질적으로 환경과 동일시하는 협소한 맥락주의를 통해서는 적절하게 다루어질 수 없다. 이 두 극단 사이에는 개인과 환경, 구조적 과정과 기능적 과정 사이의 중요한 구분을 유지하는 발달에 대한 국지적인local 구조적 분석이 있을 것이다.
(p. 194)

우리가 이 책 전반에 걸쳐 살펴보았듯이, 개인이 구성하는 신념, 가치, 자아개념, 추론의 형태, 그리고 그것들이 경유하는 발달 경로에는 엄청난 다양성이 있다. 보편주의 전통의 합리적 구성주의자는 그러한 다양성에 대한 명확한 증거를 부정하지는 않지만, 그것의 중요성에 대해서는 의문을 제기할 것이다. 예를 들어 보편주의자는 그러한 다양성이 합리적 정당화의 영역에 속하지 않고, 따라서 발달의 보편적 단계 및 결과에 수반하는 피상적인 변화를 나타내는 것으로 간주해 가볍게 일축해 버릴 수 있다. 반대로 다원주의적인 합리적 구성주의는 합리적 구성은 한 가지 이상의 방향으로 이어질 수 있으며, 차이점은 보편성만큼 중요하고 다양성의 많은 측면은 합리적 구성주의 틀 안에서 설명되고 또한 될 수 있어야 한다고 제안한다.

합리적 구성주의 영역 밖에는 급진적인 혹은 '포스트모던적인' 형태의 구성주의, 맥락주의, 상대주의가 있다. 이러한 관점들은 다양성의 실재와 중요성을 받아들일 뿐, 보편성의 존재와 합리적 평가에 대한 가능성을 부정한다(Gergen, 2001; 그러한 견해에 대한 비판은 Bickhard, 1995; Chandler, 1997; Kahn & Lourenço, 1999; Lynch, 1998; Perry, 1997; Phillips, 1997; Shestack, 1998; Siegel, 1987, 1997, 2004). 다원주의적인 합리적 구성주의는 이렇게까지는 주장하지 않는다. 실제로 어떤 문화적 맥락에서든 진보된 발달 수준을 나타내는 추론, 도덕성, 정체성의 형태가 있을 수 있으며, 진보된 형태의 합리성으로 나아가는 경로에는 개인과 문화 전반에 걸쳐 중요한 공통점이 있을 수 있다. 다양성과 보편성이라는 일반적인 문제에 관하여, 다원주의적인 합리적 구성주의는 보편성과 차이성 모두에 열린 중간 지점을 취한다(Chandler, et al., 2003; Moshman, 2003; Norenzayan & Heine, 2005; Perry, 1997; Saltzstein, 1997).

다양성의 세 가지 측면

다양성을 진지하게 받아들이려면, 다양성의 세 가지 잠재적 측면을 인식하고 이러한 측면과 관련하여 변형된 모든 주장들을 주의 깊게 살펴봐야 한다. 다양성은 개인 내, 개인 간, 집단 간에 존재할 수 있다.

다양한 수행 영역에서의 연구들에 따르면, 모든 연령대의 사람들은 일반적으로 다양한 생각, 전략, 관점을 그들 마음대로 사용할 수 있다는 것을 보여준다. 이러한 발견들로 인해, 많은 연구자와 이론가들이 개인 **내** 다양성의 중요성을 강조하게 되었다(Sischer & Bidell, 2006; Killer & Wainryb, 2000; Kuhn, Garcia-Mila, Zohar, & Andersen, 1995; Siegler, 1996; Turiel, 2006a; Wa가 & Krebs, 1997). 예를 들어 2장에서 본 것처럼, 특정 청소년기에는 다양한 유형의 추론이 공존한다. 사고에 대해 설명하고자 하는 모든 시도는 주어진 과제나 딜레마에 대응하기 위해 사람들이 어떻게 다양한 유형의 추론 중 하나를 선택하고, 어떻게 그것들을 조정하는지에 대해 설명해야 한다(Kuhn, 1999, 2000).

다양성은 개인 **간**에도 나타날 수 있다. 즉, 사람들은 서로 다르다. 그러나 개인들 사이에서 발견되는 차이에 대한 구체적인 주장은 비판적으로 면밀히 검토되어야 한다. 특히 그러한 주장은 개인 **내**의 차이점과의 관계를 고려하여 평가

되어야 한다.

예를 들어 6장에서 제시한 도덕성과 관련된 구분을 확장하여, 어떤 청소년은 정의 추론을 하는 사람이고, 어떤 청소년은 배려 추론을 하는 사람이며, 또 어떤 청소년은 덕 추론을 하는 사람이라고 가정해 보자. 콜버그 전통에 서있는 보편주의자는 다음 중 하나를 보여주려고 할 것이다. (a) 배려와 덕 추론은 별개의 도덕성이라기보다는 정의 추론의 특수한 유형이다. (b) 배려와 덕에 대한 고려는 도덕의 영역 밖에 있는 비합리적 가치nonrational values를 나타낸다. 그러나 다원주의적인 합리적 구성주의는 정당화될 수 있는 세 가지 도덕성 유형의 존재 가능성을 인정하지만, 이러한 구분에 대한 철학적이고 경험적인 정당화를 요구한다.

우리가 이 세 가지 도덕성 유형이 실제로 철학적으로 구분되며 의미가 있음을 확신했다고 가정해 보자. 게다가 다양한 도덕적 딜레마를 해결하기 위해 세 가지 유형의 추론을 사용하는 데 있어, 청소년들 사이에 통계적으로 유의한 차이를 보여주는 자료들이 있다고 가정해 보자. 그렇다면 우리는 10대 청소년 콜버그, 길리건, 아리스토텔레스를 의미 있게 구분해 낼 수 있을까? 추론하는 사람들을 세 가지 도덕 범주로 유용하게 분류할 수 있다는 생각을 받아들이기 전에, 우리는 개인 **간**의 차이와 개인 **내** 차이 간의 관계에 대해 생각해 봐야 한다.

예를 들어, 우리가 가진 자료를 면밀히 검토해 본 결과, 모든 청소년의 30%가 최소한 대부분의 시간에서 80%의 정의 추론을 사용하고, 30%가 최소한 80%의 배려 추론을 사용하며, 30%가 최소한 80%의 (그것이 무엇을 의미하든지 간에) 덕 추론을 사용한다고 상상해 보자. 그리고 각 경우에 지배적이지 않은 추론의 형태는 드물게 나타난다고 가정해보자. 이러한 결과는 정의, 배려, 덕 추론이라는 세 가지 범주가 청소년들의 도덕성을 분류하는 유용한 기준으로 활용될 수 있다는 점을 뒷받침할 것이다. 물론 이 세 가지 범주가 10%의 소수 청소년을 분류하는 데 활용되기 어렵고, 심지어 이 세 가지 범주 중 하나에 정확히 들어맞는 청소년일지라도 그 범주의 추론을 항상 100% 일관되게 활용하지는 않을지라도 말이다.

그러나 도덕 추론에 대한 실제 연구에서는 이러한 결과가 나오지 않는다 (Wark & Krebs, 1996, 1997). 다양한 도덕 딜레마에서 발견될 수 있는 더 가능성 있는 결과는 대부분의 청소년들이 세 가지 종류의 추론 각각을 적어도 25% 사용하며, 대부분의 경우에 특정 종류의 추론을 선호하는 사람은 거의 없다는 것이다. 이 경우, 청소년들을 정의, 배려, 혹은 덕 추론가로 분류하는 것은 매우 큰 오해의 소지를 가져온다. 이보다는 대부분의 사람들이 정의, 배려, 덕 추론을 조합하여 사용한다는 것이 보다 나은 결론일 것이다. 사람마다 세 가지 유형의 추론의 상대적 빈도가 서로 다를 수 있지만, 개인 **간**의 이러한 차이는 개인 **내**의 실질적인 변동성에 비하면 미미하다는 점을 강조하는 것이 중요하다. 이 경우, 우리는 구분되는 도덕 **추론**의 유형을 강조해야지, 구분되는 도덕 **보드**의 유형을 강조해서는 안 된다.

다양한 생물학적·사회적 집단 간의 다양성을 주장하려면, (a) 집단 간 차이와 개인 간 차이, 그리고 (b) 집단 간 차이와 개인 내 차이를 비교하는 엄격한 검토가 필요하다. 우리가 이 책의 처음 세 부분에서 본 것처럼, 합리성, 도덕성, 정체성과 관련하여 성과 문화적 차이에 대한 강력한 주장들이 있었지만, 그러한 주장들은 경험적 연구에 의해 뒷받침되지 않았다.

예를 들어, 캐롤 길리건이 많이 인용한 남성의 정의 추론과 여성의 배려 추론의 연관성을 생각해 보자. 많은 연구들은 그러한 차이점을 발견하는 데 실패했다(이에 대한 검토는 Brabeck & Shore, 2003; Dawson, 2002; Hyde, 2005; Jaffee & Hyde, 2000; Walker, 1984, 1991, 2006). 심지어 이와 관련된 연구 결과가 통계적으로 유의미한 성차를 일관되게 보여주더라도, 그것만으로는 길리건의 주장을 뒷받침하는 데는 충분하지 않다. 오히려 우리는 개인 간, 그리고 개인 내의 다양성 정도에 따른 성별 차이의 상대적인 크기를 고려해야 할 것이다. 예를 들어, 만일 전체 여성의 80%가 적어도 80%의 시간에서는 정의 추론보다 배려 추론을 사용하고 전체 남성의 80%가 적어도 80%의 시간에서 배려 추론보다 정의 추론을 사용한다면, 여성은 배려의 문제로 도덕성을 해석하고 남성은 정의의 문제로 도덕성을 해석한다는 주장은 (예외를 적절하게 허용하더라도) 합리적일 것이다. 그러나 6장에서 언급했듯이, 성과 도덕성의 연관성은 그다지 강하지 않다. 기껏해야 20세기 말과 21세기 초 미국에서는, 여성이 정의 추론보다는 배려 추론을 더 자주 사용하는 개인에 속할 가능성이 남성보다 약간 높으며, 반면에 남성은 배려 추론보다는 정의 추론을 더 자주 사용하는 개인에 속할 가능성이 여성보다 약간 높다고 결론내릴 수 있을 뿐이다. 게다가 이러한 겸손한 결론조차도, 대부분의 도덕 추론에는 다양한 도덕적 고려 사항 및 도덕과 무관한 고려 사항들을 단순히 선택하는 것뿐만 아니라, 그것들을 조정하는 것이 포함되어 있다는 사실을 간과하고 있다(Turiel, 2002, 2006a).

그렇다면 다원주의적인 합리적 구성주의는 개인 내, 개인 간, 그리고 개인이 속해있는 다양한 사회적·생물학적 집단 전반에 걸쳐 나타나는 다양성을 조화시킬 수 있지만, 모든 주장을 무비판적으로 받아들일 필요도 없고 또 받아들여서도 안 된다. 주장된 차이가 실제로 존재하는가라는 명백한 질문에 더하여, 우리는 변동성의 위치와 범위에 관한 증거가 무엇을 보여주는지 숙고해야 한다. 특히 개인 내에서의 일어나는 상당한 변동성은 종종 개인 간의 차이와 집단 사이에서의 차이를 범주화하는 주장을 약화시킨다.

결론

합리적 구성주의가 보편주의적 발달 개념을 전통적으로 고수하는 이유 중 하나는 보편성을 포기하는 것이 곧 합리성을 포기하는 것이라는 가정 때문일 수 있다. 인간의 다양성에 대한 인식이 구성주의, 맥락주의, 상대주의의 급진적 형태와 자주 연관되어 왔다는 점을 생각해보면, 이는 이해할 수 있는 적절한 가정이다.

그러나 (a) 보편적 결과를 향해 보편적 경로를 통해 나아가는 진보로서의 변화 개념과 (b) 특별한 방향이나 정당화 가능한 결과가 없는 임의의 과정으로서의 변화 개념 사이에서 한 가지를 선택할 필요는 없다. 다원주의적인 합리적 구성주의는 진보에 대한 합리주의적 개념을 포기하지 않으면서 경로와 결과의 다양성을 조절한다. 또한 하나 이상의 경로가 정당화 가능하다고 말하는 것이 모든 경로가 동일하게 진보적이라고 말하는 것도 아니다. 다양한 형태의 진보된 추론, 도덕성, 정체성이 확인되었다는 점이 모든 추리, 개념 틀, 자아 개념이 동일하게 정교하다는 것을 의미하지는 않는다. 다양성에 대한 증거는 심리 발달에 대한 합리적 구성주의 개념을 훼손하지는 않는다(Chandler et al., 2003; Clinchy, 2002; Demetriou, Christou, Spanoudis, & Platsidou, 2002; Floyd & Stein, 2002; Lalonde & Chandler, 2004; Schachter, 2002).

게다가 합리적 구성주의는 생득주의, 경험주의, 급진적 구성주의와는 다르게, 교육을 훈련 및 주입과 구별할 수 있도록 하는 사회적으로 촉진된 합리적 변화라는 개념을 제공한다. 15장에서 합리적 구성주의 관점을 중등교육에 적용하면서, 나는 합리성의 증진이 교육의 주목적이 되어야 하며 합리성의 구성은 지적 자유의 맥락에서 가장 잘 촉진된다는 것을 제안하는 바이다.

15장

합리성, 자유, 그리고 교육

> 무엇인가와 다를 자유는 중요하지 않은 것들에만 국한되지 않는다.
> 그것은 단지 자유의 그림자일 뿐이다. 현존하는 질서의 핵심에 닿는 것들,
> 그것들과 다를 권리야말로 본질의 시금석이다.
>
> -웨스트버지니아 주 교육위원회 대 바넷
> (1943, p. 642)

청소년들은 삶의 대부분을, 발달을 촉진하거나 방해할 수 있는, 그리고 종종 둘 다에 해당하는 환경인 중등학교에서 보낸다. 이 장에서 우리는 중등교육의 맥락에서 합리성, 자유, 발달에 대한 쟁점을 숙고하고자 한다.

중등학교는 학생들에게 정보, 생각, 관점을 풍부하게 제시하고 말과 글로 스스로를 표현하기를 기대한다. 동시에 중등학교는 정치적으로 받아들일 수 없는 생각이나 관점을 교육과정에서 일상적으로 배제하고, 대안적인 정보원에 대한 학생의 접근을 제한하며, 학교 당국에 공격적이거나 위험하다고 여겨지는 논쟁적인 주제나 표현을 언급하는 학생이나 교사를 검열하거나 처벌한다(Brown, 1994; Gaddy, Hall, & Marzano, 1996; Lent & Pipkin, 2003; Moshman, 1989, 1993, 2009b; Pipkin & Lent, 2002).

그간 미국에서는 공립학교에서 이루어지는 검열과 교화를 제한하는 역사적

인 대법원 판결들이 내려져 왔다. **웨스트버지니아 주 대 바넷**West Virginia v. Barnette(1943) 사건에 대한 대법원의 판결은 교화로부터의 자유를 수정 헌법 제1조의 권리로 인정함으로써 공교육에서의 지적 자유를 위한 헌법적 기반을 제공했다. 이 사건은 여호와의 증인인 학부모와 학생이 모든 학생은 국기에 경례하고 충성을 맹세해야 한다는 요구에 대해 이의를 제기한 것과 관련이 있다. 여호와의 증인 사건에 대한 판결에서, 다수의 의견은 (두 명의 대법관이 동시에 판결한 것처럼) 단지 종교의 자유뿐만 아니라, 훨씬 더 근본적인 것으로 간주되는 수정 헌법 제1조의 원칙에 호소하였다. 대법원은 "만일 우리의 헌법이라는 별자리에 항성이 있다면, 그것은 지위가 높고 낮음을 막론하고 어떠한 공인도 정치, 민족주의, 종교 혹은 다른 의견의 문제에 있어서 무엇이 정통이어야 하는지를 규정할 수 없고, 시민들이 그 안에서 말로 고백하거나 그들의 믿음을 행동하도록 강요할 수 없다는 것이다"라고 주장하였다(p. 642).

팅커 대 디모인 공립학교 교육구 Tinker v. Des Moines Independent Community School District(1969) 사건에서 대법원은 "학생이든 교사든 학교 정문에 들어서면, 그 누구라도 발언이나 표현의 자유에 대한 헌법적 권리를 포기한다"(p. 506)는 주장을 기각했다. 미국의 베트남전 개입에 항의하기 위해 학교에서 검은 완장을 착용했다는 이유로 정학 처분을 받은 중등학교 학생 사건의 경우, 대법원은 학생들의 감정 표현이 "공식적으로 승인된 감정에만 국한되어서는 안 된다"(p. 511)고 판결했다. 학교가 학생을 규제함에 있어 헌법상의 타당한 근거를 제시하지 못하는 한, "학생들은 자신의 견해를 표현할 자유가 있다"(p. 511). 20여 년의 기간 동안, **팅커** 사건은 공교육에서의 지적 자유를 광범위하게 보호하는 헙법적 근거를 제공했다(Moshman, 1989).

그러나 **헤이즐우드 교육구 대 쿨메이어**Hazelwood School District v. Kuhlmeier (1988) 사건의 경우, 대법원은 정반대의 판결을 내렸다. 이 사건에 대해 대법원은 학교가 단지 교육과정을 수립하는 것뿐만 아니라, 교육과정의 의도와 일치하지 않는다고 여겨지는 생각을 검열하고 처벌할 수 있는 광범위한 권한을 가지고 있다고 판결했다. 비록 고등학교 신문 검열과 관련된 사건이었음에도 불구하고, **헤이즐우드** 사건은 모든 교육 수준의 모든 학문적 맥락에서 학생과 교사의 표현과 토론을 규제하는 수많은 결정에 대한 근거로 작용했다. **팅커** 사건 판례는 이제 교육과정 영역 밖의 언어, 즉 그저 교육과정의 가장자리에만 적용된다. 대법원의 판결에 따르면, 이제 교육은 지적 자유에 대한 특별한 규제가 요구되는 특별한 활동이다. 아니면 적어도 학교 관계자는 그렇게 행동할 자유가 있다. 다행히도, 비록 이 결정이 검열과 교화를 허용하지만, 그것들을 요구하지는 않는다. 학교 관계자는 모든 교육 수준에서 학생들의 지적 자유를 존중할 수 있으며, 그렇게 해야 할 강력한 교육적·발달적 이유들이 있다(Moshman, 2009b).

교육에 대한 체계적인 접근은 우리가 교육을 통해 성취하고자 하는 것이 무엇이며, 어떻게 그것을 가장 잘 성취할 수 있는지 고려해야 한다. 나는 이 책 전반에 걸쳐 청소년의 심리 발달이 합리적 구성주의 관점에서 가장 잘 이해된다고 주장해 왔다. 합리적 구성주의 관점을 교육에 확장하며, 나는 여기서 교육의 주목적은 합리성의 증진이어야 한다고 제안한다. 그런 다음 합리성을 증진하기 위해 중등학교가 할 수 있는 가장 중요한 일은, 지적으로 자유로운 환경을 제공하는 것이라고 주장한다. 대법원의 판결과는 다르게, 나는 검열과 교화는 결코 교육에 필요하지 않다고 결론 내리는 바이다. 사실, 적어도 교육의 목적이 합리성의 증진이라고 생각한다면, 검열과 교화는 비생산적이다.

합리성 증진을 위한 교육

일반적으로 사람들은 교육이 발달의 증진을 목표로 해야 한다고 말한다(Baker, 1999). 이는 청소년 발달과 관련하여 교육이 합리성, 도덕성, 정체성의 증진을 목표로 삼아야 함을 의미하는 것으로 보인다. 그러나 도덕성과 관련하여 발달하는 것은 대체로 도덕적 합리성이다. 또한 정체성과 관련하여, 정체성 폐쇄가 아닌 정체성의 진보를 가능하게 하는 것은 정체성을 형성하는 합리적 기반의 발달이다. 정체성 형성은 합리적인 도덕적 정체성을 향해 나아갈 때 진정으로 발달적이다(13장). 따라서 진보된 심리 발달의 증진은 근본적으로 합리성의 증진이며, 여기서 합리성은 도덕성과 정체성의 영역을 아우르는 것으로 폭넓게 이해된다.

비록 교육이 잠재적으로 다양한 목적들의 달성에 기여하지만, 수많은 이론가들은 교육의 핵심이 합리성의 증진이어야 한다고 주장해 왔다(Lipman, 1991; Moshman, 1990b; paul, 1990; Scheffler, 1997; Siegel, 1988, 1997; Stanovich, 2001; 사고 교육에 대해서는 Kuhn, 2005 참고, 그리고 지혜 교육에 대해서는 Sternberg, 2001 참고). 철학자 하비 시겔에게 있어, 교육은 가장 근본적으로 학생들에 대한 도덕적 의무의 문제이다. 합리성을 증진하는 교육과 학생을 인격체로 존중하는 교육 사이에는 아무런 차이가 없다.

> 비판적 사고 능력과 성향의 함양을 핵심으로 하지 않는 교육 방식을 구상하고 실행하는 것은, 학생을 인격체로 존중하지 않는 것이며 도덕적으로 수용 가능한 방식으로 대우하지 않는 것이다. (1997, p. 4)

> 교사가 학생들의 도덕적 가치가 동등하다는 것을 인정하고 그들을 존중한다는 것은 무엇을 의미하는가? 무엇보다도 그것은 가르치는 내용에 대해 질문하고, 도전하고, 이유와 정당성을 요구할 수 있는 학생의 권리를 인정하고 존중하는 것을 뜻한다. (1988, p. 56)

합리성 증진을 위한 교육은 특히 민주주의 사회에서 사회의 요구와 진보에 근거하여 정당화될 수 있다. 철학자 이스라엘 세플러 Israel Scheffler(1997)는 다음과 같이 주장했다.

사회에서 민주적 이상을 선택하는 것은 지배 수단으로서의 교육 개념을 전적으로 거부하는 것이다. 그것은 학생의 정신을 모양 짓거나 형성하고자 하는 생각을 버리는 것이다. 민주주의에서 교육의 기능은 정신을 자유롭게 하고, 정신의 비판적 힘을 강화하며, 지식과 독립적인 탐구 능력을 불어 넣고, 인간적 연민을 불러일으키며, 도덕적·실천적 선택을 분명하게 하는 것이다. 더욱이 이러한 기능은 구성원의 특정 집단에만 국한되지 않으며, 가능한 한 모든 시민에게 확대되어야 한다. 왜냐하면 모든 사람은 공동의 사회 구조가 의존하는 토론, 비판, 선택, 협동적 노력의 과정에 참여하도록 요청받기 때문이다. (p. 29)

실제로 합리성의 증진을 목표로 하지 않는 교육은 그것이 어떠한 형태를 띠고 있을지라도 민주주의를 훼손하는 경향이 있다는 것을 보여주는 강력한 예들이 있다. 제2차 세계대전 국기 경례 사건에 대해 미국 대법원은 학생들을 교화하기 위해 공립학교를 이용하는 것은 헌법에 의해 금지된다고 판결했다.

미국에는 국가라는 개념, 혹은 국가가 가진 권위의 본질과 기원에 대한 개념과 관련하여 신비주의란 없다. 우리는 피치자의 동의에 의해 정부를 수립했고, 권리 장전은 권력을 가진 사람들이 그러한 동의를 억압할 수 있는 어떤 법적 기회도 거부한다. 권위는 여론에 의해 통제되는 것이지, 여론이 권위에 의해 통제되는 것은 아니다.

(West Virginia v. Barnette, 1943, p. 641).

그러므로 학생 개개인에 대한 관심과 사회 복지에 대한 관심은 모두, '우리는 우리의 교육 기관이 합리성의 발달에 기여하기를 원한다'는 결론에 이르게 한다. (10장에서 인용되었던 '합리적 행위자'라는 개념을 제시한) 이사야 벌린(1969)의 말을 빌리자면, 우리는 우리 교육 기관의 졸업생들이 객체가 아닌 주체가 되기를 원한다. 즉, 외부의 요인이 아닌 그들 자신의 이성에 의해, 그리고 의식적인 목적에 의해 움직이기를 원한다. 우리는 그들이 결정되는 사람이 아닌 결정하는 사람이 되기를 원한다. 인간으로서의 역할을 수행할 수 없는, 즉 스스로 목표와 방침을 구상하고 실현할 수 없는 물건이나 동물, 혹은 노예와 같이 외부적 본성이나

타인에 의해 행동하는 것이 아닌 자기 주도적으로 행동하는 그런 사람이 되기를 원한다. 그 무엇보다도 우리는 그들이 사고하고 의욕하며 활동하는 존재로서, 그들의 선택에 책임을 지고 그들 자신의 생각과 목적을 참조하면서 그러한 선택을 설명할 수 있는 의식적이 존재가 되기를 원한다.

그렇다면 합리성 증진을 위한 교육은 합리적인 도덕적 정체성을 지닌, 합리적이고 도덕적인 행위자가 되도록 교육을 받은 사람이라는 교육적 전망에 토대를 두고 있다. 바로 이것이 우리가 지향하는 이상이라면, 우리는 어떻게 합리성의 구성을 촉진할 수 있는가?

합리성 구성에서 자유의 역할

이 책 전체에서 볼 수 있듯이, 합리성은 유전적으로 유도되어진 성숙으로 나아가는 필연적인 결과도 아니고 환경으로부터 내면화되는 일련의 사고 기술도 아니다. 오히려, 합리적 행위자는 사회적 상호작용, 특히 동료와의 상호작용과 자기 성찰의 과정에서 개인이 구성한 인식론적 인지의 형태를 활용한다. 따라서 합리성의 구성은 개인이 정보와 생각에 자유롭게 접근하고 자신만의 생각을 명확하게 말하며, 표현하고, 토론하며, 정당화 하도록 권장되는 사회적 환경에 의해 촉진될 것으로 기대된다(관련 연구 및 이론에 대해서는 Dimant & Bearison, 1991; Kuhn, Garcia-Mila, Zohar, & Andersen, 1995; Levesque, 2007; Moshman, 1995a, 1995b, 1998, 2009b; Silverberg & Gondoli, 1996; Youniss & Damon, 1992).

예를 들어, 4장에서 등장했던 5명의 대학생들을 떠올려 보자. 이들은 선택 과제를 해결하기 위해 어떤 카드를 뒤집어야 할지 논의하고 있었다. 이들의 논의에서 나타났던 네 가지 중요한 특징들을 생각해 보자. 첫째, 각 학생은 자신의 견해를 발표하고 옹호할 수 있는 여러 번의 기회를 가졌다. 둘째, 각 학생은 다양한 대안적 견해 및 정당화에 노출되었다. 셋째, 학생들은 모두 가장 정당하다고 생각하는 결론에 합의하도록 권장되었다. 그리고 넷째, 자신의 견해에 대한 비판과 대안적 견해들에 대해 납득할 수 없다면, 학생들은 자신의 견해를 바꿀 필요가 없었다. 따라서 이들의 논의에서 신념과 표현의 자유는 전적으로 존중되었지만, 모든 견해가 동등하게 좋다고 가정되지는 않았다. 우리가 앞서 살펴본 것처럼, 이러한 조건하에서 진행된 집단 활동은 어렵기로 악명이 높은 논리 과제를 해결하는 데 놀라울 정도로 성공적인 결과를 가져왔다(Moshman & Geil, 1998).

이러한 이상적인 실험 맥락과는 대조적으로, 실제 학교에서의 토론, 특히 논쟁적인 문제에 관한 토론은 종종 다음과 같은 맥락, 즉 (a) 선호되지 않는 관점에 대한 주장이 미묘하게 억제되거나 명시적으로 금지되는 맥락, (b) 선호되지 않는 대안에 대한 접근 역시 유사하게 제한되거나 방해받는 맥락, (c) 사회적으로 허용될 수 있는 방향으로 사고를 전환할 것을 요구하는 교사의 권위와 또래들의 압력이 존재하는 맥락에서 이루어진다(Brown, 1994; Chomsky, 1989; Gaddy et al., Moshman, 1989, 1993, 2009b; Pipkin & Lent, 2002). 합리적 구성주의 관점은 그러한 맥락이 행동적이고 이데올로기적인 순응을 극대화할 수는 있지만, 정당한 신념, 도덕성, 정체성, 그리고 추론의 합리적 구성을 촉진하지 않을 것이라고 주장한다. 합리성은 지적 자유가 보장된 환경에서 촉진되고 강화된다.

중등교육에서의 지적 자유

지적 자유가 합리성 발달에 필수적이며 따라서 그 어떠한 교육 프로그램도 합리성 증진을 목표로 해야 한다는 주장을 받아들인다고 하더라도, 어떻게 이를 다양한 연령대의 학생들에게 적용해야 할지 궁금할 수 있다. 만일 어린이와 청소년이 지적 자유의 본질과 목적을 이해하지 못한다면, 그들은 다양한 관점이 제시될 뿐만 아니라 스스로 사고하고 행동할 수 있도록 격려하는 환경에서 효과적으로 활동하지 못할 수 있다.

그러나 연구에 따르면 6세 정도의 아동도 지적 자유에 대한 의미있는 개념을 지니고 있으며(Helwig, 1997, 1998; Helwig & Yang, 출판 중), 이 점에서 청소년은 대학생들과 크게 다르지 않다(Dunkle, 1993; Helwig, 1995a; Wainryb, Shaw, Laupa, & Smith, 2001; Wainryb, Shaw, & Maianu, 1998). 예를 들어, 찰스 헬윅(1995a)은 7학년과 11학년 학생들을 대상으로 표현과 종교의 자유에 대해 그들이 가지고 있는 개념을 평가했고, 이후 대학생들을 대상으로 동일한 연구를 반복하여 수행하였다. 연구에 참여한 학생들은 표현과 종교의 자유를 제한하는 잠재적인 법, 그리고 이러한 자유가 적용된 다양한 상황을 평가하도록 요청받았다. 학생들이 평가한 상황에는 (인종적 비방과 관련된 발언과 같이) 잠재적으로 타인에게 공격적이거나 해를 끼칠 수 있는 방식으로 자유가 행사된 경우를 포함하고 있었다. 더 나아가 학생들은 각각의 사례에서 자신이 보인 반응을 정당화하도록 요청받았다.

사실상 세 연령층의 모든 학생들이 표현과 종교의 자유에 상당한 지지를 보였다. 비록 자유가 다른 가치들과 충돌하는 보다 복잡한 딜레마에 대해서는 의견 차이가 나타났지만, 이러한 개인차는 세 연령층 모두에서 발견되었다. 심지어 7학년 학생들도 관련된 문제에 대한 명확한 이해를 보이면서, 자신의 반응을 정당화했다. 이러한 결과에 대해 헬윅은 다음과 같이 결론을 내렸다.

> 연구 결과는 시민적 자유에 대한 정교한 개념이 초기 청소년기에 나타나며 사회적 사건을 평가하는 데 사용된다는 것을 보여준다. … 권리라는 추상적인 개념은 도덕적 기준에 따라 판단되었다. … 그리고 자유의 여러 유형들은 차별화된 다양하고 정교한 이론적 설명에 의해 정당화 되었다. 이러한 추상적 권리는 맥락에 따른 사회적 사건의 판단에도 적용되었다. … 개인적 판단과 추론의 이러한 측면은 연구의 대상이 된 모든 연령대에서 반복적으로 나타났다.   (1995a, p. 162)

다른 연구에서도 이와 유사한 결과가 나왔다(Dunkle, 1993; Ruck, Abramov-itch, & Keating, 1998; Verkuyten & Slooter, 2008; Wainryb et al., 1998, 2001). 예를 들어, 세실리아 웨인립과 그녀의 동료들(1998)은 1학년, 4학년, 7학년, 그리고 대학생 집단의 남성 20명과 여성 20명을 대상으로, 부모나 교사가 (a) 자신과 정반대 신념을 가지고 있거나, (b) 그러한 신념을 표현하거나, (c) 그러한 신념에 기초하여 행동하는 가상적 상황에 대한 인터뷰를 실시했다. 가상적 상황에서 제시된 반대 신념은 모든 참가자가 동의하지 않는 견해였다(예: 아동은 자신의 실수에 대해 조롱받을 때 가장 잘 배운다든가, 여자 아이는 남자 아이만큼 똑똑하지 않아 문제에 봉착할 가능성이 더 높다 등). 연구에 참여한 학생들은 전반적으로 반대 신념을 표현하는 것보다 마음속에 갖는 것에 더 크게 관대했다. 그리고 그러한 신념에 기초하여 행동하는 것보다 신념을 표현하는 것에 더 관대했다. 더 나아가 이 연구는 모든 연령대의 사람들이 특정 신념에 대해 언제나 관대하거나 혹은 편협함을 보이는 것이 아니라, 연령대별로 특정 신념에 대한 관용이 적절한 때와 적절하지 않은 때에 대하여 차별화된 판단을 내린다는 점을 보여주었다.

보다 구체적으로 설명하자면, 모든 연령대의 참가자들은 (a) 교사가 아동에 대한 자신의 신념에 근거하여 실수한 학생을 조롱하는 경우, (b) 아빠가 여자아이에 대한 자신의 신념에 근거하여 아들이라면 누릴 수 있는 자유를 딸에게서 박탈하는 경우에 대해서는 거의 혹은 전혀 관용을 보이지 않았다. 대부분의 사람들은 이러한 행동이 타인에게 해롭고 불공정하기 때문에 용납될 수 없다고 생각했다. 그러나 기본 신념에 대한 관용에는 상당한 연령차가 나타났다. 가장 눈에 띄는 점은 1학년 학생들이 자신보다 나이가 많은 세 집단의 학생들에 비해 그러한 신념을 갖거나 표현하는 것에 덜 관용적인 경향이 있었고, 그러한 신념을 갖거나 표현하는 것이 해로운 행동으로 이어질 것이라는 우려를 더 많이 보였다. 반면에 7학년과 대학생 사이의 차이는 극미하였다. 대부분의 7학년 학생과 대학생은 그러한 신념을 갖는 것뿐만 아니라 표현하는 것에 관대했다. 더 나아가 단순히 신념을 표현하는 것이 타인에게 해를 끼치지는 않으며, 오히려 이러한 의견 교환이 더 나은 생각을 향한 진전을 가져올 수 있다고 설명했다. 웨인립 등(2001)은 다양한 주제에서 이와 유사한 반응 패턴을 발견했다. 대학생과 마찬가지로 청소년도 지적 다양성이 존중되어야 할 때(예: 형이상적 신념과 관련된 가상적 상황)와 그저 용인되어야 할 때(예: 명백히 거짓이고 잠재적으로 해로울 수 있는 신념과 관련된 가상적 상황)에 대해 합리적인 판단을 내렸다.

또한 연구에 따르면, 아동들은 초등학교 과정을 거치면서 점점 교화를 인식하고 거부하는 것으로 나타났다. 학생들의 교육 철학 발달에 관한 연구에서, 헬윅, 라이어슨^{Ryerson}, 프린킵^{Prencipe}(2008)은 서로 다른 두 연령대의 가상 학생에게, 서로 다른 두 가치들을 가르치는, 네 가지 서로 다른 방법에 대한 연구 참가자들의 판단과 추론을 평가했다. 서로 다른 두 가치는 인종 평등과 애국심이었고, 가상 학생들은 3학년과 8학년이었으며, 가상 학생들을 가르치는 방법은 합리적 자율성, 능동적 참여, 선택 기회가 제공되는 정도에 따라 네 가지로 구분되었다. 연구 대상은 7~8세, 10~11세, 13~14세 그리고 대학생(18세에서 53세까지)이었고, 각 연령대별로 남자 12명과 여자 12명이 연구에 참여하였다. 그들은 개별 인터뷰 과정을 통해 방법, 가치, 학생들의 나이를 기준으로 체계적으로 다양화된 가상의 수업 상황에 대해 판단을 내리고 정당화했다. 연령에 따른 반응의 차이는 가장 나이가 어린 집단(7~8세)과 나머지 세 집단(10세 이상) 간에서 가장 크게 나타났다. 나이가 많은 참가자들은 합리적 사고 과정과 능동적인 참여를 자극하는 방법을 보다 더 잘 구별했고, 연령과 수업 맥락을 합리적으로 고려하면서 다양한 방법들을 평가하는 것으로 나타났다. 물론 철학자들조차도 교화를 구성하고 있는 것들, 그리고 그러한 것들이 왜 문제인지에 대해 여전히 논쟁 중이다(Callan & Arena, 2009). 그러나 10세 정도가 되면, 아동들은 교육에 있어 지적 자유의 역할과 교화의 위험성을 이해하는 것으로 보인다.

요컨대 발달 연구는 지적 자유가 초등학교에서도 의미 있고 중요하며, 이 점에서 중등교육과 고등교육을 구분할 근거가 거의 없거나 전혀 없다는 점을 보여준다. 중등학교에서는 진보된 심리 발달을 촉진하기 위해 모든 정보원에 대한 접근을 손쉽게 해야 하며 성찰과 토론을 적극적으로 장려해야 한다(Helwig & Yang, 출판 중; Moshman, 1989, 1993, 2009b).

교육 이론가들은 이 일반적인 주제에 대해 자세하게 설명했다. 키팅^{Keating}과 새스^{Sasse}(1996)는 중등학교가 비판적 사고 및 비판적 사고 습관을 적극적으로 장려해야 한다고 주장했다. 드레이어^{Dreyer}(1994)는 중등학교가 체계적으로 정체성 형성을 조장해야 하며, "정체성을 강화하는 교육과정은 학생들의 탐구, 책임감 있는 선택, 자기 결정을 촉진시킨다"(p. 129)라고 제안했다. 립맨^{Lipman}(1991)은 이상적인 교실을 '탐구 공동체$^{community\ of\ inquiry}$'로 규정하였다. 탐구 공동체에서 학생들은 서로 이유를 제시하도록 요구하고, 추론을 도출하고 가정을 확인하는 데 서로 도와주며, 다양한 생각을 조정한다. 실버버그^{Silverberg}와 곤돌리^{Gondoli}(1996)는 중등학교에서 나타나는 권위의 위계적인 구조에 주목하면서, 교육과정 이외의 활동이 교육과정 활동 그 자체보다 자율성을 키우는 일종의 동료 상호작용을 더 자주 허용할 가능성이 높다고 주장했다. 그러나 어떤 경우에는 학생의 문화적 배경과 가정 상황에 따라 의미 있는 주제에 대한 자유 토론을 장려하는 고등학교 교실이 지적 자유의 오아시스가 될 수 있다(Sarroub, 2005).

합리적 구성주의는 심리 발달에 대한 메타 이론이지만, 이 이론을 교육에 적용하는 것은 전통적인 학문 내용을 습득하는 것과 정확히 일치한다. 예를 들어 코헨^{Cohen}(1994)은 교실에서의 또래 집단 활용에 관한 문헌들을 검토하면서, 표현과 토론의 자유가 더 높은 수준의 개념 학습을 이끄는 데 결정적이라는 결론을 내렸다. 또한 우리가 주목해야 할 중요한 점 중 하나는 합리적 구성주의가 특정 사실을 직접적으로 제시하거나 특정 기술의 체계적 훈련을 배제하지 않는다는 것이다(Harris & Alexander, 1998). 실제로 합리적 구성주의는 다양한 교수 전략을 포함할 수 있다. 합리적 구성주의 접근을 특징짓는 것은 제시된 내용에 대해 학생들이 마음껏 의견을 달리할 수 있고 궁극적으로 무엇을 믿을지 스스로 결정할 수 있는 자유를 제공하는 포괄적 맥락이다(Moshman, 2009b).

합리성 증진을 위한 교육은 단순히 검열이나 교화의 부재만을 뜻하지 않는다. 더 나아가 그것은 의미 있고 도전적인 교육과정과 학습, 사고, 토론, 성찰, 창조적 표현의 적극적 장려를 포함한다(Kuhn, 2005). 더욱이 합리성을 온전히 증진시키고자 한다면, 교육자들은 중대한 비판으로부터 자신이 선호하는 견해를 보호하고자 하는 보편적인 인간의 경향성과 맞서야 한다(Chomsky, 1989; Klaczynski, 1997, 2000, 2004; Klaczynski & Fauth, 1997; Klaczynski & Gordon, 1996a, 1996b; Klaczynski & Narasimham, 1998; Kuhn, Amsel, & O'Loughlin, 1988; Moshman, 2004a; Schauble, 1996; Stanovich & West, 1997; 13장 참고). 보다 강력한 형태의 합리성 증진 교육은 학생들로 하여금 자신이 지닌 근본적인 가정과 헌신을 식별하고 그것들을 비판적으로 평가해보도록 장려함으로써(Paul, 1990), 비판 정신(Siegel, 1988, 1997)과 합리적 정체성(13장)을 함양하고자 하는 적극적인 노력을 포함한다. 물론 지적 자유는 이 모든 것에 있어 가장 중요하다.

요약하면, "지적 자유를 제약하는 것은 발달 및 교육과는 정반대되는 것이다"라는 명제는 수용할 만한 충분한 이유가 있다. 그리고 청소년이나 중등학교가 이 일반적 명제에서 예외가 된다고 생각할 이유는 없다. **헤이즐우드** 사건(1988)에 대한 대법원의 판결과 달리, 중등교육은 청소년들이 자신의 생각을 명확하게 말하고 표현하며 토론할 수 있는 권리를 특별히 제약하는 것이 아니라, 엄격하게 보호하는 환경이 되어야 한다. 이상적으로 중등교육은 단지 학생들의 권리를 존중할 뿐만 아니라, 진보된 심리 발달을 촉진하기 위해 성찰, 조정, 또래 상호작용을 적극적으로 장려해야 한다.

결론

합리적 구성주의는 교육이 합리성 증진을 목표로 해야 하며, 합리성은 지적 자유에 의해 촉진된다고 주장한다. 그렇다면 학교는 다양한 관점과 정당화를 제시하고, 모든 관점과 정보의 원천에 학생들이 손쉽게 접근하도록 해야 하며, 학생들이 자신만의 생각을 명확히 말하고 표현하며 토론하고 정당화하도록 격려해야 한다. 이스라엘 쉐플러(1997)는 '그러한 학교 교육의 방향'을 다음과 같이 언급한다.

> 그러한 학교 교육의 방향은 위험성을 내포하고 있다. 왜냐하면 그것은 우리가 지닌 현재 개념들을 학생들의 판단에 맡기는 것을 의미하기 때문이다. 이러한 개념들을 학생들의 합리적 평가에 노출시키는 것은, 우리의 개념이 충분하고 적절하며 공정한지에 대해 학생들이 스스로 확인해 보도록 그들을 초대하는 것이다. 그러한 위험은 과학 교육의 핵심이며, 우리의 현재 이론을 미래 세대의 과학자인 학생들로 하여금 지속적으로 평가해보도록 의도적으로 적용하는 것이다. 또한 우리가 이 규범code에 대해 도덕적 관점을 취하는 한, 그것은 우리의 도덕적 규범의 핵심이기도 한다. 그리고 마지막으로, 그것은 사회 정책이 지속적으로 자유롭고 공개적으로 검토될 수 있도록 하는 민주적 약속의 핵심이다. 요컨대 합리성은 우리를 자유롭게 하지만, 위험 없는 자유는 없다고 할 수 있다. (p. 32)

이 위험은 얼마나 중대한가? 우리가 청소년들에게 우리 자신의 신념과 행동에는 근거가 없다고 말하면서 그들이 선택한 것을 자유롭게 믿고 행동하라는 메시지를 전달한다면, 우리는 도덕성과 정체성의 합리적 구성을 포함하는 합리성을 훼손할 수 있다. 반면에 우리가 헌신해야 하는 이유를 청소년들에게 전달하고 그들 스스로 정당한 헌신을 형성하도록 장려한다면, 우리가 가치 있게 여기는 많은 부분들은 지속될 것이다. **웨스트버지니아 대 바넷**(1943, p. 641) 사건을 판결하면서 대법원이 언급한 것처럼, 다른 방식으로 생각해보는 것은 "자유로운 정신에 대해 우리의 제도가 호소하는 바를 있는 그대로 평가하는 것이다."

16장

젊은 성인으로서의
청소년

> 10대에 대한 우리의 믿음은 매우 모순적이다. 그들은 그들 스스로가 되기
> 위해 자유로워져야 한다. 그들은 다년간의 훈련과 학업이 필요하다.
> 그들은 어른보다 미래에 대해 더 많이 안다. 그들은 거의 아무것도
> 모른다. 그들은 1달러의 가치를 알아야 한다. 그들은 노동의 세계로부터
> 보호되어야 한다. 그들은 연약하고 취약한 생물이다. 그들은 아이들이다.
> 그들은 섹스 중독자이다. 그들은 문화의 죽음이다. 그들은 우리 모두의
> 희망이다.
>
> -토마스 하인
> (1999, p. 11)

15장에서 살펴본 바와 같이, 지적으로 자유로운 환경을 이해하고, 그러한 환경에서 활동하며, 그러한 환경으로부터 혜택을 받은 중등학교 학생의 능력은 대학생과 크게 다르지 않다. 보다 일반적으로 말해서 이 책 전반에 걸쳐 논의된 연구들에 따르면, 청소년은 기본적인 심리적 역량 전반에서 성인들보다는 어린이들과 훨씬 더 쉽게 구별된다.

14장에서 논의한 것처럼, '남자는 이렇고 여자는 저런 식이다'와 같이 사람을 집단에 따라 나누어 생각하는 범주적 구분은 통계적으로 유의미한 차이를 보여주

는 증거 그 이상의 것을 요청한다. 범주적 구분을 지지하고자 한다면, 이와 관련된 증거는 집단 내 개별 구성원 간의 차이, 그리고 개인 내의 다양성에 비해 집단 간의 차이가 질적인 차이를 보이거나 아니면 매우 큰 양적 차이를 보여야 한다.

청소년과 아동 간의 구분의 경우, 질적 차이를 보여주는 보다 엄격한 기준을 쉽게 충족시킨다. 청소년들은 10세나 11세 이전의 아동에게서는 거의 볼 수 없는 지식과 추론의 형태 및 수준을 일상적으로 보여준다. 즉, 이들은 가설—연역적 추론, 추리의 타당성에 대한 명시적 개념, 변증법적 추론, 이론과 증거의 성찰적 조정, 성찰적 인식론, 제3자적 관점 채택, 원칙에 입각한 도덕 추론의 형태, 그리고 성찰적 자아 개념을 보여준다(Basseches, 1984; Boyes & Chandler, 1992; Campbell & Bickhard, 1986; Chandler, Boyes, & Ball, 1990; Efklides, Demetriou, & Metallidou, 1994; Erikson, 1968; Franks, 1996, 1997; Habermas & Bluck, 2000; Inhelder & Piaget, 1958; King & Kitchener, 1994; Klaczynski, Schuneman, & Daniel, 2004; Kohlberg, 1984; Kuhn, 1989; Marcia, Waterman, Matterson, Archer, &Orlofsky, 1993; Markovits & Vachon, 1989; Moshman, 1990a, 1993, 1998, 2004b, 2005, 2008, 2009a, 2009c, 출판 중-a; Moshman & Franks, 1986; Overton, 1990; Selman, 1980).

발달은 청소년기와 초기 성인기에 걸쳐 계속된다. 많은 사람들은 초기 청소년기에 가졌던 능력을 훨씬 뛰어넘는 추론에 대한 개념과 추론의 형태를 구성한다. 그러나 나는 성인에게는 일상적이지만 청소년에게는 거의 보이지 않는 어떤 형태 혹은 수준의 지식, 추론, 그리고 심리적 기능에 대해 알지 못한다. 반대로 12세 이후의 개인들 간에는 상당한 정도의 인지적 다양성이 존재하며, 놀랍게도 나이는 인지적 변화를 거의 설명하지 못하는 것으로 보인다. 청소년은 논리적으로 추론하는 데 종종 실패하지만, 그것은 어른도 마찬가지다. 청소년은 자신의 이론적 이해를 적절하게 검사하고 수정하는 데 종종 실패하지만, 성인도 같은 방식으로 실패한다. 청소년은 종종 지식에 대한 단순한 개념과 원시적 형태의 사회적·도덕적 추론을 보이지만, 이는 성인도 마찬가지이다. 청소년의 사고는 또래의 압력, 정서적 편향, 인지 왜곡, 자기 본위적 부정에 영향을 받지만, 성인도 그러하다. 청소년뿐만 아니라 성인도 마샤가 제안한 네 가지 정체성 지위를 모두 보인다. 청소년은 여전히 발달 중이지만(Cauffman & Woolard, 2005; Steinberg, Cauffman, Woolard, Graham, & Banich, 2009; Steinberg & Scott, 2003), 발달은 성인기까지 계속된다(Fischer, Stein, & Heikkinen, 2009; Moshman, 2003).

발달에 관한 연구들은 합리성, 도덕성, 혹은 정체성에 대해 청소년과 성인 간의 범주적 구분을 지지하지 않는다(Millstein & Halpern-Felsher, 2002; Moshman, 1993). 청소년과 성인 간 구분은 본질적으로 생물학적 혹은 심리적 특성이라기보다는 문화적 기대와 제약의 문제이다(Epstein, 2007; Hine, 1999; Levesque, 2000, 2007도 참고). 발달은 아동기에만 국한되지 않는다는 점을 이해하면, 청소년기는 성인기의 첫 번째 단계로 가장 잘 해석될 수 있다.

하지만 이것은 성인기의 특징에 대해 의심하지 않는 사람들 사이에서는 대중적인 견해가 아니다. 우리는 진정한 성인과 청소년이 질적으로나 범주적으로 다르다고 가정한다. 그러나 15장에서 검토했던 연구들에 따르면, 청소년과 대학생은 지적으로 자유로운 환경에서 기능하고 그 환경으로부터 혜택을 받는 데 서로 다를 바가 없다. 이 마지막 장에서, 우리는 청소년의 권리 및 책임에 대해 고려하는 데 있어 핵심이 되는 청소년의 합리성에 대해 보다 일반적으로 살펴보고자 한다. 발달에 따른 연령차 문제를 확실하게 설명하기 위해, 나는 발달 심리학 전문가 집단이 다양한 연령대의 개인들을 구별하려고 노력하는 사고 실험을 제시할 것이다. 그런 다음 청소년의 뇌에 관한 현재 연구 및 대중적인 주장을 포함하여 청소년 합리성에 대한 추가 논의를 진행할 것이다. 이러한 논의를 토대로 아동기 이후의 발달은 아동 발달과 구별되는 성인 발달로 간주되어야 하며, 청소년기는 성인기의 첫 번째 단계로 보아야 한다고 결론을 내리며 이 책을 끝내고자 한다.

사고 실험: 발달 연구 전문가 집단

실험은 결과가 어떻게 나타나는지 알아보기 위해 수행된다. 그러나 때때로 실질적인 이유나 윤리적인 이유로 실험이 수행될 수 없을지라도, 가능하고 있음 직한 결과에 대해 단순히 생각해 보는 것은 유용할 수 있다. 이러한 실험을 사고 실험이라고 한다.

여기, 내가 '발달 연구 전문가 집단the developmental panel'이라고 말하는 한 가지 사고 실험이 있다. 우리가 100명의 아동을 모았다고 가정해 보자. 이 아동들의 절반은 3세, 절반은 6세이다. 그리고 이 연령대의 발달적 변화를 전문적으로 연구하는 발달 심리학 전문가 집단을 모집한다고 생각해보자. 이 전문가들은 아동들을 볼 수 없다. 그들의 임무는 가능한 한 정확하게 나이 많은 아동과 어린 아동을 구분해 낼 수 있는 합리성 혹은 성숙도에 대한 심리학적 척도를 개발하는 것이다. 전문가 집단은 이 임무를 얼마나 잘 수행해 낼까?

나는 실제로 그들이 이 임무를 매우 잘 수행해 낼 것이라고 기대한다. 어린 아동에 대한 연구에 따르면, 사실상 모든 6세 아동은 4세 이전에는 거의 도달하기 어려운 합리성의 형태와 수준에 도달해있음을 보여준다. 아동들의 발달을 설명하는 여러 문헌들은 그러한 발달적 변화를 측정하는 많은 방법들을 제시하고 있다. 예를 들어, 미취학 아동의 마음 이론에 대한 연구는 사람들이 거짓 믿음을 가질 수 있다는 것을 이해하는 능력을 측정하는 연구를 수행한 바 있다. 연구 결과에 따르면, 4세 미만의 아동은 '거짓 믿음 과제false belief task'에 거의 항상 실패하는 반면, 5세 아동은 거의 항상 이 과제를 통과한다(Doherty, 2009; Wellman, Cross, & Watson, 2001). 만일 누군가가 100명의 아동 각각에게 4개의 거짓 믿음 과제를 준다면, 약 50명 정도가 모든 과제를 통과할 것이고 통과한 아동들은 모두 6세 아동들일 것이다. 또한 약 50명 정도의 아동이 이 과제에 실패할 것이며, 이들은 사실상 모두 3세 아동들일 것이다. 심지어 만일 3세 아동 중 몇 명이

4개의 과제 중 1개 이상을 통과했다 하더라도, 그리고 6세 아동 중 주의가 산만한 몇몇이 이 과제를 수행하는 데 실패했다 하더라도, 나이 많은 아동과 어린 아동의 구별은 아주 명백할 것이다. 이와 같은 경우, 즉 연령차가 '발달 전문가 집단' 검사를 충족하는 경우, 우리는 적어도 어떤 능력이나 이해의 영역과 관련하여 두 연령 집단 간 차이를 범주적 차이라고 설명할 수 있는 근거를 갖게 된다. 그리고 이와 같은 집단 간의 범주적 차이는 연령에 따른 차별적 대우, 특정 연령대에 부과되는 책임과 권리를 정당화할 수 있다.

그렇다면 다른 연령대는 어떠한가? 만일 100명의 아동이 3세 아동 50명과 아직 첫돌이 채 안 된 50명의 영유아로 구성되어 있다면, 우리는 전문가 집단의 전문성에 대해 걱정할 필요가 없다. 아동에 대해 잘 아는 사람이라면, 나이 많은 아동들은 통과하고 어린 아동들은 통과하지 못하는 측정 방법(예: 언어)을 누구나 고안할 수 있을 것이다.

6세와 9세는 어떠한가? 이 경우 우리는 발달과 관련된 학문적 지식이 뛰어난 전문가 집단을 확실히 원할 것이다. 그리고 우리는 완벽에 다소 못 미치는 결과를 기대해야 한다. 6세 아동들의 능력 분포는 분명 9세 아동들의 능력 분포와 중첩될 것이다. 현실적으로 최고 점수를 받은 50명의 아동 중 40명이 나이 많은 집단에 속한다면, 전문가 집단의 임무는 성공했다고 볼 수 있다. 이것은 만점인 50점보다는 훨씬 못 미치지만, 평균적으로 50명의 학생들 중에서 무작위로 뽑은 결과인 확률 점수 25점보다는 훨씬 높다. 이 기준에 따르면, 나는 전문가 집단이 그들의 임무를 성공적으로 수행할 것이라 기대한다. 예를 들어, 피아제의 구체적 조작기에 관한 연구 문헌들은 7세 전 아동들의 경우 거의 통과할 수 없지만 9세의 아동들은 상대적으로 쉽게 통과할 수 있는 과제, 즉 분류 및 순차 배열에 내재되어 있는 논리적 필연성에 대한 이해를 평가하는 과제를 제공하고 있다. 나는 전문가 집단이 6~9세 사이에 무엇이 가장 빠르게 발달하는지에 대한 척도를 고안할 수 있고, 9세 아동의 경우 대부분 충족하지만 6세 아동에게는 거의 그렇지 않은 기준을 설정할 수 있을 것이라고 기대한다. 100명의 아동에게 이 척도를 적용하면, 아마도 80% 정도의 정확도로 나이가 많은 아동들과 어린 아동들을 구분할 수 있을 것이다.

이제 이 책에서 다루는 연령대로 넘어가 9세와 12세 어린이의 구분에 대해 생각해보자. 나이가 들수록 3년이라는 시간은 점차 지금까지의 삶의 작은 부분이 된다. 따라서 전문가 집단의 임무는 연령이 증가함에 따라 점점 더 어려워진다. 그러나 나는 전문가 집단이 9세와 12세 어린이를 성공적으로 구분할 것이라고 기대한다. 특히 내가 그 전문가 집단에 참여하거나, 그들이 이 책을 읽었다면 더욱 그럴 것이다. 예를 들어, 거의 모든 12세 어린이는 경험적 사실로부터 논리를 구별해내는 명확한 설명이나 피드백이 주어질 경우 타당한 추리와 타당하지 않은 추리를 구별할 수 있는 반면에, 9세의 어린이는 유사한 설명과 피드백을 받고도 양자를 거의 구별해내지 못한다. 이러한 메타논리적 통찰의 발달에 관한 연구(Moshman & Franks, 1986, 실험 3; 1장 참고)에 따르면, 7학년 학생들(12~13세)의 75%가 타당한 추리와 타당하지 않은 추리를 구별함에 있어 90%의 성공 기준을 충족한 반면에, 비교 집단인 4학년 학생들(9~10세)의 경우 오직 10%만이 그렇게 할 수 있었다. 확실히 12세와 9세 어린이를 구분하는 전문가 집단은 성공적인 척도를 내놓을 수 있을 것이다.

그러나 12세와 15세를 구분하는 임무를 맡은 전문가 집단은 훨씬 더 큰 어려움을 겪게 될 것이다. 사실 나는 이 실험이 조만간 끝나지 않을 것이라고 확신하기에, 그들이 실패할 것이라고 예측한다. 나는 15세의 대다수가 충족하지만 12세의 경우 거의 충족하지 못하는 성공 기준을 보여주는 척도를 그 어떤 문헌에서도 본 적이 없다. 이는 이 연령대에서 발달이 전혀 일어나지 않는다는 말이 아니다. 이 책 전반에 걸쳐 살펴보았듯이, 어린 청소년들은 일반적으로 다양한 방식으로 발달하고 있다. 15세들의 평균적인 성취가 12세들의 평균적인 성취보다 유의미하게 높다는 점을 보여주는 다양한 척도들이 있다. 나이와 성취 간의 통계적 연관성을 통해, 나는 전문가 집단이 상위 50%의 성취 중 절반 이상이 15세로부터 도출되는 척도를 설계할 수 있을 것이라고 기대한다. 그러나 그 척도들이 9세와 12세를 구분할 수 있는 수준 혹은 3살 차이가 나는 나이 어린 아동들을 구분할 수 있는 수준에 도달했다고 주장할만한 그 어떠한 증거도 보지 못했다.

15세와 18세의 경우, 발달론자들은 신중한 연구를 통해 아마도 우연한 수준(상위 50명 중 적어도 26명은 실제로 나이가 더 많은 사람인 수준)보다는 좀 나은 수준에서 나이 많은 사람과 어린 사람을 구분할 수 있을 것이다. 그러나 내가 그 전문가 집단에 있든 없든 상관없이, 그들이 이보다 훨씬 더 나은 결과를 얻을 수 있을지는 의문이다. 심지어 15세와 30세를 비교하더라도, 각 연령층을 성공적으로 분류하기에는 각 연령 집단 내에 너무 많은 다양성이 존재한다. 아무리 유능한 발달 연구 전문가 집단일지라도, 아동기 이후의 발달은 방향과 속도가 고도로 개별화되어 있다는 사실을 피할 수 없다. 게다가 성취는 언제나 맥락에 따라 달라진다. 대략 12세가 지나면 특정 맥락에서 특정 개인의 경우, 연령과 성취 간의 통계적 관계는 서로를 정확하게 예측하기에 충분하지 않다. 우리가 무슨 척도를 사용하든지, 나이가 많은 집단의 대부분이 충족하는 기준은 나이가 어린 집단의 많은 사람들도 충족한다.

물론 이것은 어디까지나 사고 실험일 뿐이었다. 아마도 누군가는 12세 이상의 사람들을 대상으로 연구를 수행할 것이고, 아마도 어떤 발달 연구 집단은 연령에 따른 구분에 성공할 것이다. 그러나 현재의 증거를 토대로 볼 때, 사고 실험은 연령에 따라 아동들을 범주적으로 구분(예: 3세에게 금지된 일을 6세에게 허용하는 것)할 수 있는 충분한 근거가 있지만, 약 12세 이후에 대한 범주적 구분은 현존하는 발달 자료를 기초로 해서는 정당화될 수 없다는 점을 보여준다. 12세 이후에도 발달적 변화는 있다. 하지만 그것은 나이와 관련 있는 것은 아니다.

청소년의 합리성

소년은 언제 남자가 되는가? 서론에서 언급한 바와 같이, 유대교의 바르 미츠바는 수 세기 동안 13세를 기념해 왔다. 이 나이는 소년이 성인으로서의 권리와 책임을 부여 받고 공동체가 이를 공식적으로 인정하는 나이이다. 현대 사회에서 바르 미츠바 소년(혹은 바트 미츠바bat mitzvah 소녀)은 보통 4년간의 고등학교 교육과 수년간의 고등교육을 앞두고 있는 중학생이다. 그러나 인류 역사의 대부분 동안 대부분의 사회에서 대부분의 십대는 성인으로 간주되어 왔으며, 유대교에서 전통적으로 설정하고 있는 성숙 연령은 전혀 이례적인 것이 아니다. 반대로 우리가 알고 있는 청소년기는, 스탠리 홀G. Stanley Hall(1904)의 고전적인 저작의 제목으로 널리 정의되고 묘사된 것처럼, 문화적 구성물이다. 19세기 후반 이전에는 12세 혹은 14세 이상의 남녀가 모두 성인으로 간주되었으며, 성별에 따라 일하고, 결혼하고, 자녀를 갖고, 가사를 꾸려가고, 그 밖의 성인으로서의 역할을 수행하였다.

이 주제를 발전시킨 로버트 엡스타인Robert Epstein(2010)은 청소년에 대한 홀(1904) 이후의 논의들이 10대들을 점점 더 어린이, 즉 부모와 정부에 의해 결정되고 제약을 받는 존재로 해석하는 경향이 있다고 주장한다. 그의 주장에 따르면, 이러한 추세는 20세기 이전에는 없던 것이고 성인으로서 가져야 할 권리를 명백히 침해하는 것이다. 또한 10대들에 관한 가장 큰 문제는 우리가 마치 그들이 아동인 것처럼 대함으로써 그들을 아동화 시키고 있다는 것이다. 10대들의 자유와 사생활, 자율성에 대한 현대의 제약들은 그들이 자신의 삶을 통제하지 못하도록 한다. 이에 대한 해결책은 그들을 성인으로 인정하는 것이다. 이것은 그들이 원하는 대로 자유롭게 행동해야 한다는 의미가 아니다. 아무도 그러한 자유를 갖고 있지 않다. 모든 연령대의 성인들은 국가가 인정하는 인격의 기본권을 포함하여 다양한 기대, 책임, 자격 및 자유를 포함하는 사회적 네트워크 안에서 살고 있다. 엡스타인은 억압적인 중등학교와 인위적인 청소년 문화 속에서 10대들을 고립시키고 주변적 지위로 내모는 것보다, 우리가 그들을 다세대(多世代)multigenerational 사회 네트워크로 통합시켜야 한다고 제안했다.

그러나 이러한 주장이 곧 실행될 것 같지는 않다. 비록 청소년을 바라보는 이러한 관점이 엡스타인만이 견지하고 있는 관점은 아니지만(관련된 분석은 Hine, 1999; Levesque, 2000, 2007; Males, 2009, 2010; Nichols & Good, 2004; Quadrel, Fischhoff, & Davis, 1993; Um도, 2009 참고), 20세기를 거치면서 10대에 대한 고정관념이 너무나 확고해지면서 청소년기는 고유의 본질적 특성을 지닌 자연스럽고 보편적 단계로 인식되었다. 발달 연구에 기초한 것으로 추정되는 주장들은 종종 무비판적으로 받아들여져 왔는데, 왜냐하면 그것들은 부모, 성인인 권위자, 정부 관계자들이 이미 믿고 있는 바를 따르기 때문이었다. 청소년의 합리성에 도전하는 전통적인 견해들로는 청소년의 자기중심주의, 또래 압력에 대한 취약성, 위험 감수 경향, 충동성 및 제한된 미래 지향성과 관련된 정당화되지 않은 발달적 주장들이 있다.

청소년의 자기중심주의는 데이비드 엘킨드David Elkind(1967)의 이론적 주장에서 찾을 수 있다. 그는 형식적 조작기 사고에 상대적으로 익숙하지 않은 어린 청소년들이 그가 '상상적 청중imaginary audience'과 '개인적 우화personal fable'라고 불렀던 특별한 형태의 자기중심주의에 취약하다고 주장했다. 상상적 청중은 좋은 쪽이든 나쁜 쪽이든 자신이 관심의 중심에 서있다고 생각하는 예민하면서도 타당하지 않은 감각을 포함한다. 개인적 우화는 자신이 특별하다는 느낌, 심지어 그 누구보다도 특별하다는 느낌을 수반하는데 이는 자신이 불사신 혹은 무적이라는 감각을 포함한다. 그러나 여러 연구들은 청소년의 자기중심주의에 관한 이와 같은 주장을 뒷받침하지 않는다.

청소년은 실제로 다양한 형태의 자기중심성을 보이지만, 그건 성인도 마찬가지다. 청소년이 독특하게 자기중심적이거나 이와 관련하여 성인과 많이 다르다는 증거는 없다. 오히려 연구에 따르면, 연령에 따른 차이는 미미하거거나 존재하지 않는다(Millstein & Halpern-Felsher, 2002; Quadrel et al., 1993; Smetana & Villalobos, 2009). 청소년들이 자신을 무적이라고 생각한다는 특별한 주장의 경우, 이와는 반대로 청소년들은 그들의 실제 취약성을 일상적으로, 그리고 종종 엄청나게 과대평가하는 것으로 보인다(Millstein & Halpern-Felsher, 2002). 그렇다면 청소년이 자기중심적이라는 (증거 없는) 주장은 경험적 연구에 의해 확증되지 않는다. 우리는 모두 다양한 방식으로, 그리고 다양한 정도로 자기중심적이지만, 청소년기에 독특하게 나타나는 자기중심주의 유형이나 정도는 없다.

청소년의 합리성에 대한 두 번째 반론은, 청소년이 아무리 스스로 생각을 잘한다 해도 그들은 또래들의 압력에 쉽게 영향을 받으며 사실상 합리적이지 못한 방식으로 행동한다는 것이다. 이 반론과 관련하여 즉시 주목할 만한 두 가지 사항이 있다. 첫째, 또래들의 반응에 대한 관심과 집단과 함께 움직이고자 하는 의지는 종종 유익하다. 둘째, 해로운 또래 압력은 모든 연령대의 사람들에게 흔하게 나타나며 영향력이 있다. 청소년이 또래 압력에 특별한 취약성을 지니고 있다는 주장은 청소년들에 대해 성인들이 가지고 있는 고정관념과 부합하기 때문에 성인들의 공감을 불러일으키지만, 이러한 종류의 범주적 주장을 지지하는 경험적 근거는 없다. 모든 연령대의 사람들은 다양한 종류의 또래 영향에 매우 민감하게 반응하지만, 이것이 항상 나쁜 것만은 아니다. 뿐만 아니라 유해한 또래 압력의 경우에도, 청소년이 모든 연령대의 아동이나 성인에 비해 특별히 취약하다는 증거는 없다. 위험을 감수하는 청소년들의 경향(Beyth-Marom, Austin, Fischhoff, palmgren, & Jacobs-Quadrel, 1993; Males, 2009, 2010; Michels, Kropp, Eyre, & Halpern-Felsher, 2005; Moilanen, Crockett, Raffaelli, & Jones, 2010; Reyna, Adam, Poirier, LeCroy, & Brainerd, 2005; Reyna & Farley, 2006; Sercombe, 2010; Steinberg, 2007; Van Leijenhorst & Crone, 2010) 역시, 이와 유사한 분석이 필요한 대중적인 개념이다. '청소년의 위험 감수'라는 문구는 어리석고 위험한 일을 하는 청소년의 이미지를 불러일으키며, 이는 곧 우리 모두가 가지고 있는 어리석고 위험한 일을 하고 있는 청소년에 대한 추가적인 이미지와 쉽게 연결된다. 그러나 위험을 감수하는 것이 언제나 나쁜 것은 아니며, 청소년만 독특하게 위험을 감수하는 경향이 있는 것도 아니다. 모든 연령대의 사람들이 어리석고 위태로운 행동을 하며 모든 종류의 위험을 감수한다. 위험 감수가 청소년에게만 해당하는 특별한 현상이라는 일반적인 가정에 대한 경험적 근거는 없다. 오히려 청소년과 성인을 직접적으로 비교하면, 양자 간의 극미한 차이만이 있을 뿐이다(Beyth-Marom et al., 1993). 사회학적 자료에 따르면, 빈곤과 같은 공변량을 통제할 경우 청소년은 사실 불확실한 위험을 감수하는 경향이 성인보다 더 적다(Males, 2009, 2010). 내가 아는 한, 대부분의 성인들에게는 해당하지만 15세에게는 그렇지 않은 위험 감수 경향을 보여주는 합리적인 기준은 없다. 15세와 30세를 구별하는 척도를 개발해야 하는 전문가 집단이 위험과 관련된 역량을 기반으로 척도를 개발하고자 한다면, 이 전문가 집단은 확실하게 실패할 것이다.

청소년에 대한 또 다른 근거 없는 주장은 그들이 충동적이라는 것, 즉 자기 통제가 부족하다는 것이다. 이 주장은 청소년들이 왜 해서는 안 될 위험을 감수하는지 그 이유를 설명하는 것으로 추정된다. 나에게 **위험 감수**는 그 의미가 모호하고 가치가 내재된 용어인 것으로 보이지만, 충동성과 자기 통제는 일반적으로 **실행 통제**executive control라고 일컬어지는 것과 관련이 있는 중요한 발달 개념이다. 실행 통제는 의도적이고 메타 인지적인 자기 규제 능력을 의미하며, 이는 인지와 발달의 핵심으로 널리 알려져 있다(Gestsdottir & Lerner, 2008; Kuhn, 2006, 2009). 청소년은 질적으로 보다 진보된 형태의 실행 통제 능력을 지니고 있기 때문에, 아동에게서는 볼 수 없는 보다 높은 수준에서 기능한다. 그러나 12~14세 이후에는 기능에 있어 개인 차 및 개인 내 변화가 연령 집단 간의 평균 차이보다 훨씬 더 크다. 실행 기능, 자기 통제, 충동성과 관련하여 청소년은 아동과 범주적으로 구분되지만, 성인과는 그렇지 않다.

미래 지향성의 발달에 관한 연구는 청소년기의 자기중심주의, 또래 압력, 위험 감수, 충동성, 자기 통제, 실행 통제와 관련하여 앞서 언급한 논의와 일치하는 결과를 제공한다. 로렌스 스타인버그와 동료들(Steinberg, Graham, et al., 2009)은 10세부터 30세까지 935명을 대상으로 연구를 수행한 결과, 미래 지향성의 몇 가지 측면이 통계적으로 유의미하게 증가함을 확인하였으나 이러한 차이의 대부분은 10세에서 15세 사이에서 나타났다. 이 연구는 일정 연령을 넘어서면 대부분의 사람들이 도달하지만 그 전에는 도달하기 어려운 성숙한 미래 지향성의 상태에 대한 증거를 제공하지는 않았다. 오히려 청소년기 초기, 그리고 어떤 경우에는 그 이후에서 단순히 통계적으로 감지 가능한 증가가 기록되었을 뿐이다. 따라서 미래 지향성에 기초하여 청소년과 성인을 구별하려는 전문가 집단도 성공하기 어려울 것이다.

사회적 환경에 대한 실제 청소년의 반응은 일반적으로 합리적이며 성인과 크게 구분되지 않는다(Goossens, 2006; Helwig, 2006b; Kakihara & Tilton-Weaver, 2009; Levesque, 2000, 2007; Smetana, 2006; Smetana & Bitz, 1996; Smetana & Villalobos, 2009). 주디스 스메타나Judith Smetana와 여러 학자들(Goossens, 2006; Smetana 2006; Smetana & Villalobos, 2009에서 검토)의 연구에 따르면, 청소년은 개인의 자율성 문제에 대해 부모, 교사, 그리고 그 밖의 권위자들과 지속적으로 협상하면서 개인적 영역을 도덕적 영역 및 사회인습적 영역과 구별한다.

그들은 자신이 원하는 대로 할 수 있는 일반적인 권리를 무분별하게 주장하기보다는, 도덕적 의무와 정당한 권위에 대한 진정한 존중을 바탕으로 적법한 제약과 적법하지 않은 제약을 합리적으로 구분한다. 물론 청소년은 가족들과 상호작용함에 있어 완벽한 합리성을 보여주지는 못하지만, 그것은 그들의 부모도 마찬가지이다. 보다 일반적으로, 청소년이 성인 세계에서 마주하는 문제들은 전적으로 혹은 대부분 청소년의 잘못이 아니다(Nichols & Good, 2004). 실제로 청소년은 심지어 그들에게는 책임이 없는 성인의 정치적 맥락의 극단적인 집단 폭력의 피해자로서 종종 놀라운 통찰력과 역량을 보여준다(Barber, 2009; Daiute, 2010).

요약하면, 청소년에 대한 심리학적 연구는 청소년의 비합리성 및 미성숙에 관한 성인의 고정관념을 명백히 부정한다. 그러나 그러한 고정관념은 여전히 남아 있다. 지지할 수 있는 행동 증거가 없는 상황에서, 이제 많은 사람들은 청소년과 성인을 구별하는 근거를 청소년의 뇌에서 직접 확인할 수 있다고 주장한다.

청소년의 뇌?

뇌에 대한 주장은 수세기 동안 인기를 끌어왔는데, 이러한 주장에는 다양한 종류의 사람들의 뇌의 상대적 크기와 장점 등에 관한 주장이 포함되어 있다(Graves, 2001). 그러한 주장은 일반적으로 여성, 소수 인종, 그리고 열등하다고 간주되는 뇌를 가진 사람들에 대한 억압의 근거나 변명으로 작용해 왔다. 따라서 이러한 역사적인 이유들은 우리가 뇌에 관해 주장할 때 매우 조심스럽게 접근해야 함을 일러준다. 우리가 명심해야 할 문제는 유용한 과학적 발견을 제공하는 뇌 연구 그 자체가 아니라, 뇌 연구와 관련된 자료가 정당화할 수 있는 것을 넘어서 그것을 과도하게 해석하고 적용하는 문제이다.

청소년기의 뇌 발달과 기능은 2000년대 이후 활발하게 연구된 분야였다(Crone & Westenberg, 2009; Kuhn, 2006, 2009; Luciana, 2010; Males, 2009, 2010; Paus, 2009; Sercombe, 2010; Spear, 2010; Steinberg, 2007, 2009, 2010). 연구 결과는 일반적으로 이 책 전반에 걸쳐 보고된 심리학적 결과와 일치한다. 12세 이후의 해부학적·생리학적 변화는 아동기 이후에도 장기간 발달이 가능하다는 견해와 일치한다. 그러나 그러한 변화는 매우 개인화되어 있으며 상당 부분 경험의 결과이다. 널리 알려진 가정에도 불구하고, 뇌 연구에서는 새로운 형태나 수준의 인지 혹은 행동을 생성하는 뇌 구조 및 기능 방식의 성숙이 연령과 관련이 있음을 보여주지 못했다. 이와는 반대로 뇌 연구 결과는 뇌가 복잡하고 다방향적이며 상호작용적인 인과관계에 영향을 미치는 발달적 체계의 일부라는 이론적 견해를 완벽하게 뒷받침한다.

청소년기 뇌 연구를 해석하는 데는 적어도 네 가지 오류, 즉 (a) 정당화 되지 않은 범주적 주장, (b) 환원주의, (c) 결정론, (d) 성숙에 대한 신화라는 오류가 있는 것으로 보인다. 나는 이를 차례로 고찰하고자 한다.

첫째, 차이에 대한 통계적 유의성은 범주적 주장의 근거로서 충분하지 않다. 뇌 연구는 청소년의 뇌가 성인의 뇌와 근본적으로 다르다는 주장, 혹은 12~14세 사이 연령대의 뇌와 이들보다는 상대적으로 나이가 많은 연령대의 뇌가 구별된다는 범주적 주장을 뒷받침하지 않는다. 12~14세 이후의 발달적 변화는 너무 미묘하고 개별화되어 있기 때문에, 내가 보기에는, 발달 연구 전문가 집단에 뇌 전문가가 참여한다 하더라도 뇌 발달에 따라 연령대를 구별하는 데 성공하기는 쉽지 않을 것이다.

둘째, 뇌 연구로 발달을 설명하는 방식은 환원주의의 오류를 범하고 있다. 뇌에 관한 연구 자료는 행동을 연구한 자료보다 과학적으로 보이지만, 사실 그렇지 않으며, 우리에게 궁극적인 설명을 제공하지도 않는다. 심지어, 의심스러운 제안이기는 하지만, 심리학이 원칙적으로 생물학으로 환원된다고 할지라도 그러한 환원적 설명이 정당화되기 위해서는 갈 길이 매우 멀다. 우리가 뇌에서 무슨 일이 일어나고 있는지 알기 원한다면, 뇌에 대한 자료에 의존하는 것이 행동 증거로부터 추론하는 것보다 더 직접적일 것이다. 그러나 우리가 청소년 행동과 인지에 대해 알기 원한다면, 행동과 추론에 관한 자료로부터의 추론이 뇌 자료로부터의 추론보다는 지식에 대한 보다 직접적인 기초가 된다. 특히 뇌와 행동과의 관계에 대해 우리가 아는 바가 거의 없다는 점을 고려하면 더욱 그러하다.

결정론적 오류는 성숙에 대한 생득주의 관점, 즉 성숙의 인과관계 방향은 유전자에서 뇌의 성숙으로, 그리고 심리적 기능의 발달적 진보로 나아간다는 관점에 기초해 있다. 이 오류에 빠진 부모의 모습은 10대 아들에게 그의 대뇌 피질이 성숙할 때까지 방에 가 있으라고 명령하는 장면을 묘사한 2006년 **뉴요커** New Yorker에 게재된 만화에서 찾아볼 수 있다(Steinberg, 2009). 만화 속에 등장한 부모가 가정한 바와는 반대로, 관련 연구는 뇌가 발달 인자의 작용 및 다양한 내·외부 힘을 포함하는 복잡한 상호작용적 인과관계를 지닌 역동적인 발달 체계의 일부라는 것을 보여준다(Stiles, 2009). 뇌는 행동과 발달에 대한 완전한 설명의 일부여야 하지만, 궁극적인 설명은 아니다. 뇌의 변화는 대부분 사고, 행동, 경험의 결과이다. 청소년기의 문제가 무엇이든 간에, 청소년의 뇌가 성숙하기를 기다리는 것은 해결책이 아니다.

토마스 파스Tomáš Paus(2009)는 청소년 뇌 발달에 대한 연구들을 검토한 후, 다음과 같이 결론 내렸다.

전반적으로 유전자가 뇌에 직접 영향을 미치고, 결과적으로 개인의 행동에 영향을 미친다는 단순하고 결정론적인 관점에 도전하는 증거가 늘어나고 있다. 경험이 뇌 구조에 영향을 미치는 영향에 대한 수많은 연구에서 알 수 있듯이, … 해부학적 측정은 다른 방법에 비해 차별적 경험(행동)의 누적적 효과를 매우 잘 반영할 수 있다. 이 점이 생물학적 결정론의 문제와 직접적으로 관련이 있다. 꽤 자주, 우리는 뇌 구조의 발달적 변화를 특정 인지 능력의 (생물학적) 전제조건으로 간주한다. 예를 들어 우리는 일반적으로 논리적인 측면에서, 전두엽 피질이 성인과 같은 수준의 구조적 성숙에 도달한 후에야 행동에 대한 인지/실행 통제가 온전히 나타난다고 가정한다. 그러나 뇌를 형성하는 데 있어 경험이 기여하는 역할을 생각하면, 예를 들어 어린 청소년이 가족이 직면한 상황으로 인해 성인으로서의 역할을 수행하는 경우를 고려해보면, 직면한 상황이 요구하는 높은 수준의 인지 통제가 전두엽 피질의 구조적 성숙을 촉진할 수 있다. (p. 110)

마지막으로 성숙의 신화가 있다. 성인이 스스로를 청소년(그리고 심지어 어린 성인)은 아직 도달하지 못한 성숙의 상태에 도달했다고 여기는 것은 거부할 수 없어 보인다. 그러나 뇌 연구는 소수의 청소년을 제외하고, 대부분 또는 모든 성인이 도달한 진보된 성숙 상태에 대한 가정을 뒷받침하는 증거를 제공하고 있지는 못하고 있다. 많은 사람들이 아동기 이후에도 계속해서 발달하며, 그들의 뇌는 그러한 변화를 반영한다. 하지만 12세 이후가 되면 도달할 수 있는 자연스럽고 보편적인 성숙의 상태는 없다.

뇌 연구는 현재 한창이며 청소년 발달 이해에 도움을 줄 수 있는 많은 잠재력을 가지고 있다. 그러나 우리는 행동에 관해 뇌 연구로부터 곧 배울 수 있다고 생각되는 것보다, 행동 연구를 통해 이미 알고 있는 것이 훨씬 더 많다. 뇌에 관한 주장은 종종 실제보다 훨씬 더 명확하고 과학적으로 들린다. 따라서 우리는 뇌에 관한 주장을 지속적으로 경계해야 한다.

아동기 이후 발달

발달은 아동기 이후에도 계속되지만, 아동기 이후의 발달은 아동 발달과 다르다. 우리가 이 책 전반을 통해서 보았듯이, 아동기 이후의 발달은 예측 가능성이 낮고, 덜 보편적이며 나이와도 덜 관련이 있고, 개인의 특정 행동과 경험에 따라 결정된다. 사회적 맥락은 발달적 변화를 일으키지는 않지만, 그것의 가능성과 방향에 분명 영향을 미친다. 이는 개입의 가능성과 한계를 모두 시사하고 있다. 우리는 발달을 장려하고 조장하며 촉진시키지만, 발달은 정의상 외부적으로 통제되지 않는다.

청소년 범죄 판결의 맥락에서 보면, 그들이 어떤 짓을 하였든 간에 여전히 발달 가능성은 남아 있다는 주장이 종종 제기된다. 이것은 의심의 여지가 없는 사실이지만, 더 이상 발달이 불가능한 연령은 없다. 발달에 대한 우리의 관심은 아동기에서만 끝나면 안 된다. 그러나 이것은 청소년들을 아동처럼 대해야 한다는 것을 의미하지 않는다. 청소년을 성인의 권리와 책임을 가진 어린 성인으로 보는 것은 그들의 발달 잠재력을 부정하는 것이 결코 아니다. 사형이나 종신형을 선고받은 청소년 범죄자의 경우, 그러한 선고가 발달적 변화의 가능성을 고려하지 못했다는 설득력 있는 주장이 제기될 수 있다(*Graham v. Florida*, 2010). 하지만 그것은 청소년기 한참 이후에도 여전히 사실이다.

청소년 발달은 성인의 적극적인 지원을 통해 혜택을 얻을 수 있으며, 어떤 면에서는 훨씬 더 강한 강도로 진행되는 아동 발달 보다 더 큰 이득을 볼 수 있다(Kuhn, 2005, 2009). 예를 들어 어떤 정상적인 인간 환경에 있는 아동들은 4세 혹은 5세가 되면 보편적으로 발견되는 기초적인 마음 이론을 연령에 따른 예측 가능한 순서대로 구성한다(Doherty, 2009; Wellman et al., 2001). 이와는 대조적으로 청소년과 성인의 과학적 추론 혹은 도덕적 추론이 얼마나 발달했는지, 또는 그들이 합리주의적 인식론과 합리적인 도덕적 정체성을 향해 얼마나 나아가고 있는지 여부는 그들의 기회, 행동, 경험에 훨씬 더 의존적이다. 아동기 이후에도 지속적인 지원이 필요하다는 점을 인식한 일부 연구자들과 이론가들은 발달 중인 개인만이 능동적이고 성찰적인 행위자가 아니라는 점을 강조하면서, 후기 발달의 공동구성적coconstructive 측면을 조사했다(Hardy, Bhattacharjee, Reed, & Aquino, 2010; Marshall, Young, Domene, & Zaidman-Zait, 2008; Schachter & Ventura, 2008). 청소년과 성인에게 발달은 여전히 인지적이고 사회적인 과정으로 남아 있다.

결론

청소년기에 대한 발달적 접근은, 발달이 청소년기를 거쳐 성인기에도 지속될 수도 있고 그렇지 않을 수도 있음을 보여 왔다. 초기 청소년기 이후 어느 정도 늦은 연령에 나타나기를 기다리는 성숙 상태는 없다. 많은 사회와 교육 맥락에서 많은 청소년들은 나이가 어린 십대들이 보편적으로 달성하는 것 이상의 추론과 이해의 형태 및 수준을 획득한다. 그러나 이 과정에서 자동적이거나 필연적인 것은 없다. 청소년을 어린 성인으로 인정하는 것은 아동기 이후의 발달이 우리 모두에게 달려 있으며, 그것은 청소년기와 함께 끝날 필요가 없다는 것을 아는 것이다.

용어 정리

- **가설—연역적 추론**Hypothetico-deductive reasoning: 순전히 가설적인 전제 혹은 심지어 거짓으로 간주되는 전제로부터 시작되기도 하는 연역적 추론
- **개인적 정체성**Personal identity: 에릭슨과 마샤에서 시작된 발달 심리학 전통에서 연구된 정체성
- **객관성**Objectivity: 관점에 상관없이 실재와 관련된 진리
- **객관주의**Objectivism: 직접 관찰 가능하거나 증명 가능하거나, 혹은 권위를 가진 사람들 사이에 널리 알려진 궁극적인 진리나 참이 있다고 주장하는 인식론
- **거짓된 도덕적 정체성**False moral identity: 도덕적인 자아에 대한 거짓된 개념을 중심에 위치시킨 정체성
- **검증 전략**Verification strategy: 가설과 일치하는 증거를 찾고 축적함으로써 가설을 뒷받침하고자 하는 (논리적으로 결함이 있는) 전략
- **경험주의**Empiricism: (물리적 혹은 사회적) 환경으로부터의 학습과 그 과정을 강조하는 메타이론
- **공감**Empathy: 정서적 관점 채택. 타인의 상황과 일치하는 감정
- **과학적 추론**Scientific reasoning: 이론과 증거에 대한 관심을 포함하는, 과학자가 수행하는 추론
- **관점**Perspective: 지향 혹은 견해
- **관점 채택**Perspective taking: 자신의 관점이 아닌 타인의 관점에서 보는 것
- **구성주의**Constructivism: 지식의 구성에서 행위자의 적극적인 역할을 강조하는 메타이론
- **구체적 조작기**Concrete operations: 피아제 이론에서, 범주, 관계, 그리고 숫자의 필연적 논리에 대해 이해하는 단계. 통상적으로 약 7세부터 나타나기 시작함.

- 규범^{Norm}: 행동, 추론, 그리고 현실을 평가할 수 있는 규칙, 원칙 혹은 이상
- **대칭적인 사회적 상호작용**^{Symmetric social interaction}: 동등한 지위, 권위, 영향력을 가진 타인과의 상호작용(합리적 구성주의 이론에서 발달을 위한 중요한 기초로 간주됨)
- **논리**^{Logic}: 좋은 추론에 적용되는 엄격한 규범
- **논리적 추론**^{Logical reasoning}: 논리 규범에 부합하는 추론
- **논리적 필연성**^{Logical necessity}: 경험적 증거가 아닌 논리적 증명에 기초한 진리
- **논쟁**^{Argumentation}: 상호 정당화 과정
- **논증**^{Argument}: 논리학에서, 하나 이상의 전제와 결론의 집합. 추론 또는 사회적 상호작용에서의 정당화
- **다양성**^{Diversity}: 집단 간, 개인 간, 더 나아가 개인 내부의 차이
- **다원주의**^{Pluralism}: 다양성이 지닌 가치를 인정하지만 급진적인 상대주의는 인정하지 않는 인식론적 관점
- **단일성**^{Singularity}: 정체성의 형성에서, 다양한 맥락 속에서도 여전히 자신을 동일한 합리적 행위자로 바라보는 자아에 대한 가정된 속성
- **덕**^{Virtue}: 좋은 인격을 보여주는 특질
- **도덕 인식론**^{Moral epistemology}: 도덕적 지식 및 행동의 정당화와 합리성에 관한 이론
- **도덕성**^{Morality}: (보다 광범위하게 정의될 수 있지만 적어도) 타인의 권리나 복지에 대한 존중이나 관심
- **도덕적 정체성**^{Moral identity}: 도덕적인 자아에 대한 개념을 중심에 위치시킨 정체성
- **도덕적 추론**^{Moral reasoning}: 도덕적 문제에 대한 추론
- **동료 상호작용**^{Peer interaction}: 어느 정도 동등한 지위, 권위, 영향력을 가진 타인과의 상호작용
- **동화**^{Assimilation}: 이미 알고 있는 것을 바탕으로 새로운 것을 이해하는 것
- **문화**^{Culture}: 사회체제
- **민족 정체성**^{Ethnic identity}: 특정 민족에 대한 소속에 초점을 맞춘 사회적 정체성

- **메타논리적 이해** Metalogical understanding: 논리에 대한 명시적 지식
- **메타윤리적 인지** Meta-ethical cognition: 도덕 판단의 인식론적 근거와 정당화에 대한 지식
- **메타인지** Metacognition: 인지에 대한 인지
- **메타주관적인 객관성** Metasubjective objectivity: 자신의 주관성에 대한 (주관적) 성찰과 재구성을 통한 객관성의 진전
- **미시발생학적 방법론** Microgenetic method: 짧은 기간 동안 발달을 연구하기 위해, 발달의 진행 과정을 가속화시키는 발달적 연구 방법론
- **반증 전략** Falsification strategy: 가설을 반증할 증거를 찾아 가설을 검증하는 (논리적) 전략
- **발달** Development: 점차 확장되어 가고, 자기규제적이며, 질적이고, 점진적인 변화
- **배려** Care: 타인에 대한 염려 혹은 연민
- **범주적 차이** Categorical difference: 규모나 정도가 아닌 종류의 차이
- **변증법적 조작기** Dialectical operations: 변증법적 추론을 가능하게 하는 형식적 조작기 이후와 관련된 개념
- **변증법적 추론** Dialectical reasoning: 논리 규칙을 기계적으로 적용하는 것이 아니라 현재의 관점을 초월함으로써 이해의 수준을 진전시키는 추론의 한 형태
- **보편성** Universality: 집단, 영역, 관점 등을 가로지르는 일반성에 대한 주장
- **비판 의식** Critical spirit: 좋은 추론을 가치 있게 여기고 그것에 참여하려는 성향
- **사고** Thinking: 목적 달성을 위해 자신의 추리를 의도적으로 적용하고 조정하는 것
- **사회계약적 도덕성** Social contract morality: 콜버그 이론에서, 인습이후의 도덕 원칙에 토대를 두고 있으며, 사회에 선행하는 관점에 의해 사회체제가 합리적으로 평가될 수 있는 인습이후 수준의 도덕성(5단계)
- **사회에 선행하는 관점** Prior-to-society perspective: 특정 사회체제보다 더 근본적인 도덕적 관점(콜버그 도덕성 발달 이론의 5단계의 핵심)

- **사회적 정체성**Social identity: 자신에게 두드러진 사회 집단과의 동일시
- **사회체제적 도덕성**Social system morality: 콜버그 이론에서, (그 체제가 무엇이라고 생각하든) 사회체제를 유지하는 것이 개인의 근본적인 도덕적 의무라고 간주하는 진보된 인습 수준의 도덕성(4단계)
- **삶의 이야기**Life story: 서사적 정체성
- **상대주의**Relativism: 진리 혹은 참이 근본적으로 관점에 따라 상대적이라고 주장하는 주관주의 인식론
- **상호작용주의**Interactionism: 유전과 환경의 효과는 상호의존적이기 때문에, 발달이 유전적 영향과 환경적 영향의 합일 수 없다는 메타이론적 관점
- **상호주관적**Intersubjective: 두 가지 주관성의 조정
- **생득주의**Nativism: 발달적 변화에서 유전자의 역할을 강조하는 발달적 메타이론
- **서사적 정체성**Narrative identity: 자신의 삶에 대한 자기규정적 서사
- **성숙**Maturity: 개체 발생의 종점. 어떤 한 종의 모든 구성원이 발달의 정점에 도달한 상태
- **성적 지향**Sexual orientation: 성적 성향과 욕망에 대한 개인의 근본 양식
- **성 정체성**Sexual identity: 자신을 특정 성을 지닌 사람으로 바라보는 개인의 이론
- **성찰**Reflection: 합리적 구성주의 이론에서 발달적 변화의 기초로 간주되는 강력하고 자의식적인 형식의 메타인지
- **세뇌**Indoctrination: 합리적인 행위 주체성을 우회하는 수단을 통해 신념의 변화를 일으키는 것
- **실행 제어**Executive control: 메타인지적인 자기 조절 능력
- **역량**Competence: 최적의 조건에서의 잠재적 능력
- **연속성**Continuity: 정체성의 형성에서, 과거와 현재를 거쳐 미래로 확장되는 시간의 흐름 속에서도 여전히 자신을 동일한 합리적 행위자로 바라보는 자아에 대한 가정된 속성

- **연역 추론**^{Deductive reasoning}: 오직 논리적으로 필연적인 결론에만 도달하는 엄밀한 의미에서의 논리적 추론. 논리적 필연성의 제약과 관련된 엄격한 연역 규칙에 따른 추론
- **영역**^{Domain}: 개괄적인 주제 또는 관심 분야
- **원칙**^{Principle}: 메타적 규칙. 적용가능성에 대한 지식을 기반으로 명시적으로 적용되는 규칙
- **원칙에 입각한 추론**^{Principled reasoning}: 명시적인 원칙에 근거한 추론
- **이중 처리 이론**^{Dual processing theories}: 의도적인 인지와 의도적이지 않은 인지로 구성된 병렬적 처리 과정을 가정하는 인지 이론
- **인격체**^{Person}: 최소한의 의미에서 합리적인 행위자
- **인습이후 도덕성**^{Postconventional morality}: 사회에 선행하는 관점에 뿌리를 둔 도덕성
- **인식론**^{Epistemology}: 지식에 대한 이론, 특히 지식의 가장 근본적인 본질과 정당화에 초점을 맞춘 이론
- **인식론적 발달**^{Epistemic development}: 인식론적 인지의 발달
- **인식론적 의심**^{Epistemic doubt}: 지식의 본질 혹은 정당화 가능성에 대한 급진적 회의주의
- **인식론적 인지**^{Epistemic cognition}: 지식의 본질과 정당화에 대한 지식
- **인지**^{Cognition}: 지식과 추리
- **자기규제적 변화**^{Self-regulated change}: 개인내부에서 지시되거나 규제되는 변화
- **자아 정체성**^{Ego identity}: 에릭슨에 의해 이론화된 개인적 정체성
- **자율성**^{Autonomy}: 스스로 삶의 방향을 결정하거나 자기 자신의 주인이 되는 것. 합리적인 선택 능력.
- **점진적 변화**^{Progressive change}: (예를 들어 합리성 혹은 성숙을 향해) 진전되어 감을 규범적으로 판단할 수 있는 변화
- **정당화**^{Justification}: 믿음이나 행동의 근거

- **정의**Justice: 공정성, 원칙에 입각한 행동, 그리고 기본권에 대한 존중
- **정체성**Identity: 인격체로서 자기 자신에 대한 명시적 이론
- **정체성 성취**Identity achievement: 마샤가 제시한 정체성 지위 중, 자아 구성적인 정체성을 가진 지위
- **정체성 위기**Identity crisis: 에릭슨의 이론에서, 정체성을 형성해가는 시기
- **정체성 유예**Moratorium: 마샤가 제시한 정체성 지위 중, 정체성 위기의 시기
- **정체성 지위**Identity status: 마샤의 이론에서, 정체성과 관련하여 가능한 네 가지 상태 중 하나
- **정체성 폐쇄**Foreclosure: 마샤가 제시한 정체성 지위 중, 특별한 성찰 없이 (부모나 여타의 문화적 행위자들로부터) 내면화된 정체성을 지닌 지위
- **정체성 혼미**Identity diffusion: 마샤가 제시한 정체성 지위 중, 정체성을 갖지도 못하고 정체성을 탐색하지도 않는 상태
- **제3자적 관점 채택**Third-party perspective taking: 제3자의 관점에서 타인과의 상호주관적 관계를 바라보는 것
- **조건부 추론**Conditional reasoning: ('만약 p이면 q이다' 형식의) 조건부 전제를 사용한 연역적 추론
- **조절**Accommodation: 환경에 적응하는 것
- **조정**Coordination: 구성주의 이론에서, 구조적 통합과 재조직을 포함하는 발달적 변화의 과정
- **주관성**Subjectivity: 관점. 지식에 대한 마음의 기여
- **주관주의**Subjectivism: 지식이 자신의 관점으로부터 구성되고, 따라서 자신의 관점에 의해 결정된다고 간주하는 인식론
- **지적 자유**Intellectual freedom: 신념, 표현, 토론, 탐구, 그리고 정보와 사상에 대한 접근의 자유
- **진보된 발달**Advanced development: 아동기 이후의 발달

- **질적 변화**^{Qualitative change}: 규모나 정도가 아닌 종류의 변화
- **청소년기**^{Adolescence}: 아동기 이후의 아직 성숙하지 않은 시기
- **추론**^{Reasoning}:인식론적인 측면에서 자기제약적인 사고. 정당화될 수 있는 결론에 도달하는 것을 목표로 하는 사고
- **추리**^{Inference}: 데이터를 넘어서는 것
- **타당한 논증**^{Valid argument}: 전제로부터 논리적으로 결론이 도출되는 논증
- **타율적 도덕성**^{Heteronomous morality}: 피아제와 콜버그 이론에서, 외적으로 부과된 규칙에 따르는 도덕성. 어린 아동에게 전형적으로 나타나는 도덕성
- **평형화**^{Equilibration}: 피아제의 이론에서, 평형을 회복하거나 강화하는 것
- **합리성**^{Rationality}: 질적인 측면에서 합리적 행위자의 특성. 양적인 측면에서 자신의 추론과 행동에 대한 정당화 가능성
- **합리적**^{Rational}: 최소한의 의미에서 이유에 따라 행동하는 것. 보다 엄격하게는 자신의 신념과 행동에 대한 합당한 이유를 갖는 것
- **합리적 구성주의**^{Rational constructivism}: 능동적 행위자를 발달적 진전을 이루어 가는 이성적 행위자로 간주하는 구성주의의 한 형태
- **합리적 정체성**^{Rational identity}: 합리적인 자아에 대한 개념을 중심에 위치시킨 정체성
- **합리적인 도덕적 정체성**^{Rational moral identity}: 합리적이고 도덕적인 정체성(정체성 형성의 발달적 이상)
- **합리주의**^{Rationalism}: 완벽하게 증명되지 않은 이유들이 믿음과 행동의 근거를 제공하는 후기주관주의 인식론
- **행복주의**^{Eudaimonism}: 인격, 덕, 그리고 인간 번영에 대한 철학
- **행위자**^{Agent}: 행동하는 사람 혹은 행위 주체. 행동하거나 알고 있는 사람
- **형식 논리**^{Formal logic}: 명제의 내용과는 구별되는 명제의 형식에 토대를 둔 논리
- **형식적 조작기**^{Formal operations}: 피아제의 이론에서, 구체적 조작기에 뒤따르는

형식적(가설-연역적) 추론의 단계

- **탈형식적 조작기**Postformal operations: 형식적 조작기를 넘어서는 가설적인 발단 단계

- **형식적 추론**Formal reasoning: 내용보다는 논리적 형식에 기초한 추론

역자약력

이인태

이인태는 공주교육대학교 윤리교육과 교수이다. 경인교육대학교를 졸업하였고, 서울대학교 윤리교육과에서 교육학 박사 학위를 받았다. 경기도에서 10여 년간 초등학교 교사로 근무했고, 한국교육과정평가원에서 부연구위원으로 재직했다. 학문적 관심 분야는 도덕심리학, 도덕과 교육과정, 도덕과 교수·학습방법 및 평가 등이다. 저서로는 『도덕과 교재 연구 및 지도법』(공저), 『유덕한 시민을 위한 인성교육론』(공저)이 있고, 역서로는 『도덕 발달과 실재』(공역)가 있으며, 그 외에도 도덕·윤리과 교육 관련 수십 편의 학술 논문을 발표하였다.

신호재

신호재는 경인교육대학교를 졸업하고, 서울대학교 윤리교육과에서 석사와 박사 학위를 받았다. 이후 한국교육과정평가원에서 부연구위원으로 재직하며 교육과정, 교과서, 교수·학습, 교육평가 등 도덕과 교육과정의 구성과 실행에 관련된 다양한 연구를 수행하였다. 현재는 공주대학교 사범대학 윤리교육과 교수로 재직하고 있다. 학문적 관심 분야는 도덕과 교육의 구조를 형성하고 있는 도덕심리학과 도덕철학, 인성교육, 시민교육 등이다. 주요 저서로는 『'미디어와 인격권' 교육: 커리큘럼 및 활성화 방안』(공저), 『현대 한국사회와 시민성』(공저), 『유덕한 시민을 위한 인성교육론』(공저)이 있고, 주요 논문으로는 「국가 인성교육 정책의 방향 설정을 위한 기본 틀 연구」, 「디지털 시민교육의 의의 및 도덕과 접근 방안 탐색」, 「민주시민교육에서 세계시민교육까지」 등이 있다.

청소년의 합리성과 발달: 제3판

초판발행   2024년 7월 26일

지은이   David Moshman
옮긴이   이인태 · 신호재
펴낸이   노 현

편 집   소다인
기획/마케팅   조정빈
표지디자인   Ben Story
제 작   고철민 · 조영환

펴낸곳   ㈜ 피와이메이트
              서울특별시 금천구 가산디지털2로 53 한라시그마밸리 210호(가산동)
              등록 2014. 2. 12. 제2018-000080호
전 화   02)733-6771
f a x   02)736-4818
e-mail   pys@pybook.co.kr
homepage   www.pybook.co.kr
I S B N   979-11-6519-998-2   93370

* 파본은 구입하신 곳에서 교환해 드립니다. 본서의 무단복제행위를 금합니다.

정 가   19,000원

박영스토리는 박영사와 함께하는 브랜드입니다.